高等院校网络与
新媒体新形态系列教材

网络新媒体导论

喻国明 曲慧 ◉ 编著

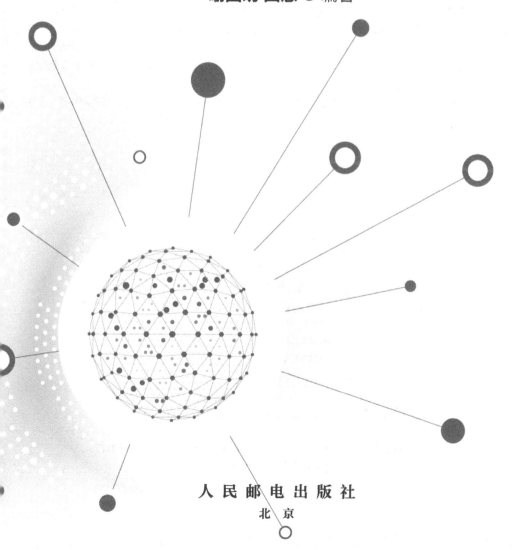

人民邮电出版社

北 京

图书在版编目（CIP）数据

网络新媒体导论：微课版 / 喻国明，曲慧编著. -- 2版. -- 北京：人民邮电出版社，2024.3
高等院校网络与新媒体新形态系列教材
ISBN 978-7-115-63153-4

Ⅰ.①网… Ⅱ.①喻… ②曲… Ⅲ.①计算机网络－传播媒介－高等学校－教材 Ⅳ.①G206.2

中国国家版本馆CIP数据核字(2024)第024320号

内 容 提 要

本书主要介绍网络新媒体这一领域的基本概念、基础知识、历史变迁以及社会影响等。全书共 8 章，内容包括网络新媒体的本质、复杂视角下的网络新媒体系统、网络新媒体用户、网络新媒体技术、网络新媒体场景、网络新媒体经济、网络新媒体社会与治理、网络新媒体前沿研究。

本书提供 PPT 课件、教学大纲、微课视频、模拟试卷等资源，用书教师可登录人邮教育社区（www.ryjiaoyu.com）免费下载。

本书可作为高等院校网络与新媒体等新闻传播类专业相关课程的教材，也可作为传媒、互联网等相关行业从业人员的参考书。

◆ 编　著　喻国明　曲　慧
责任编辑　武恩玉
责任印制　李　东　胡　南
◆ 人民邮电出版社出版发行　北京市丰台区成寿寺路 11 号
邮编　100164　电子邮件　315@ptpress.com.cn
网址　https://www.ptpress.com.cn
固安县铭成印刷有限公司印刷
◆ 开本：700×1000　1/16
印张：13　　　　　　2024 年 3 月第 2 版
字数：220 千字　　　2025 年 8 月河北第 4 次印刷

定价：59.80 元
读者服务热线：(010)81055256　印装质量热线：(010)81055316
反盗版热线：(010)81055315

前　言

作为一本以全新视角对新媒体领域知识体系及架构进行系统梳理的教材，本书在第 1 版《网络新媒体导论（微课版）》的基础上进行了大幅度的修改和补充，以便将关于新媒体研究的最新成果以匹配学科建设要求的方式尽可能好地融入教材建设。本书以全新的逻辑框架、较为透彻的概念梳理、详尽的要点论述以及贴合实践的知识归纳，试图成为人们理解新媒体和把握传播发展的经典读本。

马克思在一百多年前讲过一个论断："历史的逻辑从哪里开始，理论的逻辑就应该从哪里开始。"这句话告诉我们，历史（实践）逻辑是学科建构逻辑最为重要的对标物，社会科学的一切学术都应以实践的检验作为最高标准，理论不应是自说自话的产物，高校的教材建设尤其如此。换言之，面对飞速发展的媒介与传播技术和大幅度扩展的实践边界，传播学科需要"回到原点""回到现场"，即新的传播现实需要我们用全新的理论逻辑与实践范式与之相匹配。对传播学科的发展而言，我们需要重新定位学科的基础，重新划定学科的边界、要素、结构和相应的作用机制，这对于我们把握传播领域的现实发展和未来可能非常重要。《网络新媒体导论（微课版　第 2 版）》这部教材恰恰是从"原点"和"现场"出发而建构起来的网络新媒体的逻辑体系。

互联网信息技术是人类历史上继金属活字印刷术、蒸汽机、电力、计算机之后带来生产力与生产关系重大变革的科技发明，它引发了社会组织与结构之变，指向广阔的、有关社会政治、经济、知识等权力主体、权力来源、权力行使方式与分布格局的变革。不可避免地，互联网也深刻改变了新闻传播生态与传播格局，中断或终结了新闻传播业传统发展方式与运作逻辑。若要真正理解与把握互联网所开启的"百年未有之大变局"，并在新的格局下重新审视媒介与人、媒介与社会、媒介与权力的关系，寻求新时期社会传播的基本规律、运作逻辑与发展趋势，葆有新闻传播业的影响力以及确立新闻传播学研究的安身立命之本，的确需要托马斯·库恩所言的一场科学思想的范式变革。具体地说，传媒行业中的各要素都在经历深刻而快速的迭代。在传统新闻学、传播学理论的现实解释力正在遭遇空前挑战的情况下，《网络新媒体导论（微课版第 2 版）》正是这样一本尝试跳出传统的理论范式与知识体系，致力于以"互联网的逻辑"梳理、整合、重构网络与新媒体的创新性教材。

本书分为 8 章，从基本概念的辨析到系统结构的搭建，从传播技术、传媒用户、传播场景的变革到政治经济领域的现象和治理，贯穿全书的基本架构。它首先从对网络新媒体的本质概念的探讨入手，强调了应采用复杂性范式的视角来认识和把握网络新媒体系统，接下来，从"被赋权""自组织""进化""流动"四个视角来分析网络新媒体中的用户，并介绍了分析与度量用户行为的方法、手段；第 4 章分析了网络新媒体的技术可供性，它从 5G、算法、区块链、AIGC 四个方面分析了基于通信技术的网络、基于数据技术的分发、基于网络服务技术的应用以及基于人工智能技术的应用。第 5 章考察了网络新媒体的新型应用场景，重点解读了 VR/AR 对场景的构建，以及场景构建的未来突破等。随后本书从产业格局、内容产业的免费与付费、小众经济、游戏经济和体验经济几个角度，阐释了网络新媒体的经济形态。接下来，本书描述了网络新媒体下的社会变迁与治理，如分布式自驱组织的形成、"后真相"危机与治理、"非理性"危机与治理等，并在此基础上论述了媒介化社会治理的机遇，以及科技伦理与人机关系的重构。本书最后对网络新媒体前沿研究进行了深入浅出的介绍，如作为媒介化社会未来生态图景的元宇宙、作为当下与未来在应用传播学领域最具前沿性意义的认知带宽与认知竞争的问题、作为未来传播学科重构基础的行为传播学研究、AIGC 背景下的内容生产逻辑等。本书在架构上尽可能追求知识体系呈现的"丝滑"，以实现即使是传播学门外的"小白"也能零基础阅读本教材的撰写主旨。

本教材的署名虽然是我和曲慧副教授，但其中不少内容都是出自我们学术团队的集体智慧和相关的成果，我们要感谢给予我们支持与帮助的同事和朋友们，感谢北京师范大学新闻传播学院的鼎力支持，感谢人民邮电出版社的积极努力。希望本书的出版能够给正在充满不确定性的大变局中探索和努力前行的人们、给那些身怀远大传播理想的读者们某种学术上的帮扶和助力！

喻国明　于京师大厦"传播创新与未来媒体实验平台"

2023 年 11 月 1 日

目 录 CONTENTS

第1章 网络新媒体的本质

"社会科学中对于'网络'这个词的滥用令人担心，这个诞生于技术科学领域的词汇远比我们理解的要复杂得多。"

——布鲁诺·拉图尔（Bruno Latour）

本章学习目标

- 理解"网络"的基本概念。
- 理解社会科学和哲学视野内"网络"的意义。
- 把握"新媒体"的变迁本质。
- 了解网络新媒体的关键特质。

导读

概念是知识学习的起点

概念从来就不是固定不变的，而是一种具有灵活性的客体。它既与时俱进地得以形塑，又针对当前的问题展开回应。这也意味着如果需要通过掌握概念以把握那些日新月异的、影响社会生活和文化的、广泛的科技变迁，那么概念的时新性和灵活性就显得尤为重要。对于"网络与新媒体"这一设立不久的新专业①来说，对学科的整体学习，首先要解决的是对本质概念的把握。在以往的学科研究中，研究界始终未在"网络"与"新媒体"等基本概念上达成共识，这两个在社会科学领域里被频繁提及的概念，有必要在本书的第1章里得到系统的梳理。

"网络"这一在跨学科研究中不断被提及、被混用的概念，本身存在着多维度的意义，并导向不同的话语体系：技术不断迭代所创造的"网络"概念是不断更新和扩展的，从最初的计算机之间的"连接"，到连接人与计算

---

① 2010 年中华人民共和国教育部（以下简称"教育部"）首次组织新媒体与信息网络、媒体创意、网络经济 3 个专业申报。2012 年为了适应互联网、移动互联网的发展对新媒体人才的需求，教育部在本科专业目录中增设了网络与新媒体专业。2013 年，经专业名称修订，本科专业招生目录中不再有新媒体与信息网络、媒体创意、网络经济等专业，开设"网络与新媒体"专业。

机，再到万物互联。因此，在技术层面上，网络概念的核心意义是"连接"。社会学领域中的"网络"概念由来已久，在网络与社会相关联的概念中，网络也并非指向技术，更多的是指技术带来的社会关系、社会结构与社会秩序的新形态。网络是个非常复杂的存在形态，它的确引发了现代社会的诸多复杂关系，但并非所有的复杂现象都能依靠引入"网络"概念来解决。当人们提到社会网络时，其"网络"不仅仅是技术的概念，更多的是人与人之间的关系，而寻找技术对于这一社会网络的改变、社会网络对于"无远弗届"技术的限制因素，成了网络传播与社会学交叉领域的永久课题。而在哲学领域，"网络"概念也因此凝结成为观察社会的思维方式，上升为一个具有抽象概括能力的哲学范畴。从哲学意义上最早提出"网络"概念是马克思主义交往实践哲学范畴的合理延伸。

关于什么是新媒体。首先新媒体是一个与新技术密切相关的概念。任何时代的新媒体都是当下最先进技术带来的传播新方式。这也决定了，新媒体不是一个固定的所指，而是动态的领域。"新媒体"作为一个研究范畴，其研究的对象并非一种新的媒体，而是随着社会的发展，不断进入"媒体"范畴内的新技术、新实体、新分类、新范畴。传统媒体是给定边界的，而新媒体消费的边界取决于消费者的精力、时间、兴趣的自我配置。也因此，新媒体发展的一大结果就是消费者对于信息丰富的焦虑，对于冗余信息的不确定，对未知内容的恐惧，对延伸内容的茫然。

在当下，"网络新媒体"传播的基本特性在于：第一，传播的有界性不再被技术设定，而是受限于更为复杂的社会因素；第二，人人都是传播者，技术将释放网络用户更多传播者的主体性；第三，传播看似混沌和无序，但却超越了分类体系的限制，逐渐形成一种特定的、满足个性需求的新秩序。

1.1 网络概述

"网络"（Network）一词，在最基本的意义上是指任何事物（对象）的集合，其中某些"事物对"之间由"连接"（Link）关联起来，就是"网络"。[①]例如，连接多条道路的"交通网络"，连接多处神经的"神经网络"，

---

① 大卫·伊斯利，乔恩·克莱因伯格. 网络、群体与市场——揭示高度互联世界的行为原理与效应机制[M]. 李晓明，王卫红，杨韫利，译. 北京：清华大学出版社，2011.

连接不同发电站和传输渠道的"电力网络"等。可以说，在现代社会中，"网络"无处不在。

在媒体领域里，"网络"首先指向"信息网络"，是由不同的信息传播渠道连接在一起的集合和系统。但信息的"网络"并非指向单一，在这里我们主要梳理的是：技术、社会科学和哲学这 3 个与媒体关系最为密切、交集最多的领域内的"网络"概念。

1.1.1 "网络"的技术概念

从技术上讲，网络是指"计算机网络"。计算机网络，是将地理位置不同的具有独立功能的多台计算机及其外部设备，通过通信线路连接起来，在网络操作系统、网络管理软件及网络通信协议的管理和协调下，实现资源共享和信息传递的计算机系统。

不同类型的计算机网络，因其技术应用方式和范围的不同而存在差异，经常被使用的概念是因特网（Internet）、互联网（internet）、万维网（World Wide Web）；因其不同的发展阶段又被分为 PC 互联网（PC Internet）、移动互联网（Mobile Internet）、物联网（Internet of Things）。

1. 因特网、万维网、互联网

总体来说，"互联网"包含"因特网"，"因特网"包含"万维网"。"互联网"是当今社会最大的基础设施之一。因特网、万维网、互联网三者的关系如图 1-1 所示。

图 1-1　因特网、万维网、互联网三者的关系

"因特网"是最早也是最典型的一种计算机系统。"因特网"于 1969 年诞生于美国，它的前身"阿帕网"（ARPAnet）是一个军用研究系统，后来才逐渐发展成连接高等院校计算机的学术系统，现在更是发展成覆盖 150 多个国家和地区的开放型全球计算机网络系统，拥有许多服务商。

"万维网"就是这多种计算机网络系统中的一种。1989 年，欧洲核子研究组织（CERN）的研究人员因为工作需要，希望能够开发出一种资源共享的远程访问系统。这种系统能够提供统一的接口来访问包括文字、图像、音频和视频在内的各种不同类型的信息。因此，英国计算机学家蒂姆·伯纳斯·李（Tim Berners-Lee）开发出了全球首个 Web 服务器和客户机，并将这个发明命名为 "World Wide Web"（万维网），也就是如今我们再熟悉不过的 "WWW"。1991 年，蒂姆开放了这个源代码，使任何一台计算机都可以访问万维网。这一创举被称为 "互联网历史上划时代的分水岭"，蒂姆也因此获得计算机领域的世界最高荣誉 "图灵奖"。万维网是当今最卓越的信息网络之一，也是互联网的开端。

"互联网" 与 "因特网" 在中文里似乎只是音译词与意译词的区别，在英文里的区别也只是体现在首字母的大小写上——因特网（Internet）、互联网（internet）。然而，这二者所指并非同一事物——"因特网" 和其他类似的、由计算机相互连接而成的大型网络系统，都是 "互联网" 的一种，"因特网" 是 "互联网" 中最大的一个网络系统。

据 IWS①最新的统计数字，截至 2022 年 6 月，世界互联网人口规模约为 53.86 亿人，互联网接入率为 67.9%。而 CNNIC②的统计显示，截至 2023 年 6 月，我国网民规模达 10.79 亿人，互联网普及率达 76.4%。这意味着，在世界范围内与中国范围内，分别有如上的人口可以获得由互联网技术所带来的所有体验和便利。

2. PC 互联网、移动互联网、物联网

"互联网" 按照不同的发展阶段，出现了 PC 互联网、移动互联网和正在兴起的物联网 3 个不同的技术阶段，如图 1-2 所示。

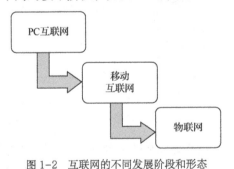

图 1-2　互联网的不同发展阶段和形态

---

① IWS 是 "互联网世界统计"（Internet World Stats）的简称，IWS 是一个国际性的互联网数据统计网站，成立于 2007 年，为全世界 246 个国家和地区（截至 2020 年）提供最新的互联网使用、人口统计、旅游统计和互联网市场调研数据。

② CNNIC 是 "中国互联网络信息中心"（China Internet Network Information Center）的简称。CNNIC 是国家网络基础资源的运行管理和服务机构，1997 年 11 月第一次发布《中国互联网络发展状况统计报告》，并形成半年一次的报告发布机制，该报告是我国互联网发展数据的权威报告之一。

以万维网的应用接口为起点，互联网开始进入"PC 互联网"阶段。其主要体现为以个人计算机为终端，以万维网逻辑实现信息传播——个人计算机用户通过万维网的"网页"和"浏览器"两个基本构成要素进入信息系统浏览信息。在这一时期，大众新闻门户网站成为最早的与报纸、广播、电视相比较而言的"新媒体"。

移动互联网技术的真正普及是以智能终端和 App 的应用为起点，实现无时间限制、无空间限制地接入信息系统。信息技术经历了从移动模拟通信到移动数字通信再到移动智能通信、移动数字化通信和移动场景通信的发展历程。每一代移动通信技术的发展都带来了系统性质、传输速度、核心技术、数据容量、服务内容等方面的变化。

而新兴的"物联网"更是超越了单纯计算机之间的连接关系，延展为物与物之间的网络，即"物物相连的互联网"；物联网是通过射频识别（RFID）装置、红外感应器、全球定位系统、激光扫描器等信息传感设备，按约定的协议，把任何物品与互联网连接，进行信息交换和通信，以实现智能化识别、定位、跟踪、监控和管理的一种网络。

物联网技术所开启的，是新一轮传播互联网的发展，它将实现从人与人之间的通信走向人与物、物与物之间的通信，实现万物互联，极大地推动社会的变革与发展。而真正支持这种通信成为现实的是 5G（第五代移动通信技术）的普及。与 4G 技术相比，5G 使数据传输速率提升了 100 倍，它意味着网络的超级连接能力有了巨大的突破——网络不再是选择性的（有的连接、有的不连接）、分离式的（各个网络之间互不连通）、粗线条式的（指仅仅进行了基础性的连接，远未达到细密的、无所不在的连接）连接，无时不有、无处不在、万物互联将成为现实。按照 5G 专家的说法，5G 网络将承载 10 亿个场所的连接、50 亿人的连接和 500 亿物的连接。换言之，5G 把现实世界以数字世界的方式带入每个人、每个家庭、每个组织，构建出了万物互联的智能世界。

总而言之，技术的不断迭代，所创造的"网络"概念是不断更新和扩展的，从最初的计算机之间的"连接"，到连接人与计算机，再到万物互联。因此，在技术层面上，网络的概念的核心意义是"连接"。

1.1.2 "网络"的社会学概念

"网络"这个概念在社会学领域十分常见，它既提供给我们了解人类彼此间联系和纽带的样貌的机会，又赋予我们编制与这些联系和纽带相关的数据的机会。随着互联网技术对社会影响的日益深入，社会学领域内的"网络"也有了新的概念。社会学家在互联网普及之后创立了众多审视新社会形态的社会学概念：在社会行动上"去序列化"；在个人时间和事务排列上"持续分心"；在人际关系上"永久在线"……

学习社会学领域里所涉及的"网络"，首先需要廓清如下两个理论："网络社会"与"社会网络"。它们都在内涵、本质上为对"网络"概念的理解提供了重要的社会学思辨。

1. 网络社会

"网络社会"（Network Society）是社会学领域提出的重要理论之一，最早由社会学家简·范戴克（Jan van Dijk）在1991年提出，他认为网络社会是由各种不同网络交织所形成的，而网络也决定了社会的走向和目标，影响的层次包括个人、组织以及社会。曼纽尔·卡斯特（Manual Caster）在1996年出版的《信息时代》中大量使用"网络社会"的概念，描述当代社会的转型，并用以描述一种全新的社会结构，它是在以互联网为核心的信息技术作用下，人类社会所开始进入的一个新的社会阶段或所产生的一种新的社会形式。

研究界通常将"网络社会"的含义归纳为两大类，即作为现实空间一种新社会结构形态的"网络社会"（Network Society）和基于互联网架构的计算机网络空间（Cyberspace）的"网络社会"（Cyber Society）。尽管在中文上是同一个词，但各有不同"所指"。

社会学家约翰·厄里（John Urry）对卡斯特论述的"网络社会"有不同的意见。他评价说，在卡斯特的著作中，"世界已然是一个理所当然的事物，由此并没有一系列必要的理论词汇来分析网络化世界的变化特征"[1]。换句话说，网络是个非常复杂的存在形态，它的确引发了现代社会的诸多复杂关系，但并非所有的复杂现象都能依靠引入"网络"概念来解决。

由此，我们能从社会学的视角中了解到，在网络社会的研究中，"社会"是核心词汇，"网络"是定语，是复杂关系社会的一种表述。在网络与社会相关联的概念中，网络也并非指向技术，更多的是指技术带来的社会关系、社会结构与社会秩序的新形态。

---

① 约翰·厄里. 全球复杂性[M]. 李冠福，译. 北京：北京师范大学出版社，2009.

2. 社会网络

社会网络（Social Network）是社会学研究中的经典视角，社会网络指的是一种基于"网络"（节点之间的相互连接）而非"群体"（明确的边界和秩序）的社会组织形式，也是西方社会学从 1960 年兴起的一种分析视角。这里的"网络"毫无疑问也并非技术上的简单含义。

著名的关于社会网络的"小世界实验"（见延伸阅读）最早向人们展示了人们之间的网络化关联早在互联网诞生之前就存在。它表达了关于大型社会网络的两个显著事实：第一，它包含丰富的短路径（Short Paths）；第二，没有借助于任何类型的全球网络"地图"，人们能够有效地找到这些短路径。而实验所提出的"小世界效应"（Small World Effect），也称"六度分隔（Six Degree of Seperation）理论"，是指：若网络中任意两点间的平均距离 L 随网络格点数 N 的增加呈对数增长，且网络的局部结构上仍具有较明显的集团化特征，则称该网络具有"小世界效应"。这里的平均距离具有广泛的含义，如在上述"小世界实验"中，平均距离就是平均传递次数为 6。那么，当互联网全面介入社会生活之后，是否还存在这样的社会网络效应呢？这样的网络又是如何运作的呢？

 延伸阅读

小世界实验

匈牙利作家考林蒂（F. Karinthy）在 1929 年提出了"小世界效应"。他认为，地球上的任何两个人都可以平均通过一条由 5 位联系人组成的链条而联系起来。在 20 世纪 60 年代，美国哈佛大学社会心理学教授斯坦利·米尔格拉姆（Stanley Milgram）通过设计一个连锁信件实验，提出了著名的"六度分隔理论"，大意为任何两个欲取得联系的陌生人之间最多只隔着 5 个人，便可完成两人之间的联系。当年，米尔格拉姆给内布拉斯加州奥马哈市随意选择的 300 多人发信，要求他们把他的这封信寄给波士顿市一个独一无二的"目标人"，分别由每个人独自联系。米尔格拉姆告诉每个发信人有关目标人的信息，包括姓名、所在地、职业，如果发信人不认识这个目标人，他们可以把这封信寄给他们认为有可能认识目标人的熟人。以此类推，这样形成了发信人的链条，链上的每个成员都力图把这封信寄给他们的朋友、家庭成员或同事熟人，以便使信件尽快到达目标人。米尔格拉姆发现，有 60 个链条最终到达目标人，链条中平均步骤大约为 6，即点与点之间连线数为 6，米尔格拉姆由此得出结论：任意两个人都可通过平均 5 个熟人联系起来。这就是六度分隔理论的产生经过。

另一个社会学关于社会群体的经典理论是"邓巴数字"（Dumbar Number）。具体是指148人（或者四舍五入为150人），这是在一个群体中，保证每个成员都认识所有其他成员的极限。在这个数字之内，人们可以依靠群体压力维持秩序，超过这个数字的人数必须依靠政治和制度来实现稳定。这同时也是军队中一个连的人数（120～180人）。在这个群体中，每个人大约有5位知心朋友，外加10个左右的亲密朋友，类似"梳毛同盟"[①]。

这些都是社会网络，是在网络普及之前就存在的内在规律，因此当人们提到社会网络时，其"网络"不仅仅是技术的概念，更多的是人与人之间的关系，而寻找技术对于这一社会网络的改变、社会网络对于"无远弗届"技术的限制因素，成了网络传播与社会学交叉领域永久的课题。

1.1.3 "网络"的哲学概念

网络生存、网络经济、网络文化、网络技术正在成为人们日常生活的物质和精神交往关系的重要内容。"网络"这一概念也因此凝结成为观察社会的思维方式，上升为一个具有抽象概括能力的哲学范畴[②]。从哲学意义上最早提出"网络"概念，是马克思主义交往实践哲学范畴的合理延伸。

从法国哲学家德勒兹（Deleuze）和瓜塔里（Guattari）的观点来看，网络化的社会正在促使我们从扎根于时空的"树居型"（Arborial）生物变为"根居型"（Rhizomic）游牧民，每日随意（随何人之意尚存疑问）漫游地球，因为有了通信卫星，我们连身体都无需移动一下，漫游范围便可超越地球[③]。

根据技术哲学先驱马丁·海德格尔（Martin Heidegger）的理解，对于当代人来说，网络就是当代人的宿命，正如数字之父尼古拉斯·尼葛洛庞帝（Nicholas Negroponte）所说，在今天"计算不再只和计算机相关，它决定着我们的生存"。网络技术作为一种新的传媒技术，作为"座架"，"促

---

① 汤姆·斯丹迪奇. 从莎草纸到互联网：社交媒体2000年[M]. 林华，译. 北京：中信出版社，2015：35.
② 周成龙. 哲学视野中的网络概念[J]. 社会科学论坛（学术研究卷），2007（1）：13-17.
③ 马克·波斯特. 信息方式：后结构主义与社会语境[M]. 范静晔，译. 北京：商务印书馆，2014.

逼"着人类只能以信息化的方式、在信息化的框架下解蔽世界，从而产生一种完全不同于工业时代的全新的社会活动场域和环境，即后现代的社会生态地景地貌。可以说，"网络空间与资讯技术，在根本上就和其他技术一样，是特定社会关系的揭显与设框，是牵涉人类生存条件的特殊模式"。从本质意义上讲，哲学层面探讨的"网络"实质是一种新的时间、新的空间、新的交往形式。

"网络"概念在不同范畴内的本质特征如表 1-1 所示。

表 1-1 "网络"概念在不同范畴内的本质特征

范畴	概念本质	关键特征
计算机	技术	链接
社会学	复杂系统	网络化、连通性
哲学	空间、场域	交往时空

网络连接观的基本立场是：互联网社会演化的目标和手段是连接。互联网世界虽然纷繁复杂，看似毫无头绪，但其背后都是通过将人们的行为踪迹、生产的内容、无形的服务等转化为计算机通用的数据语言，从而实现内容、关系以及服务等各式各样的表层功能。网络连接起到的是将"语言不通"的人、节点和各类应用连接起来的基础性桥梁作用。因而，无论互联网如何变化发展，其通过网络连接的本质都不会改变。通过对互联网连接类型和连接特质的认识，我们能更深入地把握互联网的演进规律[1]。

综上所述，"网络"这一在跨学科研究中不断被提及、被混用的概念，本身存在着多维度的意义，并导向不同的话语体系。传播学如同施拉姆所说，是多学科的十字路口，有必要从计算机学科、社会学科和哲学学科中汲取营养并廓清分野，以便在更为清朗的话语体系中展开具有传播学优势的系统性学习和研究。

1.2 新媒体概述

"新媒体"一词最早出现在 1959 年，麦克卢汉将所有"篡夺了印刷术长达 500 年的君王统治"的媒介都称为"新媒体"。随后在 20 世纪 60 年代，

---

① 沈阳，冯杰，闫佳琦，向安玲. 网络连接观：类型划分、演化逻辑及风险防范[J]. 西安交通大学学报（社会科学版），2020，40（3）：126-131+141.

"新媒体"一词普遍用于指向电子媒体中的创新性应用，如电子录像技术。时至2016年，"新媒体"在新闻传播界较新且较为权威的定义是："基于数字技术、网络技术及其他现代信息技术或通信技术的，具有互动性、融合性的媒介形态和平台。"其主要包括网络媒体、手机媒体及其二者融合形成的移动互联网，以及其他具有互动性的数字媒体形式。[①]

1.2.1 新媒体之争

显然，在"传统媒体"（报刊、广播、电视）与"新媒体"的比较阵容中，"传统媒体"枝叶凋零，而"新媒体"的内涵又显得过于包罗万象，难以清晰分野。

事实上，在本质跨界的传播研究领域，很多概念并不再需要被"重新定义"，而是需要"重新理解"，跳出原有思维框架的、无限接近规律本身的再度诠释。其中的问题、争议，甚至社会问题都早在上一代更迭中有迹可循。

雷蒙德·威廉斯（Raymond Williams）早在电视诞生之初就将电视称作"戏剧化社会中的戏剧"（Drama in a Dramatized Society）。而尼尔·波兹曼（Neil Postman）这段针对电视的经典批判，即便放在现在社交媒体的语境下也不过时："……导致理性与秩序、逻辑的社会公众话语权不断瓦解甚至崩塌，导致一切公共话语以肤浅、碎片化、娱乐的方式出现。"历史也验证了，每一代新媒体形式甫一出现，都会带来新一轮的对陌生载体的膜拜与批判。

因此，对于这一媒介领域的变迁，境外互联网学者达成了共识，即避免网络研究中单纯的二元对立，如新媒体与旧媒体、现实与虚拟、线上与线下等现象和概念的对立。学者们认识新旧之间具有的传承关系、现实与虚拟之间存在的辩证关系，以及线上与线下的互存关系[②]。因此，绝对意义上的"新媒体"指向并不合理。

1.2.2 新媒体之"新"

任何时代都会有新媒体的出现，报纸时代的广播就是新媒体，广播时代的互联网就是新媒体。在移动互联网日益普及的情况下，再出现的媒体形式

---

① 彭兰. 网络传播概论[M]. 4版. 北京：中国人民大学出版社，2017.
② 刘新传，魏然. 语境、演进、范式：网络研究的想象力[J]. 新闻大学，2018（3）：98-106+150.

也必然将目前的"新媒体"概念的内涵进行更新与取代。"新媒体"可以是一个研究范畴，其研究的对象并非一种新的媒体，而是随着社会的发展，不断进入"媒体"范畴内的新技术、新实体、新分类、新范畴。

1. 新技术：以计算机技术作为基础设施

"新媒体"是一个与新技术密切相关的概念。

1797 年诞生的机器造纸与 1845 年开启的机器印刷成为报纸逐渐普及的开端，而工业化造纸和印刷技术无法实现的远距离的信息传递，被随后出现的电子传输技术所解决。于是 1876 年，有线电话诞生，这为有线广播这一"新媒体"的普及打下技术基础；"二战"期间，致力于同时传播声音和画面的电视技术经过反复修改，从实验室走向了商业应用，直接催生了电视媒体的逐渐普及；而随着计算机技术的不断革新，家用互联网的出现让 PC 成为"新媒体"的代表；至于更晚些出现的移动互联网技术，更是将"手机"推到了个人智能移动终端的地位上，从载体上统合了近两百年的媒体发展史。

可以说，每一轮新的技术革命，都是在时间和空间上突破信息传播技术的边界，新的时间和空间上的可能性催生新的媒体形态。人类技术的变迁及大规模商业化应用是移动新媒体形态总体演变的主要动力和引擎。

2. 新实体：复杂系统

借由互联网的连通性，媒介不再是一系列固定的"实体"，媒介是一种网络，是一个复杂系统。因此，关于当下的新媒体以及以后的新媒体研究都必须建立复杂思维、系统思维。德内拉·梅多斯（Donella H. Meadows）关于"系统思维"的告诫对变革之后的媒介研究十分有启发意义：①不要被表象迷惑；②在非线性的世界里不要用线性的思维模式；③恰当地划定系统的边界；④考虑多重限制因素以及相对强弱；⑤理解无处不在的时间延迟；⑥清晰地意识到"有限理性"。"非线性"与"边界"的复杂性思维对宏观媒介系统的认知意义重大，然后"有限理性"又决定了个人对媒介系统认知的局限。

3. 新分类：物理到心理

无时无刻、跨屏消费的媒介消费者是否还在意他这一刻在电子屏幕上所选择的内容，究竟来自报纸、杂志，还是来自电视台、广播电台？传统的仍以报纸、杂志、广播、电视、互联网几大维度来划分媒介、研究媒介的分类方法，抑或是以传统媒体、新媒体一言以概之的粗暴划分，对媒介研究与学习都会造成巨大的束缚。

近年来出现了各种对于现有媒介的新的分类形式，例如，基于生产类型、消费类型、平台类型、内容类型的划分；针对不同分类群体，从大众这一概念中不断分化出更为细致的生理、社会、心理群体，偏好群体、行为群体、习惯群体等。

4. 新范畴：不是学科而是领域

基于网络研究的取向，境内外的网络研究各有差异。欧洲网络研究主要使用互联网研究（Internet Studies）这一概念，侧重于跨学科的新兴研究领域；在美国，网络传播较流行的概念是计算机中介传播（Computer-Mediated Communication）。境内受到境外学术和技术发展影响，使用的概念更多，包括网络传播、新媒体研究、新媒体与网络传播、新媒体传播、社会化媒体、移动互联网、数字媒体、全媒体等，概念更为广泛，但界定和范围皆模糊。

网络研究最好不是一个独立、封闭的研究系统，但可以是在现存完整学科下面的一个富有特色的次级研究领域（Subfield）。事实上，目前境外对网络的研究的确是按此布局发展的，如在社会学中，有一个新兴的研究领域"网络社会学"（The Sociology of the Internet）；在政治学中，政治学者建立了"网络与政治研究"（Internet and Politics）；在心理学中，有次级的"网络心理学研究"（Internet Psychology）；在经济学中，出现"网络经济学研究"（Internet Economics）；在营销学中，网络研究重点是"电子商务"（E-commerce）；在人类学中，"数字人类学"（Digital Anthropology）成为该学科下一个蓬勃发展的研究领域；在人文学科中，新出现的次级研究领域则是"数字人文"（Digital Humanities）。如前所述，在传播学领域，与互联网相关的研究定位于网络传播研究（Online/Web/Internet Communication）。

可见，在互联网作为技术、关系、介质对整个社会做了迭代关联之后，对于互联网的研究就不再是一个研究学科，而应该是跨学科研究的一个领域。在传播学领域里，网络化的传播、社交化的传播、传播心理、传播行为都以互联网为基础不断扩展范畴。

1.3 网络新媒体的关键特质

大众媒介兴起于技术，如印刷术、造纸术、广播技术。就传播领域而言，技术都是起点，真正起到变革性因素的是技术所带来的信息传播的基本逻辑。当前传播业可以归纳为三重逻辑：计算机逻辑（Computational

Logic）、媒体传播逻辑（Communicative Logic）、社交逻辑（Social Logic）。

所谓计算机逻辑，是指基于计算机技术和大数据算法，对内容传播的收集、制作和分发，依赖于无限的数据与内容，媒介信息与受众信息都无限丰富；媒体传播逻辑，是指从媒介生产的角度出发，不断审视渠道的变迁、受众的变化，力求在生产立场上更多地调整和融合，以维持受众的关注度；社交逻辑，是指由于社交媒介的无处不在，以及通过社交媒介消费新闻和资讯的普遍性，消费者之间的关系网正在与信息传播网络镶嵌在一起。三重逻辑之间互相影响、互相辅助，成就当下传播业的基本局面，也是网络化的、新媒体的媒介系统与传统媒介的根本区别。

1.3.1　特质一：信息的无界

斯科特·拉什认为："互联网是一个通属的空间，它是不特定的空间……网络本质上就是被拔出来的空间。"在他看来，这种通属空间是被"拔"了根的，它的特性比较是"身份认同的阙如而非身份认同的多重"，它的语境是"没有任何语境"，它的差异是"没有任何差异"[1]。从技术上讲的确如此，互联网绝对平行的基本属性加上技术的飞速发展，使互联网的个人空间与社会空间都可谓"无界"，但作为生产和消费主体的机构与个人，其生产和消费能力存在着边界。

系统很少有真正的边界。所谓边界，只是人为地区分，是人们出于观察、思考、理解、表达交流等方面的需要，而在心理上设定的或在社会上一般公认的虚拟边界。系统最大的复杂性也确实出现在边界上。恰恰是边界上的无序、混杂，成了多样化和创造力的根源所在。而这也决定了网络新媒体研究与传统媒体研究的根本区别之一。在更为复杂庞大的系统内，学习者需要首先建立这样的观念：世界是普遍联系的，不存在孤立的系统。如何划分系统的边界，取决于你的分析目的，也就是我们想问的问题[2]。

但就当下来说，关于传统媒体与新媒体的概念分野，多种声音并不能说服彼此。当下传统媒体与所谓新媒体的根本区别，在于"有界"与"无界"：传统媒体的"有界"在于信息的有始有终，有显著的消费结束的边界，如收看一档节目，看完一本杂志，从开始到结束，具有完结的仪式感和确定感；而拜"无远弗届"的技术所赐，新媒体的"无界"体现在永无休止

---

① 斯科特·拉什. 信息批判[M]. 杨德睿，译. 北京：北京大学出版社，2009.
② 德内拉·梅多斯. 系统之美：决策者的系统思考[M]. 邱昭良，译. 杭州：浙江人民出版社，2012：133-136.

的超链接、随时更新的新内容，不断延伸至更多信息之上，只要消费者想继续了解，总会有更多的内容不断延展，没有所谓的终结。因此，传统媒体是给定边界的，而新媒体消费的边界取决于消费者的精力、时间、兴趣的自我配置。也因此，新媒体发展的一大结果就是消费者对于信息丰富的焦虑，对于冗余信息的不确定，对未知内容的恐惧，对延伸内容的茫然。

全世界范围内独立杂志的回潮似乎可以侧面说明全面拥抱数字之后，人们对传统媒体的触感、质感、完结感的某种回味。独立杂志 *Monster Children* 的一期内容里，"数字原住民"沃恩·布莱基（Vaughan Blakey）说："当我拍了一张照片，我想把它打印出来；当我读一本书，我希望折下书页，翻到卷角；当我买一本杂志，我希望拿着一本可以跟我一起变老的东西。总之我希望得到一份可触摸的证据，证明我的时间存在过……"

无界的确给了信息消费者空前的自由，但显然也必须正视自由的后果，如同鲍曼所说，"自由的代价就是失序"。在无边无际的信息海洋中遨游的同时，消费者也常常对于信息的真实性、可信性、重要性不断反思和质疑，对于所消费信息在信息海洋中的位置缺乏判断，甚至对兴趣之外的世界充满不安。

1.3.2　特质二：人人都是传播者

比特是一种特殊的数字媒介，它的特殊不仅是消弭了文字、声音、图像的个体媒介属性，更重要的是它与非原子且虚拟的网络结合，形成了一种几乎没有任何成本因而人人能免费试用的媒介。虽然网络媒介的终端也是如大众媒介一样以原子形式存在的，如手机、PC、平板电脑，也同属传播个体所有，但不同的是，网络终端的所有者能免费地自由试用传播媒介，即拥有网络媒介的传播权。[①]

凯文·凯利曾预言："机器，正在生物化；生物，正在工程化。"如果有一天人类由生物进化阶段发展到人工进化阶段，这将改变"人"的定义。如果说，机器人传播是将人是媒介的延伸推向极致，那么电子人传播则是将媒介传播压缩到极致。但不管是媒介的完美延伸还是媒介的终极压缩，后比特时代的信息都是需要载体和通道来传播的。但有一种传播则是将虚拟和现实叠加在一起，通过主体体验来实现的，这就是在虚拟网络媒介上发展起来的增强现实和虚拟现实。这种以主体体验来实现传播，其实质是人与媒介达到

---

① 谢孝国. 非理性媒介[M]. 广州：羊城晚报出版社，2017.

无缝传播。

事实上，即使在网络社交媒介出现之后，"人人都是传播者"还只是理论上的一种可能，因为这时传播的主要方式还是通过书写文字来进行的。书写文字本身有一种精英逻辑在里面起着作用，绝大部分人还是"沉默的大众"，他们只是一个个点赞者、转发者、阅读者、消费者，而不是内容创造者，不是发言的主体。有研究成果表明，在以书写文字为主的时代，社交媒介上虽然内容很多，但是 95% 的内容都是由 3%～5% 的人来撰写和发出的，其他人其实就是"打酱油"或者看客、转发、点赞。

但是从 4G（第四代移动通信技术）开始，短视频成为一种让普通老百姓毫无障碍地把自己的生存状态和所思所想向全社会进行分享的工具，人类历史上第一次把社会性传播的发言者门槛降到如此之低，拥有智能手机的用户无论是否可以描摹书写、遣词造句，他们在按下拍摄键的同时就开始了内容创造，这是一个革命性的转变。抖音、快手上涌现的草根创作者就是这种变革的实际体现，在智能手机普及率极高的今天，拿起手机拍摄一段视频并上传到网络，并不是一件技术门槛很高的事情。技术将释放网络用户更多传播者的主体性。

1.3.3 特质三：传播的"三阶秩序"

大众传播阶段，曾经是大众传播学诞生的起点，因此从某种意义上说，现今我们研究和讨论的很多"媒介"概念，都是基于大众传播的。

从长远的整个人类传播史看，大众传播由来已久、但并非主流，在漫长的人类传播史上，大众传播只是借由崛起的传媒技术和社会阶段需要而诞生的一种特殊存在。从某种程度上说，新媒体传播是传播形态和渠道搭载进阶版技术的一种回归。

如同《经济学人》全球副主编汤姆·斯丹迪奇（Tom Standage）在总结社交媒体史的著作《从莎草纸到互联网：社交媒体 2000 年》中所说，罗马人传递信息与今天我们传递信息的逻辑有什么联系与不同：莎草纸和以 Facebook 与 X 为代表的社交媒体相比较，其传播速度不可同日而语，但本质相同，社交媒体的这种双向互动早在罗马时代的莎草纸传播中就已经十分广泛，信息由此沿着个人与个人之间的横向关系网不断游走，并非由"非人中心来源"垄断发布和垄断信息的源头，做自上而下的纵向的传播，我们现在所谓"大众媒体"就是借由这个"非人中心来源"所创造的特殊时代。"大众传播技术能够以空前的速度和效率把信息直接供应给大批受众，但它们的高昂费用意味着对信息流的控制集中到了少数人手中。信息的传递于是采取了一种单向、集中、广播的方式，压倒了过去双向交流、社会化的传递的传统"[1]。

哈佛大学伯克曼互联网与社会研究中心资深研究员戴维·温伯格（David Weinberger）提出了理解互联网时代信息与知识重组的"三阶秩序"[2]：第一层是实体秩序，是约定俗成的秩序，对事物本身的排列；第二层是理性秩序，是根据预先设计好的秩序或分类体系，将有关事物的信息，分配到相对应的、固定的位置；第三层是数字秩序，是混沌和无序的，因为它没有预定的秩序，也超越了分类体系的限制，是在利用信息时根据需要重新排列组合，是一种特定的、满足个性需求的新秩序。

而当下的社会，我们正处在第三层秩序全面取代第二层秩序的阶段，因此，新的"需求""主体""渠道"分别重构着新知识生产与消费，3 个维度的变迁是我们理解互联网时代知识生产格局的基本逻辑基础。

本章练习

一、名词解释

1. 网络社会
2. 小世界效应
3. 三阶秩序

二、思考与练习

1. 如何理解技术对新媒体概念的影响。
2. 请举例说明"信息的无界"这一现象的具体表现。
3. 请阐述"网络社会"与"社会网络"之间的区别和联系。
4. 结合实际简述网络新媒体的本质特征。

三、阶梯阅读书目推荐

1. 汤姆·斯丹迪奇. 从莎草纸到互联网：社交媒体 2000 年[M]. 林华，译. 北京：中信出版社，2015.

---

① 汤姆·斯丹迪奇. 从莎草纸到互联网：社交媒体 2000 年[M]. 林华，译. 北京：中信出版社，2015：35.
② 戴维·温伯格. 万物皆无序：新数字秩序的革命[M]. 李燕鸣，译. 太原：山西人民出版社，2017：255.

2．克莱·舍基．认知盈余：自由时间的力量[M]．北京：北京联合出版公司，2018．

3．克里斯·安德森．长尾理论：为什么商业的未来是小众市场[M]．北京：中信出版社，2015．

4．马克·格雷厄姆，威廉·H.达顿．另一个地球：互联网+社会[M]．胡泳，等，译．北京：电子工业出版社，2015．

5．戴维·莫利．传媒、现代性和科技："新"的地理学[M]．北京：中国传媒大学出版社，2010．

第2章 复杂视角下的网络新媒体系统

"人们通常持有一种基于时间层面、因果关系而非回路的观点，而忽略了反馈的过程，意识不到行动与反应之间的时间延迟，在交流信息时也未能理解存量和流量，并且对于在系统进化过程中可能改变反馈回路强度的非线性特征不敏感。因此可能产生'系统思考缺乏症'。"

——德内拉·梅多斯（Donella H. Meadows）

 本章学习目标

- 理解网络传播的系统性。
- 了解网络新媒体产品的基本构成和形态。
- 了解网络新媒体平台的发展和演变。
- 具备创新地看待媒介系统及分类的思维。
- 了解复杂系统理论和网络新媒体的复杂属性。

 导读

互联网技术加持下的新媒体传播系统，其演变表现为传播载体"从原子到比特"，传播渠道"从线性到网络"，传播关系"从固态到液态"的变革式发展。众所周知，如今的传媒领域已经与信息系统须臾不可分。所谓"系统"是一组相互连接的事物，在一定时间内，以特定的行为模式相互影响。在互联网技术为个人的公开传播并选择是否接受公开传播提供更多可能的现实条件下，个人传播系统就成了决定整个信息传播是否有效触达的"最后一公里"。

在移动互联网支持下，个人智能终端的接触方式将更多的"个人差异"指向理解之前的"接触与选择"。个人传播系统的边界性构成了对整体社会信息系统的框选效应，并随着复杂的社会性因素不断流动，尽管社会信息系统的发展日新月异，但个人传播系统的变迁有其特有的逻辑性、异质性和不确定性。研究表明，人们用来指导自己决策的心智模式，在应对系统的动态行为方面具有天生的缺陷。这将导致个人传播系统的建立是盲目的、有缺陷的、有限理性的。二者之间的互相作用是当下网络新媒体系统多维特征的基本逻辑起点。

反观被置于这个系统中的新媒体，便不应再以生产者立场上的物理介质为入口对媒介系统进行行业化分类，而应不断引入消费者立场上的观念，理解媒介系统作为人与信息系统之界面的基本特质。进而，人们对信息系统的分类也可以理解为，以产品为使用界面、以平台为关系界面所组成的网络新媒体系统。这一划分本身建立系统性思维，并对动态系统纳入不断组织、变迁和演进的基本观念。

以此视角理解网络新媒体产品与平台。不同于传统大众传媒的物质载体，网络新媒体系统的基本单元是"产品"，传播系统以产品为用户接触信息的界面。"产品"的本质特性决定了其价值在于为某一特殊需求提供解决方案。不同的产品划分方式决定了产品的不同特性。作为使用界面的产品具备三个层次的特质——特定需求的解决方案、开放的信息边界与永久性的迭代升级；而作为关系界面的平台媒介在网络效应的加持下，实现以关系为基础的增值。新媒体传播系统是强吸聚性的信息传输渠道，具有多重的信息服务价值，同时与用户实现"价值共创"。

2.1　网络新媒体系统

一个不可忽视的事实是，当下的新闻传播渠道已经与信息传播系统融为一体，个体通过移动智能终端接入互联网，在个人所选择的信息源中自由切换时空与内容。网络化传播时代与线性传播时代最根本的区别在于，"社会信息系统"的绝对复杂化与"个人传播系统"建立模式的不可捉摸。

与传统媒体的"群体对群体"传播模式根本不同的是，移动互联网用户正在依照自己的喜好，各自建立异构化的信息渠道与媒介使用时空，即与庞大的"社会信息系统"相区别的"个人传播系统"。媒介渠道不再有清晰的边界，这一"边界"正在由宏观系统和个人系统共同界定。与曾经的大众传播时代的"框架理论"相反的是，个人系统正在被授权，通过挑选媒介渠道，不断建立个人的框架。媒介系统的整体变迁，从有限输入源、有限时空选择、有限内容，到无限渠道、无时无刻、无限内容，加之个体化框架的内置，成就一个纯粹的复杂系统，这是传统线性传播的大众媒介研究工具所不能解释的。

2.1.1　社会信息系统

"系统"是一组相互连接的事物，在一定时间内，以特定的行为模式相互影响。信息系统（Information System）是由计算机硬件、网络和通信设备、计算机软件、信息资源、用户、规章制度组成的以处理信息流为目的的人机一体化系统。社会信息系统（Social Information System，SIS）即社会整体信息系统的集合。

在整个人类历史中，人们一直在改进对于周围事物的信息的接受能力和吸收能力，同时又设法提高自身传播信息的能力、速度、清晰度和便利性，不断更新关于信息传播技术与方法论的思考，使传播成为社会发展的生产性要素。

社会信息系统具有如下 4 个本质特征。

（1）社会信息系统是一个开放性系统。

（2）社会信息系统是由各种子系统相互联结、相互交织而成的整体。

（3）社会信息系统是一个具有双重偶然性的系统。双重偶然性（Double Contingency）指传播双方都存在不确定性，传播所做出的选择有受到拒绝的可能性。

（4）社会信息系统是一个自我创造、自我完善的系统。

人类社会的信息系统分为个人传播系统和组织化传播系统。组织化传播系统又可分为内部传播系统和公开传播系统，后者主要体现为大众传播媒介系统。借由互联网与万维网的快速成长、全球通信技术的日益便捷，新闻与信息在全世界以惊人的速度与强度传播。

这种无处不在的"连通性"有两方面的含义：首先，"连通性"是相互连接关系背后的结构；其次，"连通性"是位于系统内部的个体行为之间的相互依存性，因此，任何人的行为结果至少潜在地依赖与其他人的联合行为[1]。而对于媒介这一系统，讨论的重点常常不在于网络结构本身，而在于它所带来的另一种复杂性，即网络作为一个大型的、由各种关联成分构成的

---

① 大卫·伊斯利，乔恩·克莱因伯格. 网络、群体与市场——揭示高度互联世界的行为原理与效应机制[M]. 李晓明，王卫红，杨韫利，译. 北京：清华大学出版社，2011：178.

总体，以一种难以预知的方式，反作用于中央权威行动的复杂性。

在互联网技术为个人的公开传播并选择是否接受公开传播提供更多可能的现实条件下，个人传播系统就成了决定整个信息传播是否有效触达的"最后一公里"。

2.1.2 个人传播系统

传播学奠基人之一的卡尔·霍夫兰（Carl Hovland）曾提出"个人差异论"来阐述对受众"选择性和注意性"的理解。"个人差异论"认为，在大众传播提供的信息面前，个人由于需要、习惯、信念、价值观、态度、技能等多方面因素的差异，将对信息做出不同的选择和理解。如果说大众传播时代，在相对局限的内容中这种"个人差异"主要体现为对统一的大众媒体信息的理解偏好，那么在移动互联网支持下，个人智能终端的接触方式则将更多的"个人差异"指向理解之前的"接触与选择"。正如牛津大学互联网研究中心提出的："下一代互联网用户"最重要的特征，是对媒介资源的"自我配置"。

研究表明，人们用来指导自己决策的心智模式，在应对系统的动态行为方面具有天生的缺陷。"人们通常持有一种基于时间层面、因果关系而非回路的观点，而忽略了反馈的过程，意识不到行动与反应之间的时间延迟，在交流信息时也未能理解存量和流量，并且对于在系统进化过程中可能改变反馈回路强度的非线性特征不敏感。因此可能产生'系统思考缺乏症'"[1]。这将导致个人建立的传播系统是盲目的、有缺陷的、有限理性的。

正如行为经济学对经济学研究的范式转换的根本假设"有限理性"一样，当人们有足够的权限行使"非理性"本质时，"后真相"的出现并不难理解——随着主流媒体的权威消解，人们失去了对基础价值与同一秩序的基本共识，使得信息传播过程中真相有时变得不再重要，重要的则是情感和观点。后真相时代，真相并没有被篡改，也没有被质疑，只是变得次要了，网民不再相信真相，只相信感觉，只愿意去听想听的和去看想看的东西。这导致假新闻、谣言以及非理性宣泄等问题甚嚣尘上。个体使用媒介完全取决于是否对自己有用、是否符合自我的价值感知。

"个人信息世界"理论提出：个人的空间、时间、知识三个边界限定了

---

① 德内拉·梅多斯. 系统之类：决策者的系统思考[M]. 邱昭良，译. 杭州：浙江人民出版社，2012：21.

信息主体的活动领域，在这里，信息主体通过其信息实践从物理世界、客观知识世界、主观精神世界的信息源中获取信息，汲取信息效用，积累信息资产①。这一概念首次将个人作为信息主体，而非经济主体、社会主体加以观察——"信息主体受资源、机会、社会流动、教育模式等因素的限制，只能构建狭小的个人信息世界边界；而狭小的个人信息世界边界又反过来限制信息资源的获取和利用。在这个过程中，个人信息世界至少在一定程度上产生了'井口'效应，让身置其中者只能看到一部分'天空'（部分可及信息源）"。因此，个人传播系统的边界性构成了对整体社会信息系统的框选效应，并随着复杂的社会性因素不断流动，尽管社会信息系统的发展日新月异，但个人传播系统的变迁有其特有的逻辑性、异质性和不确定性。二者之间的互相作用是当下网络新媒体系统多维特征的基本逻辑起点。

2.2　作为信息界面的产品

不同于传统大众传媒的物质载体，网络新媒体系统的基本单元是"产品"，传播系统以产品为用户接触信息的界面。"产品"的本质特性决定了其价值在于为某一特殊需求提供解决方案。不同的产品划分方式决定了产品的不同特性。

2.2.1　网络新媒体产品的概念

1. 产品与媒体产品

根据科特勒的定义，"产品"是指任何提供给市场，并能满足人们某种需要和欲望的东西。产品分为物质产品和精神产品。产品是一种需求的解决方案，可以说，"满足需求"是产品的本质特性。

商业是一个价值创造、传递和实现的过程，本质上是价值的交换。企业通过产品或服务为使用者提供价值，从而获得回报，从这个意义上说，产品或服务是价值的载体，一个看得见的价值点。

与普通产品不同，媒体产品本身的特性决定了它具有如下 5 个重要的特性。

---

① 于良芝. "个人信息世界"——一个信息不平等概念的发现及阐释[J]. 中国图书馆学报，2013，39（1）：4-12.

（1）媒体产品是有形产品与无形产品的结合

媒体产品包括有形的媒体终端和无形的信息产品。在传统媒体时代，有形的媒体产品体现在报纸、杂志、书籍和广播电视终端上；在新媒体时代，媒体产品更多地体现在网站、App 等界面与入口，体现为无处不在又难以具体衡量的信息流。

（2）媒体产品的使用价值具有共享性与持久性

媒体产品与普通产品最大的区别是具有共享性，多一个人消费产品并不会损失这个媒体产品，相反会增加媒体产品的重要性和影响力。而媒体产品本身，无论是印刷产品、数字节目还是网络数据都会在一定程度上被长久保存，甚至成为珍贵的历史资料，其价值比普通产品更为持久。

（3）媒体产品通过"二次售卖"拥有受众和广告商两级消费者

媒体产品都拥有受众和广告商两级消费者。受众消费媒体产品上承载的有价值信息，并为此付出注意力；广告商消费受众付出在媒体产品上的注意力，并为此付出广告费。这两级消费者的存在是媒体产品区别于其他产品的重要特质，也是媒体产品盈利的基本模式。

（4）媒体产品兼具公共产品与私人产品的特性

媒体产品既可以是私人的，同时也具有不因为增加其他人的所有权而丧失其产品性的特质，因此媒体产品也是公共产品。兼具公共产品和私人产品的特性也使得媒体产品有不同于其他产品的社会属性特质。

（5）媒体产品体现着特定的意识形态

任何媒体产品都由信息组成，经由人的主观意识加工，具备信息编辑团队的特定意识形态。与此同时，媒体产品本身对社会生活、人们的价值观具有巨大的影响力，在任何一个国家里，无论何种经营模式的媒体产品都体现着一定的意识形态。

2. 网络新媒体产品

网络新媒体产品的概念与媒体产品有交集，同时也是网络新媒体研究的重要部分，是从传统意义上的"产品"延伸而来的，是在互联网领域中产出而用于经营的媒体产品，因此，它是满足互联网用户需求和欲望的无形载体。简单来说，互联网产品就是为用户解决问题而产生的，它是网站功能与服务的集成。

什么是互联网产品？互联网产品就是用于满足用户特定需求的基于互联网技术上的功能与服务集成。好产品离不开"产品直觉和感性认识"，如果没有同理心，做出的产品肯定没有灵魂，不能满足用户需求。知名产品人梁宁在演讲中说："我们需要有理性才能知道别人在哪一个点跟我们共情，才能知道我们所交付的产品，到底会触达用户情绪的哪个点，让用户愉悦还是不爽。这个社会就是这样，共情的力量远大于共识。"

2.2.2　网络新媒体产品的分类

网络新媒体产品有多种分类方式，如按照服务对象的不同，可分为面向用户（2C）的产品、面向客户（2B）的产品、面向家庭（2H）的产品；按照运行载体的不同，可分为 PC 端产品、移动端产品、大屏智能终端产品、可穿戴设备端产品；而按照用户需求的不同，又可分为资讯类产品、社交类产品、社群类产品、娱乐类产品。

1. 按照服务对象分类

（1）面向用户的产品

面向用户（To Customer，2C）的产品是直接面向个体用户，为满足个体用户的使用需求而服务的产品，也称"消费互联网产品"。产品一定是为了满足用户的某种需求而存在的，2C 类产品的需求挖掘来自对用户群体的深入细分，或者对大众群体需求的细致甄别，因此用户体验研究是 2C 产品的重要工作。目前网络新媒体产品中，绝大多数产品都是直接面对用户的 2C 产品。

（2）面向客户的产品

面向客户（To Business，2B）的产品通常面向特定组织（企业、社团、政府），也称"产业互联网"。相较于个人用户而言，组织用户更加理性，往往有明确的业务指标作为价值的衡量依据，效益第一，体验第二。对于 2B 产品而言，能够切实解决客户问题，是产品的基本特性。一些帮助连接企业和客户的 2B 产品，解决的实际上是经济需求。用高效、高质、统一、持久的模式，实现工作管理和业务变现。

（3）面向家庭的产品

面向家庭（To Home，2H）的产品通常面向家庭，也称为"家庭互联网"。这一产品类型以光纤和 5G 为技术基础，以智能家居为场景基础搭建起对以电视为代表的传统家庭媒体产品的继承和发展，成为介于组织使用和个人使用中间的中观单位。以家庭为用户单位的网络新媒体产品将成为新的发展趋势之一。

2. 按照运行载体分类

（1）PC 端产品

个人计算机（Personal Computer，PC）有着巨大的信息展示区域和丰富的外部连接设备，移动端的交互为触摸手势优先，PC 端则是以鼠标、键盘优先，在交互精度上有很大优势。因此 PC 端非常适合一些即时性较低但信息量大、功能操作复杂的产品，如视频编辑类、图形绘制类、企业服务类产品。对于从 PC 端到移动端的 Web 产品设计来说，响应式设计是应用较多的方法，响应式设计可以根据屏幕大小自动适配页面元素布局，能很好地满足跨终端的网页浏览问题。

（2）移动端产品

移动端产品在用户需求与使用情景的基础上发挥了智能手机的各类特性，使用户更加便捷地操作相应功能模块，达成使用目的。现在，移动端已经超越 PC 端成为最大、最有活力的产品运行平台。

（3）大屏智能终端产品

以智能电视为代表的大屏智能终端产品成为家庭数字娱乐的主要界面，针对家庭数字娱乐的产品，在大屏智能终端上的应用也应运而生。目前这类产品仍然是移动端产品针对不同使用场景的变形，但作为连接组织应用和个人应用之间的中观单位，家庭数字娱乐产品的不断增多和升级将是发展趋势。

（4）可穿戴设备端产品

以 VR 眼镜、智能手表、智能手环为代表的可穿戴设备端产品，将信息的传输上升到生理层面，一方面延伸人体的视觉效果，另一方面将人体各种生理信息投射和显示，使其成为信息传播的一部分，是物联网发展趋势的代表之一。

3. 按照用户需求分类

（1）资讯类产品

资讯类产品主要是解决用户对于信息获取的需求。资讯类产品的形态与技术进步和社会发展事实上有相当大的关联。伴随着信息技术的进步，我们获知信息的界面从物理载体到数字载体，从固定时空到移动时空，资讯的表达方式也不断发生改变，由文字到图片，由音频到短视频、长视频，由视频又衍生出直播，资讯类产品的表达方式越来越高效、丰富、立体。

而伴随着大数据分发的应用，资讯内容的推荐规则进一步个性化、智能化。一方面，大数据参与的资讯分发在海量信息中为用户挑选个性化的内容，匹配用户的偏好和特征；另一方面，算法在不完善的阶段也面临着资讯重复与固化的风险，可谓机会与挑战并存。但获得资讯是媒体类产品的基础性应用价值，获得真实、迅捷、优质的资讯是网络新媒体的基本价值。

（2）社交类产品

社交类产品主要就是满足人们在社会生活中所衍生出的社交需求的产品形态。广义的社交类产品包含了社交、社区、社群等各类人与人之间信息交互相关的互联网产品。社交类产品是与"人"最相关的产品，需要有对人性本质的深刻了解。社交类产品也可按照不同维度进行再细分，如按是否相识可分为熟人、陌生人，按社交介质可分为文字、语音、图片、视频等，按用户共性可分为地域、人脉、兴趣等。

（3）社群类产品

社群类产品最初的形态是网络社区，指包括 BBS/论坛、贴吧、公告栏、群组讨论、在线聊天、交友、个人空间、无线增值服务等形式在内的网上交流空间。典型的社群类产品主要有两大类：一类是内容型社群，典型代表有豆瓣网和大众点评网；另一类是关系型社群，典型代表有早期的开心网和人人网，以关系型社群类产品作为起点的社交产品如微博，经过不断与用户之间的价值共创和演变，也带有了较为强烈的社群属性。而随着大数据技术的应用，以信息流形态为特征的新社群类产品如小红书，已经成为集社群、资讯和消费于一体的综合类型产品。

（4）娱乐类产品

从价值和功能来讲，娱乐是媒体产品历来的重要功能之一。网络新媒体产品中属于娱乐类产品的，仍然可以划分为休闲娱乐产品、游戏娱乐产品等。随着 4G 兴起的短视频娱乐产品成为休闲类产品的代表，长视频娱乐产品也随之占据更多的用户注意力和时间；而另一个重要的娱乐类产品——游戏类产品所满足的用户需求是复杂而多面的，可以说游戏创造了一个虚拟世界来满足玩家在现实世界中对于虚拟体验、社群、社交、娱乐的多重需要。

2.2.3 网络新媒体产品的基本特征

1. 特定需求的解决方案

"产品"概念是媒体领域变迁的重要标志，产品决定了它要面向特定的需求提供解决方案，决定了媒体产品的用户思维，决定了媒体必须面向市场，建立价值和交换价值意识。

可以说，成功的产品迎合了需求，而伟大的产品创造和引领了新的需求。在网络新媒体领域，具有前瞻性并塑造了新消费需求的产品不在少数，如短视频产品抖音、快手等，成为现象级的网络新媒体产品，并不断沉淀出新的产品类别。

2. 开放的信息边界

网络新媒体产品通过打破传统媒体的物理边界而打破信息传播的边界，通过打破传播节点而打破生产与消费的边界。网络新媒体产品成为一种实时存在的进入社会信息传播系统的界面，用户在不同产品之间流动和游走，分配时间与注意力，通过产品界面获得不同使用价值的内容，产品与信息在用户立场上突破了基本边界，并不断被融合。

3. 永久性的迭代升级

网络新媒体产品的重要特征就是随着技术的升级和需求的变化不断升级和迭代。网络新媒体产品区别于传统媒体产品的重要特征之一就是数据的实时反馈，任何一个网络新媒体产品都会沉淀用户数据，积累巨大的用户使用观测数据，为价值提升创造切入口和抓手，这种升级和迭代是在产品周期内不断进行的，通过与用户之间的不断协商、价值共创，为产品的动态演进提供进路。

2.3 作为关系界面的平台

互联网技术带来的第一显著的效应就是"网络效应"。"网络效应"的简单定义就是经济效益外部溢出效用不但是正的，而且可能是递增的。这完全超越了过去经济学中的稀缺性假设——一个市场中的供应是有限的，加入的人越多，给别人带来的效用是递减的[①]。因此，在网络效应的加持下，进入一个网络的用户越多，对其他用户来说，效用越高并呈现递增态势。因此，平台型媒体迅速崛起。

2.3.1 平台型媒体的概念

2014 年 2 月，乔纳森格·格里克在《平台型媒体的崛起》一文中首次使用了"Platisher"。这一单词由 Platform（平台商）和 Publisher（出版商）两个单词组成。DigiDay 的一位撰稿人随后对其做了进一步阐述："'平台型媒体'是指既拥有媒体的专业编辑权威性，又拥有面向用户平台所特有的开放性的数字内容实体。简言之，这种平台型媒体不是单靠自己的力量做内容和

---

① 罗家德. 复杂：信息时代的连接、机会与布局[M]. 北京：中信出版社，2017.

传播，而是打造一个良性的开放式平台，平台上有各种规则、服务和平衡的力量，并且向所有的内容提供者、服务提供者开放，无论是大机构还是个人，其各自独到的价值都能够在上面尽情地发挥。"

这个定位是相当宽泛的。任何一个开放了自己的内容管理系统（Content Management System，CMS）的媒体机构，直接引入外部撰稿人（撰稿人可以直接在 CMS 上发布内容）的媒体机构，都可以称自己为平台型媒体。另外，那些没有专业编辑，但发布并聚合众多内容的技术平台，因为没有所谓的"专业编辑权威性"，而不被认为是"平台型媒体"。

2.3.2　平台型媒体的划分

目前来看，平台型媒体可以分为两类：单一性平台型媒体和综合性平台型媒体。

1. 单一性平台型媒体

单一聚合的平台型媒体通常聚焦同一类内容的深度开掘，如聚合各大媒体新闻资讯的今日头条，聚合视频的 YouTube、优酷等。单一性平台型媒体的另一个重要特征是对用户生产内容（User Generated Content，UGC）、专业生产内容（Professional Generated Content，PGC）、职业生产内容（Occupationally Generated Content，OGC）的全面开放。

UGC 即用户将个人原创的内容通过互联网平台进行展示或者提供给其他用户，生产主体是普通的用户，主要是出于分享个人的经历、兴趣进行内容的生产和传播；PGC 则是指以"专业用户"为主体做内容和信息的发布，"专业用户"指因个人技能、经历等在某些领域具备一定话语权和影响力的用户；而 OGC 则是指"职业用户"以生成内容的方式参与传播，"职业用户"指在某一领域里的专家、从业者，对某一领域的内容有权威感与公信力。传统媒体在平台型媒体上的发布方式也属于 OGC 这一类型，品牌、机构、组织以官方名义发布与自身相关的内容也是 OGC 的重要组成部分。与 UGC 和 PGC 相比，OGC 更加强调职业身份的公信力。

2. 综合性平台型媒体

综合性平台型媒体功能则较为多样，其既包括媒介内容的聚合，也包括各种应用的聚合，如百度便聚合了信息检索、资讯提供、公共讨论、导航服务、社区服务、移动服务、娱乐游戏、软件工具等多种应用样式，其全覆盖式的功能结构囊括了用户绝大部分需求。微信也属于这类平台型媒体，或者说其正在向平台型媒体的方向发展。在微信这一平台中，用户可以开展社交、获取新闻资讯、订阅信息、娱乐游戏、购物等多种活动。这种综合性平台型媒体可以为用户提供多种样式的体验，带有一站式服务的性质。从某种意义上说，这种综合性平台型媒体才是真正意义上的平台型媒体。

2.3.3 平台型媒体的特征

1. 强吸聚性的信息传输渠道

平台型媒体打破了传统媒体渠道之间共存的局面，由入口、通用介质空间、平台交互中心、终端等组成。其中，入口是搭建平台、获取用户的第一步。在这一入口内部，用户可以通过媒介接触获得绝大部分体验，入口内的活动占据了互联网用户的绝大部分上网时间。不少学者认为现如今对平台的争夺实际上是对互联网入口的争夺。

2. 多重的信息服务价值

平台型媒体立足于用户需求和偏好，通过管理整合信息内容、重新定义多种合作方式、为用户提供个性化匹配信息等方式，拓展盈利模式和信息服务价值。通过平台交互中心规则和算法，围绕用户需求，开放合作，构建与用户生活场景立体对应的信息服务产品群，平台型媒体可以实现价值链上下游拓展和价值网络延展。

3. 与用户的"价值共创"

可以说，网络技术的价值之一就是将更多的信息节点连接到了一起，这些节点包括人和物。而作为具备主观能动性的用户本身，成为网络新媒体产品的全部消费者、部分生产者和重要传播者。用户互联网著名的梅特卡夫定律（Metcalfe's Law）告诉我们：网络的价值以用户数的平方的速度增长。因此当一个产品的用户数达到一定的规模，它将成为基础应用设施一样的存在。例如，微信因其巨大的用户数成为国民性基本应用。用户对网络的连通性、延展性都有着重要的意义，因此也成为网络新媒体的最重要因素之一。

2.4 复杂视角下的网络新媒体传播

信息革命兴起后，社会传播形态由以往的大众媒体时代的传播流模式逐渐向网络化传播模式转变，本来似乎秩序井然、中心边缘分明、以线性因果逻辑运转的社会，变成了无边无际的波浪式的涌动：没有中心，或者是互为中心，此起彼伏，前呼后拥，同声共享。随着5G时代的到来，更大量级的多源异构信息以及信息总体连接增加，信息传播呈现出更强的复杂性，是复杂场域和复杂网络。因此，为更全面深刻地把握社会传播系统，我们可以从复杂系统理论中挖掘可借鉴的理论资源。

2.4.1 复杂系统理论

兴起于20世纪80年代的复杂性研究或复杂性科学，是系统科学发展的新阶段，也是当代科学发展的前沿之一。圣菲研究所（SFI）的约翰·霍兰（John Holland）教授在复杂系统的研究中，发现了一大类系统都是由一系列具有适应的个体组成的，他把这类系统称为复杂适应系统（Complex Adaptive System，CAS），并给出了复杂适应系统的统一描述框架及研究方法。①

复杂适应系统理论认为，适应性主体（Adoptive Agent）是具有明确行为目标、独特的内部模型和自主行为能力的复杂适应系统子集，该主体在已有的知识和信息基础上能动地在外部环境刺激与行为效果之间设定对应关系，然后根据这些对应关系所形成的"策略空间"和行动集合，灵活选择适应外部系统环境的方式，并根据适应性行为的反馈结果，不断地学习和积累经验，并根据这些学习收获及时修正自身的组织结构和行为规则，以保持自身的环境适应性。

"适应"一词是霍兰教授对系统中适应性主体与系统外部环境反复作用关系的概括，是复杂适应系统理论最基本的概念，同时也是复杂适应系统产生新的系统结构、新的系统层次和更复杂的系统行为的根本动力；而"适应性主体"则是复杂适应系统理论研究的核心内容，在复杂适应系统的自适应发展过程中，适应性主体是与系统环境协同发展、共同演化的，系统内在要素的相互作用是复杂适应系统高阶演化的本源，系统多样化的产生和复杂化的演进都是基于适应性主体根据已有经验和学习不断变换规则适应系统整体运行要求而派生出来的，适应性主体的动态适应性决定了复杂适应系统的复杂动态性。

就复杂适应系统理论的研究范式而言，复杂适应系统理论的研究视角将宏观分析与微观分析相结合，将还原论与整体论相结合，对阐述复杂系统能

---

① 陈禹. 复杂适应系统（CAS）理论及其应用——由来、内容与启示[J]. 系统辩证学学报，2001（4）：35-39.

动适应外部环境的自组织机制提供了独特的研究视角和研究方法。就理论特点来说，不同于传统系统理论强调系统自上而下集中控制路径，复杂适应系统理论特别重视适应性主体与系统环境的交互学习过程对系统演化发展的积极影响，并强调适应主体与系统环境之间、适应性主体的微观运行方式与宏观系统运行方式之间的协调统一，这对于揭示复杂适应系统的生产和演化规律，探索各类复杂适应系统的结构、功能和运行方式具有重要的启示和借鉴作用。

2.4.2　网络新媒体的复杂属性

新一代媒介与传播技术带来的传播现实是，新传播要素的入场使得社会传播成为一个"开放的复杂巨系统"，在多重复杂因素交织影响下"换道行驶"。

1. 信息生产泛众化

5G 带来的"泛众"传播主体不仅仅是门槛再次降低的普罗大众，还有为人的自我感知、自我传播提供一种新媒介的"智能物"，信息生产者网络被大大扩容，建立起人－物、物－物、物－空间环境、物－服务等新的传播关系，传播行为将弥散在各种日常活动中。[①]

2. 内容价值多维化

信息生产者的扩容必然导致内容生态系统的扩容。可以说，新一代内容生态中，内容的价值维度更加多元：从作为资讯传达的内容到作为情感表达的内容再到作为媒介功能的内容，内容在深度价值之外，还有宽度价值和中介价值；在诉诸情感及个人信念较客观事实更能影响民意的后真相时代，只要能引发情感共鸣与趣缘人群聚拢，这些具有横向连接价值的内容更有可能实现精准高效传播。

3. 信息分发算法化

随着互联网平台通过版权协议完成对传统新闻机构的收编，以及社会化信息生产力量的加入，依托机器算法且拥有用户黏度的平台成为平台媒体，承担起连接信息生产者和用户之间中介的角色，至此，传统新闻机构和用户不再直接联系，信息的生产和传播变成了"生产者-平台媒体-用户"甚至是"平台媒体-用户"这一全新的模式。

---

① 彭兰. 5G 时代"物"对传播的再塑造[J]. 探索与争鸣，2019（9）：54-57.

4.媒介消费个体化

显然，受众的个体化趋势是技术逻辑主导下传播媒介研究不可忽视的变革。以互联网为代表的数字媒介的本质就是激活了个人为基本单位的社会传播构造，"大众自我传播"（Mass Self-Communication）极大地推动了更多植根于本地的、更加个人化的交流与传播的实现，消费者是个人与技术复合的"超级个体"，消费模式从集体时空消费转变为"利基时空"消费。5G 时代，技术对社会中相对无权的个体和群体的赋权将会超越以往任何一个时代，曾经面目模糊的原子个体，会以另一种方式连接和聚合，改变社会机构格局。

5.传播权力再组织

5G 技术以"赋权"的形式，打破传统各传播要素的原有结构与原有秩序。这种全新的社会赋能与赋权的力量源泉通过关系资源的激活、连接、聚集和整合等软性的力量来推动其连接和再连接的结构性效应的"涌现"。面对 5G 技术带来的传播权力转移，从个体到平台媒体和传统媒体再到国家，社会传播系统的各层级主体都应理解新权力机制下的机遇与风险。

2.4.3　网络新媒体传播的不均衡与涌现

在 Web 1.0 时代，以门户网站为代表的传播方式形成了以"可读"为特征的信息消费方式，尽管用户具有自主选择内容的权利，但并未真正参与到具有自主性的内容生产和传播过程中。换言之，用户被动接收内容，但缺少实际的互动体验，权力仍然集中在传播者的手中。Web 2.0 时代，移动设备的使用使得人们能够随时随地接入网络，信息不再由少数精英群体所掌握，而是由社会公众共同创造、传播与共享，并在其中赋予具有个体化特征的全新含义。在这一"可读+可写"的过程中，传播权力格局呈现出中心化与再中心化的状态，个体在一定程度上被赋予权力，但其信息被集中化到互联网平台上，用户作为互联网生态的重要参与者和贡献者却无法"确权"。[①]

与此同时，互联网从诞生开始就具有自组织的特性[②]。传统的还原论及机械论都无法解释互联网发展背后的底层逻辑[③]，我们需要从整体、协同和

① 喻国明，滕文强，苏芳."以人为本"：深度媒介化视域下社会治理的逻辑再造[J]. 新闻与写作，2022（11）：51-60.

② 喻国明，滕文强，王希贤. 分布式社会的再组织：基于传播学的观点——社会深度媒介化进程中协同创新理论的实践逻辑[J]. 学术界，2022（7）：184-191.

③ 张蓓佳，丁日佳. 生态工业园整体涌现性机理研究[J]. 系统科学学报，2014（3）：90-93.

动态的视角去理解媒介发展背后的本质特征，而系统的"自组织涌现"为我们提供了一个新的范式去重新认识和理解发展规律。①

具体而言，自组织指远离平衡的开放系统在外界输入物质、能量或信息的条件下，内部各组成部分之间发生非线性交互作用，自发地从平衡、均匀的完全随机状态走向有序的系统内在机制。②巴克（Per Bak）曾提出自组织临界性（Self-Organized Criticality，SOC）的内在规律，从时空结构的角度对涌现现象进行了解释。他认为，缓慢驱动的非平衡系统具有扩展的自由度、高度的非线性特征以及最终的能量耗散。也就是说，系统中的各个要素在自组织的过程中相互作用，推进整个系统的演化过程，当达到临界状态时，系统内部任何一个微小的变化都将刺激整个系统产生创新性的"涌现"。

由此可见，新媒体的传播方式与复杂系统有许多相似之处。

第一，新媒体的传播方式和复杂系统都采用系统思维来理解和解决问题。在新媒体的传播中，信息的传播不再是一个简单的直线过程，而是成为一个复杂的网络系统。在这个系统中，信息的传播受到多种因素的影响，如网络拓扑结构、用户行为、社交关系等。同样，复杂系统也是一个由众多相互关联的元素组成的系统。这些元素之间相互作用、相互影响，形成了一种复杂的整体行为。因此，我们运用系统思维来分析和解决问题时，需要考虑到所有相关因素及其之间的相互作用。

第二，新媒体的传播方式和复杂系统都存在非线性关系。在新媒体的传播过程中，信息的传播不一定是简单的数量增加，而是一种复杂的扩散过程。一条信息可能会迅速传播到很多人，也可能会在传播过程中逐渐失去影响力。此外，新媒体传播中的用户行为、社交关系等也可能对信息的传播产生重要影响。同样，复杂系统中也存在大量的非线性关系。这些非线性关系使得系统行为无法通过简单叠加来预测，必须从整体上考虑系统的动态行为。

第三，新媒体的传播方式和复杂系统都具有适应性演化的特性。在新媒体的传播过程中，信息会根据用户的反馈和行为进行不断调整和演化，以更好地适应环境。同样，复杂系统也是一个不断演化和适应的过程。系统中的元素会根据环境的变化和其他元素的行为来调整自身行为，以适应整体系统

① 乌杰. 关于自组（织）涌现哲学[J]. 系统科学学报，2012（3）：1-6.
② 哈肯. 协同学：理论与应用[M]. 杨炳奕，译. 北京：中国科学技术出版社，1990.

的运行。这种适应性演化的特性在新媒体传播和复杂系统中都扮演了重要角色，也是系统能够持续发展和生存的关键。这种联系为我们提供了新的视角和方法，使我们能够更好地理解和解决新媒体传播中的问题以及复杂系统中的现象。

本章练习

一、名词解释

1. UGC、OGC、PGC
2. 梅特卡夫定律
3. 平台型媒体
4. 复杂系统理论

二、思考与练习

1. 论述新媒体产品的不同分类。
2. 理解媒体产品与普通产品的本质区别。
3. 请阐述"平台型媒体"的基本特征。
4. 请阐述"网络新媒体产品"的基本特征。
5. 请阐述网络新媒体的复杂属性。

三、阶梯阅读书目推荐

1. 德内拉·梅多斯. 系统之美：决策者的系统思考[M]. 杭州：浙江人民出版社，2012.
2. 罗家德. 复杂：信息时代的连接、机会与布局[M]. 北京：中信出版社，2017.

第3章　网络新媒体用户

"在人类的各种知识中，最不完备的就是关于单人的知识。"

——让-雅克·卢梭（Jean-Jacques Rousseau）

本章学习目标

* 了解"受众"身份的变迁过程。
* 知道用户是如何被技术赋权的。
* 把握"用户"的基本特质。

导读

　　大众受众正在随着时代变迁经历自身主体性的变迁。置身于复杂传播系统中，拥有个人传播权力的用户，是新型受众，同时也需要新的审视视角。本章我们将要重新审视传统观念中的受众概念如何被继承和转化，在网络新媒体系统中成为被赋权、自组织、不断进化和流动的要素：第一，从媒介研究的角度上看，互联网作为一种新的权力来源，它对于个体与自组织群体的激活，更多地为社会中的"相对无权者"进行赋权，使权力和垄断资源从国家行为体向非国家行为体转移。第二，在媒介消费层面，依托于移动互联网技术和社交媒体建立起来的关系网络，个体正在经历前所未有的高权利认知时代。其形式表现为：个体不再是媒介消费的终端，而在个人消费的同时，成为产销者，拥有自门户，担当互释人。第三，受众权利的空前提高并不等于个体对个人传播系统的全面掌控，事实上众多事件表明，网络新媒体用户在获得极高赋权的同时也存在着众多被动与不自治。"积极自由"是做什么的自由，强调参与权；而"消极自由"是免于做什么的自由，强调选择。与此同时，人类的重大改变与人类的连接方式相关，如果我们再以"上帝之眼"鸟瞰全球人际关系网络图的动态变化，原本只有面对面互动而存在的亲缘小团体，因为符号的出现而有了跨时间与空间的弱连带。随着文字的出现，这些小团体开始"自组织"出更大范围的小型子系统，子系统间也有了一定的连接。

新媒体技术提供了各种新平台，由此我们可以观测到很多不同种类的用户行为。但受众研究的基本问题并没变，即受众是主动的还是被动的、理性的还是非理性的、不同受众的活跃程度以及不同受众的理性程度等。这些问题之前一直未能得到很好的解答。现在面临的新情况是，我们有了很多数据来帮助回答这些问题。媒介的碎片化使用、多任务使用、交互化使用、沉浸式使用给受众行为带来了测量难题，以及用户行为的泛在化和复杂性导致了难以获取全部数据的问题。本章梳理了当前用户研究的主要方法与应用趋势，发现如何更好地测量用户的媒介体验与行为的方法，在任何阶段都是传播学所面临的最大挑战之一。

3.1 被赋权的个体

新受众的身份应该是什么？麦奎尔认为，传统的受众角色将会终止，取而代之的将是下列各种角色中的任何一个：搜寻者（Seeker）、咨询者（Consultant）、浏览者（Browser）、反馈者（Respondent）、对话者（Interlocutor）、交谈者（Conversationalist）——"很显然，在大众受众兴起长达一个世纪之后，这样一种变化也许确实堪称革命"[1]。

3.1.1 高权利的个体

从媒介研究的角度上看，互联网作为一种新的权力来源，它对于个体与自组织群体的激活，更多地为社会中的"相对无权者"进行赋权，使权力和垄断资源从国家行为体向非国家行为体转移。在媒介消费层面，依托移动互联网技术和社交媒体建立起来的关系网络，个体正在经历前所未有的高权利认知时代。其形式表现为：个体不再是媒介消费的终端，而是在个人消费的同时，成为产销者，拥有自门户，担当互释人。

1. 产销者

关于媒介消费者的特殊身份，近年来研究界创造了不少词汇，以新闻消费者概念的演变为例，具体如表 3-1 所示。

---

① 丹尼斯·麦奎尔. 受众分析[M]. 刘燕南，等，译. 北京：中国人民大学出版社，2006.

表 3-1 新闻消费者概念演变

概念	提出者及提出时间	新闻消费行为
消费者（Consumer）	—	选择
产销者（Prosumer）	Alvin Toffler，1980	选择、发布
Prod-user	Alex Bruns，2014	选择、发布、参与
Prod-designer	Alex Bruns，2015	选择、发布、参与、设计

马歇尔·麦克卢汉（Marshall McLuhan）早在 1972 年的著作《把握今天》中就提出，消费者将会通过电子技术演变为生产者（Producer）。而未来学家阿尔文·托夫勒（Alvin Toffler）在 1980 年撰写的《第三次浪潮》中，将生产者和消费者两个词铸成一个新词"Prosumer"，并沿用至今，意思是生产者和消费者的角色界限模糊，两者将最终融合。在此基础上，澳大利亚学者阿莱士·布伦斯（Alex Bruns）分别于 2014 年和 2015 年提出了新闻消费领域的 Prod-user 和 Prod-designer 的概念，并将 Consumer、Prod-user、Prod-designer 在新闻消费的主动性上做了由低到高的排序：Consumer 是直接选择想看的新闻；Prod-user 是指用户在新闻接入、选择、生产和分发过程中过滤信息，通过直接链接和评论参与 UGC 新闻的生产；而 Prod-designer 是指用户在新闻的接入、选择、生产和分发过程中都发挥主动作用，不断设计优化调整所看到的内容的重要性和优先次序，甚至参与创意内容的合作。

不仅仅是新闻消费者正在成为直接参与新闻生产的要素，在整个网络与新媒体系统中，以个体为代表的用户都不同程度地参与了生产和消费的双重工作，用户以内容制作、社交转发、内容评论等方式全面参与到内容建设中来。有学者在 2014 年估算，如果以每秒浏览一个网页的速度计算，浏览完现存的所有网页，需要至少 230 年。X 公司的每日信息发布量超过 5 亿条，每分钟在 YouTube 上传的新视频超过 1 亿小时；而到了 2019 年年底，11.5 亿用户的微信每日信息发送量超过 450 亿条。

2. 自门户

社会化媒体的崛起让任何一个拥有 Web 2.0 主页或者社交账号的个体都拥有了"个人门户"，这个门户既是个人接入信息平台的入口，更是成为很多人在虚拟世界互相认识的第一张名片。

人性化自我（All-too-human Selves）与社会化自我（Socialized Selves）

是欧文·戈夫曼（Erving Goffman）在其著作《日常生活中的自我呈现》中提出的概念。戈夫曼认为，人性化自我与社会化自我是天然不同的：人性化自我是人类的本质，"我们也许只是被反复无常的情绪和变幻莫测的经历所驱使的动物"；而社会化自我是社会角色的一部分，需要"表演"一个相对稳定的状态。为此，他把社会化自我表演的舞台称为"前台"（Front Region），作为舞台一部分的符号设备被称为"装置"（Setting），表演并不只是面对观众，也是为了"前台"。一个人的社会化角色表演可以被看作其个人形象的尽力展示。从某种程度上说，个人门户的存在和动态的不断发送就是网络化的"前台"。

社会心理学中的社会比较理论认为，人类自我评估的欲望是天生的，即便有关于社会评价的量化指标，人们仍然想通过和他人的比较来做自我评估，人们需要依靠外界对自己的不断对照和反馈来审视自我形象的准确性，这样不断窥视、比较、再定位的基本欲望也是社交媒体存在和不断维持发展的社会心理基础。

从个人媒介消费的角度上来说，一部分消费是自我认知的内在需要，包括每日新闻、专业知识、娱乐、信息和其他部分的消费。这种集体社会化需要支持社交网络的信息流。从这个意义上说，每个人都有一个消费者和一个信息流动的平台。因此，热门话题和文章，用"刷屏"来描述内容，其实是通过"转发"的这种行为，占据了大部分人的个人门户，同时也是个人门户信息的一部分，也是一个关系链中的即时消息，连续传递着信息流。那些不断被各种关系链中的人转发进入个人门户中的内容，其本质含义是内容引起了绝大多数人的共鸣和兴趣，被不同领域的人共同青睐，形成所谓的热门文章。

3. 互释人

当关系网络置入信息传播网络之后，信息传递的通路就与人际关系密不可分了。除了新闻机构生产的内容，每个人都会很轻易地从他所关注的人那里获得其创作或者转发的信息。同时，如果获取的内容激发了读者的积极性，就会引发又一个节点的自发传播，抑或带着评论与态度的再次传播。

人际的价值除了交往上的联系，也成为彼此信息上的重要"编辑"——社交网络里不乏因为"三观不和"互相"拉黑"、切断信息传播线的行为，在微博中关注、取消关注，在朋友圈中阻止、分类的行为，同时也是一种渠道上的不断调整，选定的人通常也是认同了他的信息兴趣和价值判断。任何一个热点事件的出现都会引发一轮价值观上的互相窥视和不断对标。在这个意义上说，社交网络上的关系框定，其本质是决定了谁来做你的信息源。基于前面讨论的社会性传播的需要，你将看到的更多的是"信息挑选+态度表达"后的组合，因此社交平台上的信息传播无形中已经形成了互相诠释和表态的讨论氛围。

依托互联网的无界性质，理论上说，个人是可以选择连接任何一个拥有社交账号的人的，这也让基于共同特征所延伸出的社群的建立更容易、更细分。任何一个社群，都会成为一个意义上的"诠释社群"，互相选择之后的人群，对信息的共同理解是社群建立和稳定的基础，社群中的成员在不断沟通中互为诠释人。

与此同时，社交关系浸入信息传播网络，也几何级地增强了信息"冗余"感。如同牛津互联网学院（Oxford Internet Institute，OII）提到的下一代用户，其创新的信息渠道自我配置是典型的特征，在这个过程中，用户拥有了空前巨大的选择自由，也同时要付出自我配置的时间精力甚至认知能力。在相互连接的个体急于就同一个热点不断发言、表态、诠释的时候，单一用户得到的可能是不断重复的、真假难辨的观点和优劣难分的态度。对具备良好媒介素养的用户来说，这是一个听到更多声音的机会，但是对媒介素养并不良好的用户来说，这无疑是极大的冗余甚至误导。因此近些年也不乏很多主动退出社交媒介的群体性行为。

但"互释人"的角色有一点是非常值得肯定的，就是观点表态的多元化，以及对用户自身而言，强烈的赋权感，使其对自己的传播影响力有了更为直观、数字化、可统计的感受。

3.1.2 主动权利与被动权利

受众权利的空前提高并不等于个体对个人传播系统的全面掌控，事实上众多事件表明，网络新媒体用户在获得极高赋权的同时也存在着众多被动与不自治。

1. 受众的自治与不自治

菲利普·M.南波利（Philip M. Napoli）在他的书中将受众自治解释为：媒介受众逐渐对何时、何地以及如何消费媒介有了自己的控制权[1]。营销界甚至有

---

① Philip M Napoli. Audience evolution: new technologies and the transformation of media audiences[M]. New York: Columbia University Press, 2011: 5.

研究者将当代媒介环境描述为消费者的"极度控制"（Devastatingly in Control）。

但其实受众挑选信息的基础是被媒介选择和把关了的内容，受众的所谓自治只是在于按自由时间安排接收、互动和评价，真正的信息选择仍然有非常多的重复部分，甚至仍然来自主流媒体。很多实证学者都发现即便在选择度非常高的媒介环境中，仍然有相当多的重复受众，这意味着，在传统的传受流向中，受众仍然在信息的接收端。所谓受众的空前自由，只是体现在消费信息的方式上，如何接收信息也进一步决定了用户将看到什么样的信息。

事实上，数字时代的受众行为难以预测，但是很好统计。与传统的订阅用户或者有线电视用户调查单纯的人类学统计数据相比，大数据正在不断地描绘每一个 ID 身份的清楚面目和个人喜好，那些成功运用了"大数据+心理画像"（Psychological Profiling）的公司，正在展示它们巨大的引导效果。

剑桥分析公司官网上描述其公司使命："通过了解个体的动机以及与目标受众互动的方式来实现数据驱动的行为改变。"官网有"政治"和"商业"两个项目入口，显然该公司目前最广为人知的案例是帮助英国脱欧公投和帮助特朗普当选。剑桥分析公司通过"大数据+心理画像"和心理计量学（Psychometric）来掌握个体受众的心理，它收集个体的大数据信息，并依照一定的心理学机制为个体的心理状态贴标签，并针对不同心理属性的群体投放不同的社交信息，以达到对目标群体行为的干预。该公司的创始人兼 CEO 亚历山大·尼克斯（Alexander Nix）在 2016 年 Concordia 峰会的演讲中说：大众传媒，这种所有人收到无差异化的信息，已经是过时的概念，人们再也不会收到他们不关注、不关心的信息，只会收到高度定制的信息。

由此可见，在数字化时代，受众数据被掌握的可能性比从前更大，技术上的引导可以轻易决定你的所思所见，所谓的"受众自治"与大数据+小数据的"共治"相比，不值一提。

2. 积极自由与消极自由

全面理解权利，不可避免地要提及以赛亚·柏林（Isaiah Berlin）的"积极自由"与"消极自由"。他认为，"积极自由"是做什么的自由，强调参与权；而"消极自由"是免于做什么的自由，强调选择权[①]。如同"延伸

① Nieuwenburg P. The agony of choice: Isaiah Berlin and the phenomenology of conflict[J]. Administration & Society，2004，35(6).

观"讨论的是能做什么的"积极自由"一样,"建构观"更多地指向免于做什么的"消极自由",个人在给自己的媒介系统"自设边界",在拥有丰富的"媒介菜单"和"媒介家具"选择时,衡量权利更直观的维度,恰恰是这种"消极自由"权利的体现。作家亨利·戴维·索罗(Henry David Thoreau)说:"人类已经成了人类工具的工具。"后世文学批评家对索罗的评价是,他"完全不需要邮局","对报纸也表达过蔑视"。但他并非隐士,也绝不避世,他在对瓦尔登湖的极简"隐居"生活的记录中,颇有意味地分配了他房间中的最重要"家具":"我的房子里有三把椅子,拿出一把用来独处(Solitude),第二把用来结交朋友(Friendship),第三把用来交际(Society)。"在行使这种"消极自由"时,个人便掌握以"自我卷入程度"为标准的媒介关系尺度,为发自内在的关系需要匹配不同开放程度的媒介系统。

参照社会心理学家格林沃尔德(A.G.Greenwald)的理论,"自我"可以从"自我动机"层面区分为"公我"(Public Self)、"私我"(Private Self)和"群体我"(Collective Self)。那么针对媒介系统的不同层次,我们也可以将三重媒介分别命名:在主动搜索信息、了解事实、浏览新闻、学习知识、自我娱乐等心理上一人完成的情境下,选取的是"私人媒介"(新闻、知识、自媒体、音视频类);在发表意见、了解他人观点、沟通信息等心理上需要与他人"对照信息"的情境下,选取的是"公共媒介"(论坛、即时通信、微博);在协商讨论、社群分享、多人娱乐等心理上需要介入集体,满足"社会参与"需求的情境下,选取的是"群体媒介"(社群、游戏类)。

媒介使用的三重自我动机如表 3-2 所示。

表 3-2　媒介使用的三重自我动机

	三重自我动机	三重媒介
独处	私我(Private Self)	私人媒介(Private Media)
沟通	公我(Public Self)	公共媒介(Public Media)
交际	群体我(Collective Self)	群体媒介(Collective Media)

从这一要素上入手,可以了解受众从"消极自由"视角出发对媒介的主观分类。而这样基于关系认知的分类源头,也是个人媒介系统建立的基础。

3.2 自组织的受众

人类的重大改变与人类的连接方式相关，如果我们再以"上帝之眼"鸟瞰全球人际关系网络图的动态变化，原本只有面对面互动而存在的亲缘小团体，因为符号的出现而有了跨时间与空间的弱连带。随着文字的出现，这些小团体开始"自组织"出更大范围的小型子系统，子系统间也有了一定的连接。

3.2.1 从强关系到弱关系

社会网络中的人际关系，可以分为"强关系"和"弱关系"两类。个体同质性较强，个体之间关系较为紧密的关系为"强关系"；而个体异质性较强，个体之间关系并不紧密的关系为"弱关系"。"弱关系"在信息传播过程中影响作用更明显，弱关系对不同关系社群的信息传递，起到了一定的桥接作用。

在社交媒介时代，每一个置身于社交媒介关系之中的人都被这种"弱关系"影响，朋友转发的内容会进入你的社交信息流，成为你的信息源，而亲密家人通常并不是。由于这种"弱关系"的大量存在，社交网站上个人所见内容基本都由媒介框架和个人关系框架共同构成——媒介组织发布海量内容、弱连接的选择决定部分进入你视线的"媒介菜单"。

相比之下，个人关系框架正在发挥越来越重要的作用。由于社交媒介无处不在，以及通过社交媒介消费新闻和资讯的普遍性，消费者之间的关系网正在与信息传播网络镶嵌在一起。以关系为渠道，以多元共同体为特征的社交传播时代正在到来，其表象在于，任何微小的兴趣、事件、话题，都可以集结成为稳定的或者临时的共同体，"人以群分"的基础范围以及集结速度都是空前的。

于是，人们更多地选择在微博与微信上关注与自己兴趣相近、三观契合的人，屏蔽自己不了解的领域，"拉黑"意见不合的观点持有者。社交网络上的"朋友圈"会造成自我价值观的不断强化和固化，偏好成了唯一标准。由弱关系组成的社交网络和信息传播网络，组织成了用户之间的弱关系传播。

3.2.2 从地缘到趣缘

社会本身就是一张巨大的网，互联网的出现使这张网更加紧密，人类社会第一次大量出现超越空间距离的社群，在社群内也有大量多向的互动，这是过去超越面对面互动的电话、信件、电报都办不到的。但是这张全球人际网却不是均质的。语言与文化是阻碍连接的第一大力量，所以有了几个相对连接较为紧密的巨型子系统；又因为政治体制与区域整合，所以有了国家、区域联盟等；子系统之下又有第二层的大型子系统，因地理、兴趣、行业、职业等的区隔，所以有了城市社群、全国性社群、大型组织等；这些大型子系统中区分出一个又一个小型子系统，如组织、社群、社区等，层层分化，最后变成成千上万甚至上亿个"朋友圈"。①

社会学家费舍尔（Fischer）曾在其著作《社会网络与场所：城市环境中的社会关系》中阐述了社会网络在城市居民生活中的作用，指出居住在非邻近地域的居民，通过特定关系（如共同兴趣或爱好、共同价值观等）组成一个群体，从而形成自己的社会网络。根据学者盖尔德（Gelder）的界定，亚文化群是指以特有的兴趣和习惯，以共同的身份、行为以及所处的地域而在某些方面呈现非常规或边缘状态的人群。可见，共同的兴趣是构成亚文化群的内在因素之一。在算法推送技术下，以具有相似度的兴趣爱好标签为隐性连接线索将用户聚集，使用户具有了共同的目标与属性，成为具有共同兴趣的趣缘群体，而这类趣缘群体则具有了亚文化群的特征，他们因为算法推送的标签成为某一类特殊群体，组建成集体的精神堡垒。

但随着互联网的兴起与应用，人与人之间的连接方式、连接范围逐渐被媒介技术所拓展。人与人之间的联系不再局限于临近时空当中的连接，互联网技术由最初的终端连接，不断演进为内容连接、关系网络连接，乃至发展到在大数据算法下的趣缘连接，逐渐地将那些在传统社会中类似于小规模、松散化的俱乐部形式的群体连接起来，形成网络空间中的虚拟社区。

隐秘性。算法通过对用户的兴趣、个人偏好、人口统计学特征等进行分析，分析出用户特征之后贴上标签。用户往往意识不到这会达到一个类似于议程设置的效果。而在进入互联网平台后，用户其实已经在被推送的信息中设置了隐性的连接议程，尽管信息落点更加准确，但长期接受这样的"润物无声"的连接，难免会落入"信息茧房"。

---

① 罗家德. 复杂：信息时代的连接、机会与布局[M]. 北京：中信出版社，2017.

强黏性。当前社会大大增强的异质性以及社会节奏加快，"原子化动向"给予人们"复杂、脆弱的人际关系"之感。尽管隐性连接不易被察觉，但其基于用户的个人兴趣，而收受高效。其与主动选择不同的是，倍感孤独的现代人在看似无意地进入与个人喜好相同的环境和群体时，容易迅速产生归属感和依赖感。因而，隐性连接具有很强的用户黏性。同时，算法进行的高质量场景匹配，也是增强黏性的一个重要原因。

隐性连接与显性连接实现的由弱到强、循序渐进的关系连接，最终会实现向显性连接转化。算法推荐机制会根据用户喜好将用户归于某类标签之下，产生一定的聚集，尽管其在信息接收时并没有达到完全的接收，但是基于趣缘的同类信息以及虚拟社区环境中的有类似喜好的用户在互联网中的行为，如转发、点赞等，用户通过"观看行为"，会与这类信息和用户产生潜在的关系，这种关系也可看作一种极弱的关系。一方面，算法会根据用户"画像"源源不断地推送相类似的消息，信息落点越来越密集，会增强用户与信息之间的关系；另一方面，当某些用户因为弱关系接触到一些基于趣缘的推送信息，进入网络社群后发现有极高的认同度时，弱关系也会逐渐增强为强关系。强关系出现后，用户与信息、服务之间的连接就会变得主动，很有可能实现由隐性连接向主动显性连接的转化。

3.3 进化的受众

卡斯特（Castell）提出"大众自传播"（Mass Self-communication）的概念，认为所有的媒体使用都是以使用者"自我"为核心的。何米达（Hermida. A）提出：情绪成为目前所有媒介分享行为的中心机制。德鲁士（Deuze）概括说："我们不是和媒介生活在一起，而是生活在媒介之中。"也有学者将宏观社会概括为"媒介化的世界"（Mediatized Worlds），将置身其中的生活描述为"媒介化生活方式"（Mediatized Way of Life），个人永远被连接，永远在线（Permanently Online）。

3.3.1 数字原住民

每当谈及数字技术的发展对不同年龄段人群的影响时，数字原住民（Digital Natives）、数字移民（Digital Immigrants）这对概念都会进入我们的视野。

最初提出这对概念的是教育家马克·普伦斯基（Marc Prensky）。在2001 年发表于《地平线》杂志上的文章中，他提出伴随着计算机、电子游戏、音乐播放器、手机等新媒体技术而成长起来的一代叫作"数字原住民"；与之相对应的，并不出生于数字时代，但是逐渐接受了各项新媒体技术的人则叫作数字移民[1]。相比之下，数字移民的特征是"将数字技术当作工具"，如打印出纸质版来做修改校对，再使用电子版传输；先检查使用手册，再一步步理解新工具……而与数字技术同步长大的数字原住民们，是完全可以无纸化办公、在数字工具面前丢掉说明书的，他们是秉持"使用中学习"（Learning by Doing）基本态度的全新群体。

对人群做这样的划分，其背后的假设是信息技术伴生下生长起来的年轻人与年长一辈的人在许多方面存在差别。

首先，两代人对于新媒体技术的采纳速度明显不同。在创新扩散理论（Innovation Diffusion Theory）和技术接受模型（Technological Acceptance Model）等关于用户与技术产品关系的理论框架中，年龄都是十分重要的影响因素。例如，在创新的扩散过程中，年轻人一般是创新的引领者和早期采纳者；就技术接受而言，年轻人对技术产品的感知易用性和感知有用性高于年长的人。因此他们的使用意愿更强，由此导致的使用行为也更显著。

其次，年轻人的注意结构也与年长的人有所不同，或者说数字原住民所偏好的媒介样态不同于数字移民。相比于传统的单向传输媒介，年轻人更偏好具有互动性的媒介。尽管有许多关于年轻人注意力持续时间（Attention Span）缩短的顾虑之声，但是实际上年轻人对于游戏的注意时间可以延续很长，所以不是年轻人失去了长久集中注意力的能力，而是他们有选择性地付出自己的注意力，承载他们注意力的媒介不同于年长人群。

最后，数字原住民对技术环境的期待也不同于数字移民。他们所期待的互联网使用体验，是无缝、流畅、个性化并且掌控权充分在自己手上的。因此，他们对于交互界面出现卡顿、推荐内容不合胃口等问题的容忍程度也较低。

3.3.2　搜索一代

与"数字原住民"相互呼应的一个概念是"搜索一代"，指的是出生于

---

[1] Prensky M. Digital natives, digital immigrants[J]. On the horizon, 2001, 9(5): 1-6.

1993 年以后的互联网时代，最早接触到以谷歌为主的搜索引擎的一代，他们的成长环境被描述为"沉浸、丰富、互动媒介的文化"。研究人员基于这一概念展开了大量关于新媒体发展对于少年儿童的影响的研究，其中对"搜索一代"的基本态度存在差异：在有的研究中，"搜索一代"是熟练使用网络的代名词；而在有的研究中，青少年对搜索引擎形成了强烈的依赖，他们快速而肤浅地浏览，不作消化也不作停留。

不过，"搜索一代"的提出与其说是为了描述某一现象，不如说正是为了回应这样的疑问："搜索一代"在他们获取信息的方式、对信息的呈现方式的偏好等方面，是否有别于互联网前时代的人？问得更具体一些，"搜索一代"究竟确实存在，还是一个伪命题？来自伦敦大学学院（UCL）信息行为与评估研究中心（CIBER）的伊恩·罗兰兹（Ian Rowlands）博士指出，关于年轻用户的"迷思"有很多，如年轻用户永远保持在线，他们擅长与技术打交道、善于寻找信息，对延迟持零容忍态度；但是在关注代际差异的同时，我们也不应将当下的年轻人"特殊化"。实证调查发现，大多数年轻人并不了解自己的信息需求，也不擅长筛选分辨信息源。他们在执行搜索任务时浅尝辄止，花在评估信息价值上的时间通常很短，满足于字面上符合搜索需求的内容，只是浏览（View）而并非阅读（Read）。作者因此提出"这一代年轻人太不一样了"这样的观点是站不住脚的。虽然这一研究是在 2009 年进行的，而如今的社会已经从 PC 时代全面迈入了移动互联网时代，但是这一研究对新技术下的代际差异所持的谨慎态度也是本研究所认可的。因此，我们一方面承认代际之间的内容消费习惯和兴趣话题存在差异，另一方面也对信息处理模式与能力的代际差异持审慎态度。

在信息系统（Information System）的研究中，信息行为可以大致分为积极搜索、持续搜索、消极注意、消极搜索四类。积极搜索是指人们有目的地寻找信息；持续搜索，指的是在已有知识框架的基础上进行有目的的信息搜索和更新；消极注意，指的是人们并未有意寻求而获得的信息，如听广播、看电视；消极搜索，指的是搜索行为（或其他行为）偶然导致人们获得与自己有关的信息。后来有学者专门提出了"信息偶遇"这一概念，专门用来指在没有预想到的情境中意外获得有用信息的现象，与消极搜索所描述的现象有相似之处。

3.3.3 自我认同与群体认同

关于媒介使用的研究主要有两个理论视角：第一是信息搜寻，该假说认为人们使用媒介的主要目的是获取信息或其他社会功用；第二是情感满足，即人们使用媒介的主要目的是弥补现实生活中交流沟通的匮乏，或者通过网络来进一步地丰富人际关系。事实上，这两种理论视角并不是相互矛盾，而是彼此交织的；几乎所有的媒介接触行为都既有其功能性的一面，又有其社会性的一面。

将视野从个体层面放远到集体层面，正如著名社会学家曼纽尔·卡斯特（Manuel Castells）在《认同的力量》中指出的，网络社会的意义是围绕一种跨越时间与空间而自我维系的原始认同建构起来的，而这种原始认同也同时构造了他人的认同，在网络社会中是"共同体的天堂"。认同是个体对自我和他人的理解。自我认同和群体认同是两种基本的表现形式：前者以自我为核心，强调个体对自身的反思、认定和追寻；后者指个体意识到自我属于某一特定群体，并体验到群体带给自我的情感和价值。自我认同受到群体认同的影响。

在媒介化社会中，自我认同与群体认同越来越多地通过社交媒体得以实现，信息的发布与传播均承载着寻找认同的心理动机。在一项针对大学生展开的分享新闻意愿的调查中，研究者以使用与满足（Use and Gratification）理论作为框架，发现信息搜索、社交和地位寻求这三项需求越强的个体，越倾向于在社交媒体上分享新闻。其中，社交需求指向通过使用互联网来与其他个体建立联系，从而获得归属感；地位寻求则是指分享新闻有助于人们在自己的社交网络中塑造并保持某种形象。在这里，与他人建立联系，构成某种意义上的共同体，就是对群体身份认同的追求；通过分享新闻来建立自己的社会形象，期待获得好友的点赞和回应，就是对自我认同的追求。

这种认同的需要在年轻人之中显得尤为重要。发展心理学将从青少年向成年人过渡的这一阶段称为成年初显期（Emerging Adulthood），处于这一阶段的年轻人生活普遍经历较大变化，逐渐获得更多自主性并形成自我（Sense of Self）。但是，当下社会中指导这一成年初显期的各种社会规约都在弱化，成年不再遵循某一条既定的路径，因此社会支持和社会心理资源就显得愈发重要，而媒介则成了年轻人寻求这种支持与资源的重要渠道。因此，对于"90 后""00 后"这些正在经历离家求学、接触社会、初入职场、面临选择乃至结婚生子等人生轨迹的剧烈变动的年轻人而言，哪怕纯粹的信息内容消费都承载着他们对身份认同的追求与期待。

另一个与身份认同密切相关的现象是偶像崇拜与饭圈文化。粉丝群体的年龄分布一般集中于 10～30 岁这一区间，以年轻人为主力群体。偶像是一种媒体人物（Media Figures），崇拜者与之建立的超社会关系是一种次级依恋（Secondary Attachment），这一时期是崇拜者在情绪上逐步摆脱父母束缚、日益自主的特殊时期，从父母依恋向同辈依恋转移；他们从对杰出人物的认同和依恋中肯定自我的价值，这也是他们在自我否定期追求自我肯定和理想自我的一种特殊形式，有助于青少年投射自我以及重新建构自我。粉丝围绕共同的偶像而建构起亚文化社群，形成身份认同，因此追星并不再只是粉丝与偶像的单线关系，而是多条双向的互动网络。更进一步说，偶像崇拜与混迹饭圈不是孤立的社会心理事件，而是年轻人媒介化自我建构的有机组成部分。

3.3.4 以"我"为尺的价值评判

互联网的快速发展所带来的信息爆炸和算法分发所带来的供需适配，使得个人化信息需求得到了前所未有的满足，尼葛洛庞帝在近半个世纪前做出的"我的个人日报"（Daily Me）的预想在今天已成为现实。这是一种技术对个体的赋权，人们得以从固定时间、固定渠道、有限选择的媒介消费中被解放出来，在信息海洋中能动地自我配置媒介和信息菜单。在这种高度自主的背景下，人们对信息价值的认知理念就成了取舍的重要标准。

社会心理学认为，人的价值观能够对长期稳定的行为做出预测，由此我们可以推断人们的新闻消费模式受到其价值判断的影响。尽管个体价值判断标准存在较大差异，但总体来说年轻人对新闻的价值判断标准发生了如下改变：他们不再以新闻对社会的价值作为评判标准，也就是说不是对社会、国家、人类命运越重大的消息越受到关注；"我"成了评价尺度，相关性变成了年轻人消费新闻的标准。

牛津大学路透新闻研究所针对年轻人群的新闻消费习惯进行追踪调查，基于他们的价值取向和行为模式，提出了四种新闻消费模式的分类，分别是专注型、效率型、消遣型和拦截型。

专注型（Dedicated）："关于……问题的精彩报道"。专注型用户对于新闻消费的态度类似于看小说或电视剧，他们会全情投入，沉浸深入地阅读新闻。他们将消费对象视作信息大餐，这类新闻主要是叙事性较强、引人入胜的高品质分析性文章和观点性文章。新闻消费的时段一般较为私人和完整，多发生于工作日的晚上和周末。

效率型（Updated）："今日要闻"。效率型用户关注以最高效的方式获得自己所需要的资讯。此类用户十分看重新闻的环境监测功能，主要通过新闻来了解最新时事动态，他们需要的是高密度、高时效的信息简餐。新闻消费的时段一般在晨间，开始一日学习或工作之前。

消遣型（Time-filler）："看看有什么新鲜事"。用户的关注点并不在新闻本身，他们更多地是通过新闻来打发时间或找乐子。此类用户的新闻消费往往是一种伴随行为，在看新闻的同时或是在做其他事情（如开会、排队、通勤），或是在各媒介平台之间频繁切换（如微信）。他们所需要的是情境适切的、流动的、随时随地的"新闻零食"。此类用户没有固定的新闻消费时段，只要有空闲的时间就有可能进行消费。

拦截型（Intercepted）："快来看这个新闻"。用户的新闻消费多为被动式的。即时通信软件的弹窗、社交媒体的转发、新闻聚合平台的推送等都有可能拦截此类用户的注意力，使其放下手边的事情，开始新闻消费。此类新闻与用户的相关属性最强，因为只有个人关切的话题才能成功地改变用户的任务状态。消费行为可能发生在任何一个时段。

以上模式的划分从用户的价值取向出发，尝试对行为进行概括和预测。其可取之处在于并没有只聚焦于哪些内容题材比较受某类人群的欢迎，而是将信息消费置于人们的日常生活之中，从而提供一个较为稳定的行为预测指导。上文提到了与"我"的相关性成为年轻人在消费信息产品时的取舍标准，而以上四类模式就是对相关性的一种非内容题材导向的划分。

3.4　流动的用户

人与技术相结合的"新主体"既是具体实在的也是变动不定的。人类学家艾伦·汉森（F. Allan Hanson）将这样的状态称为"能动的流动性"（Fluidity of Agency）[1]。当下受众研究不得不认清这样的现实：受众在形态上是移动的，在心理上是"流动的"（Liquid）。

这里所谓的"流动性"，是社会学概念，并非单纯指技术带来的"可移动通信"。"流动性"被认为是现代社会的一个重要特征，近年来"流动性"丰富而深刻的意义在约翰·厄里（John Urry）、齐格蒙特·鲍曼（Zygmunt Bauman）、乌尔里赫·贝克（Ulrich Beck）和曼纽尔·卡斯泰尔（Manuel

---

[1] Hanson F Allan. The New Superorganic[J]. Current Anthropology, 2004, 45(4): 467-482.

Castells）等当代著名学者的著作里都得到了详细的阐述。其中鲍曼更是把"流动的现代性"（Liquid Modernity）看作人类历史上比资本主义和现代性本身的来临更为激进、影响更为深远的一次变革。鲍曼把"时空压缩"定义为"流动的现代性"形成的主要原因①。

对生活在流动社会中的人，鲍曼有过一个鲜明的描述："人们害怕被弄得措手不及，害怕赶不上迅速变化的潮流，害怕被抛在了别人后边，害怕没有留意保质期，害怕死抱着已经不再被看好的东西，害怕错过调转方向的良机而最终走进死胡同②。"鲍曼认为这样的心理是当前社会的基本特质。

3.4.1　主体身份上的流动

能将这些角色的本质更扩大化的，在于受众的"永久在线"的链接"解放"。即便是在不断移动中，人们也可以保持联络。麻省理工学院的雪莉·特克尔（Sherry Turkle）认为，今天人们已经成了"链接的自我"（The Tethered Self），意即总是在我的手机上（On My Cell）、在线上（Online）、在网络上（On the Web）、在即时信息上（On Instant Messaging），更有学者把"永久在线"（Permanently Online）看作媒介环境的最大变革。

永久在线意味着，信息可以无障碍直达用户入口，与此同时，对于什么样的信息被选择和消费，权力早已移交，信息生产者更像是动用各种技术无限迎合受众的需要，但是真正操作、点击转发按钮的手仍然受个体思维的控制。

受众可以在浩瀚的信息海洋里选择，同时也失去了大众媒介时代的编排之后的"秩序"。受众在"链接一切"的兴奋过后，更多的是回归理性，在社交账号"关注与屏蔽"的行为里分配注意力；在自媒体的"置顶"功能里调整信息渠道的优先级别；在付费专栏里为更权威、更想了解的内容用直接付费的方式给予更多的支持和依赖……这一切看似个人主动的媒介行为，都可以归纳为受众正在"编辑"自己的信息流，在无限的信息中配置有限的精力，并寻求一定的秩序。正如列维·施特劳斯所说，只有"创造秩序"的人才具有主体性，人在创造秩序的同时创造自己的人性。

---

① 陶日贵. 鲍曼"流动的现代性"的当代意义[J]. 社会科学辑刊，2007（2）.
② 齐格蒙特·鲍曼. 流动的生活[M]. 徐朝友，译. 南京：江苏人民出版社，2012.

事实上，并不存在超越性的"新身份"，受众是在不同身份之间自由切换以不断寻找新的主体感，同时具备多重身份、随时在线的"超级个体"，是人与终端的结合，是不断在信息中寻求秩序的媒介消费者。

3.4.2　时间与空间上的流动

移动互联网时代，受众不仅在时间和空间上掌握主动权，更在多屏终端上自由流动和啮合消费。

关于多媒体共生以及跨屏媒体接触的研究近年来非常丰富。边看电视边更新社交媒体这样的类似行为，被称为媒体啮合（Media Meshing）。

2014 年，谷歌公司联合市场调查公司 Ipsos 和 Sterling Brands 对美国媒介消费者的消费行为进行大规模调查，发现普通民众 90%的时间属于跨屏消费。他们可能在社交媒体上发现一部电影，在平板电脑上搜索出来观看了前半部，之后回到家里只能在电视上看完；可能在通勤路上在移动端收藏好心仪的商品，在恰当的时候再在 PC 端下单；又或者他与朋友在共同观看一个电视直播节目，同时拿着手机在社交媒体上对节目的细节不断评论和吐槽……

如同鲍曼所总结，时空压缩是流动的现代性诞生的根本原因。时空压缩体现在媒介消费上，不只是麦克卢汉的地球村，不只是伊尼斯的时空偏向，而是多屏联动的啮合消费自动选择的时空差距所互相弥补着时空的偏向。这种自主安排时空的能力和行为，正在制造一个新维度上的流动。

因此，一直被媒介产业谈之色变的"碎片化"和"自治"，其根源都是时空的利基化使用。由此而引发的，从垄断时空一次性攫取大多数受众的注意力，到从利基时空的消费中获得精准注意力的累积，这种价值单位上的巨变，是产业变革的起点。

更有启发意义的是，受众个体的自由所带来的多样性，开辟了除了大众传播之外的媒介经济形式，即小众经济的可能性。受众个体越自由，越能够依靠新技术的力量来建立属于自己的媒介"食谱"（diets），受众类型便越是多样[1]。探索这些有待满足的"食谱"，并探索以怎样的方式送至对位受众的视野中，是一个更为长远的媒介命题。

3.4.3　关系上的流动

"衣帽间式共同体"（Cloakroom Community）是鲍曼对流动现代性人群

---

[1] 丹尼斯·麦奎尔. 受众分析[M]. 刘燕南，等，译. 北京：中国人民大学出版社，2006.

一个特征的概括。在《流动的现代性》中，鲍曼描述了这一共同体的特殊"景象"：演出开始前，人们穿着厚厚的外套和皮夹克，经过不同的街道鱼贯而入，将外套脱在大堂，挂在衣帽间。进入表演大厅后，他们服从特定的着装规则，整齐划一。表演期间，他们全神贯注，有共同的欢笑、悲伤和沉默，如同有事前的彩排一样，同时发出喝彩、惊叹或抽泣。帷幕降落，他们重回衣帽间，穿上外套和皮夹克，刹那间，消失在街道形形色色的人群中。

"衣帽间式共同体"具备三个典型的特征：因事件而短时间聚集起来、缺乏身份认同、感情投入脆弱。但这个共同体因为观看同一部戏，而暂时拥有共同的喜悦、哀愁、焦虑、愤怒……是"五分钟的（集体）仇恨与热爱"。鲍曼形容，"许多单独的个体可以紧紧地依靠它来消解他们个人的恐惧"，"更好地去忍受在嬉闹片刻结束之后他们必须回到的日常工作"。鲍曼认为，这样的共同体绝不是痛苦和不幸的疗救办法，它们反而是流动现代性条件下的社会失序的征兆，甚至有时是这种社会失序的原因[①]。

在互联网上，几乎每一个单位的内容都可以短暂激发一个衣帽间共同体的出现——对某条新闻义愤填膺的网友、对娱乐明星八卦评头论足的观光团、因为某一部电视剧产生共鸣的职业群体、对某种娱乐方式品位一致的观众……这些短暂而迅速聚集到一起，爱恨同步又火速退去的群体，是"衣帽间共同体"的网络写照。而身份多元又掌控利基时空的消费者个体，则每天在不同的"衣帽间"之间自由流动，随时进退。

网络社群，无论在研究界还是在实践界都是个重要的课题，研究人员一直将"持续互动的群体"作为单位进行研究。但很多社群研究忽略了一个重要现状——任何一个新媒体用户都不只身在一个社群，他们在此之上的多社群的液态游走，是更为典型的消费行为，他们并不想成为某个社群。

"持续联络"的网络社群的确是部分传播的节点和经济形成的基础，但更应看到，那些存在于社群中"永远在线"的个体也可以"永不出现"，他们游走在不同的社群中，控制着在不同社群中的角色，更有效地避免了为任何群体所束缚。社群的建立者通常为线下行为的联络做补充或者做铺垫，但真正引发一次次全民网络狂欢和传播高潮的都"生于线上、死于线上"，与"衣帽间共同体"的特点更为契合。综上所述，媒介受众不再是一个统一的概念，而是充满了多样性、变动性、不确定性的个体。在受众无限接近个体细分的过程中，行为日渐与社会心理状态、个人心理差异联系

① 齐格蒙特·鲍曼. 流动的现代性[M]. 欧阳景根，译. 上海：上海三联书店出版社，2002.

紧密。在分析讨论媒介产业变迁和媒介政策之前，对当下受众的状态做分析是非常有必要的。

综上，"流动的受众"可以理解为：不断切换多元身份的用户，在不同的终端上以 ID 为核心游走在海量信息中，通过调整信息源和社群身份不断消费信息，并逐渐寻求其中的秩序。在这个过程中，享受以事件和情绪为由头引发的，与其他个体随时随地、转瞬即逝的聚集和解散，在消费中不断寻求信息与情绪的满足。而这一切都可以随时随地发生在各种生活必要环节的缝隙里。

3.5　用户行为的分析与度量

新媒体技术提供了各种新平台，由此我们可以观测到很多不同种类的用户行为。但受众研究的基本问题并没变，即受众是主动的还是被动的、理性的还是非理性的、不同受众的活跃程度以及不同受众的理性程度等。这些问题之前一直未能得到很好的解答。现在面临的新情况是，我们有了很多数据来帮助回答这些问题[①]。

媒介的碎片化使用、多任务使用、交互化使用、沉浸式使用给受众行为带来了测量难题，以及用户行为的泛在化和复杂性导致了难以获取全部数据的问题。如何更好地测量用户的媒介体验与行为，绝对是传播学所面临的最大挑战之一。

3.5.1　理性行为与非理性行为

就目前来说，行为经济学的研究尚未形成成熟的理论体系，但行为经济学对当下后现代状态下的社会现象的解释，远比传统经济学更贴近现实。诚如塞勒就任 2015 年度美国经济学联合会会长时所言：如果经济学确实沿着这些路径发展，那么"行为经济学"这个术语终将从我们的词典中消失。所有的经济学都将像一般规则要求的那样看待行为，到那时我们将会得到一个具有更强解释力的经济学方法。

1980 年，芝加哥大学行为科学教授泰勒（Thaler）在解释沉没成本影响

---

① 李晓静，付思琪. 智能时代传播学受众与效果研究：理论、方法与展望——与香港城市大学祝建华教授、斯坦福大学杰佛瑞·汉考克教授对谈[J]. 国际新闻界，2020，42（3）：108-128.

个体消费决策的原因时，首次提出了心理账户（Mental Accounting）概念。心理账户是人们在心理上对经济结果的编码、分类和估价过程，揭示了人们进行财富决策时的心理认知过程。该理论认为，大到公司或组织，小到家庭和个人都存在着一个或多个显性或隐性的账户体系，这些账户体系无论是在记账方式上还是在运算规则上都与传统规范经济学和数学运算方式存在显著差异，从而使个体的决策常常偏离经济人假设。在媒介消费极度个人化之后，对消费的研究显然缺失了有效的比较维度。

但是无论消费者如何在个人化的时间和空间中做选择和安排，每天 24 小时的时间对每个人来说都是公平的，时间不可逆转并且无法储存。所以有两种关于时间的理论可以成为衡量媒介消费的重要借鉴，一个是经济学上的"时间预算"（Time Budget），另一个是行为经济学上的"时间心理账户"（Psychic Accounting of Time）。

时间预算，来自经济学的"预算"的概念，即在进行一项消费之前最大的花费评估是怎样的，时间预算也来源于此，鉴于媒介消费主要是在时间和注意力层面的"消费"，那么你愿意在某类媒介消费活动上花费多少时间和注意力呢？美国学者 Zhang & Ha 在 2012 年做了一个基于时间预算视角的政治新闻消费兴趣研究，在整理了 253 份邮件调查样本后的调查结果是：移动消费人群比非移动消费人群的时间更紧张（工作时间更长、自由时间更短暂），因此对政治新闻更感兴趣的人在移动消费中更积极。这一结果也侧面表明了移动消费对空隙时间的利用。

时间心理账户的概念，来源于行为经济学的"心理账户"概念。这一概念最早是在 20 世纪 80 年代，由行为经济学家理查德·泰勒（Richard Thaler）在解释沉没成本效应时首次提出的。之后不同的经济学家在泰勒的基础上系统分析心理账户的特征分类以及对人们众多行为的影响，其中对消费和金融投资的影响层面的研究尤为丰富，成为行为经济学中一个重要概念。其内容主要是人们在面对不同决策时的一些看似不合理的决策，其实是由于心理账户上的损益感造成的。国内有学者借鉴相关的概念，将时间心理账户定义为：人们在心理上对自己的时间资源进行分类、预算、监控和评价的账户系统[①]。也有实证研究结果发现，在日常生活中，人们通常会基于这个时间的活动内容来进行分类。"时间心理账户"具有较为稳定的五维结构模型，分别为工作时间心理账户、家庭时间心理账户、社交时间心理账户、

---

① 赵星. 时间心理账户的理论研究[J]. 科学中国人，2015，33：131-132.

休闲时间心理账户、学习时间心理账户。不同账户之间边界模糊，但不能互相替代，否则将产生不良心理障碍。

3.5.2　用户决策行为的分析要素

在非理性行为理论中，一个决策主要包括三个方面的要素：决策的情景因素、个体的偏好结构和个体的信念特征。因此在对用户媒介行为这一偏向非理性决策行为进行分析时，可以从如下三个要素入手。

1. 要素之一：媒介认知

认知需求（Need For Cognition，NFC）是一种重要的人格特征。认知需求即用有意义的、整合的方式组织相关情景的需要，当这种需要不能满足时，个体将产生一种紧张感，此时个体会积极努力地去组织情景、提高理解[①]。从马斯洛需求层次理论看，认知需求和安全上的需要紧密相关，个体需要感知安全威胁、消除紧张感。在这个意义上，认知需求是最为基本的需求。认知需求往往驱动信息搜寻行为。信息是人类活动的基础。信息论创始人香农首次将物理热力学中"熵"的概念引入信息论，认为信息就是"负熵"，即信息是人们对事物了解的不确定性的消除或减少。信息对于人的人际交往、社会活动、心理建构等方面具有重大意义。

受众如何认知媒介，是对整体信息系统的理解和采纳的前提。有研究认为，受众价值观是指在新闻传播活动中，新闻传媒具有能为人们提供鲜为人知的、具有新闻特质的新信息、新知识，能够满足受众由社会交往所引起的认知需要而具有的客观价值在受众头脑中的反映，是促使受众接近传媒、获取传媒、欣赏传媒、享受传媒的内在驱动力。受众价值观，是调节受众接触传媒行为，决定受众同传媒关系疏密的意向观念，是体现受众本位的核心内容[②]。

如果说在大众传播时代，在相对局限的内容中这种"个人差异"主要体现为对统一的大众媒体上信息的理解偏好，那么信息技术与移动互联网技术所共同促成的当下个体化消费的现状，则将更多的"个人差异"指向理解之前的"接触与选择"。随着"信息加工学说"的引入，研究界逐渐将媒介行为的驱动力量指向互联网的认知架构，进而出现了一种以认知勾连传播结构与行为的研究路径。研究认为，始于接触与使用新闻之前的"媒介认知"

---

① 曹锦丹，程文英，兰雪，王崇梁. 信息用户研究的认知需求视角分析[J]. 情报科学，2015（5）：3-7.

② 陈崇山. 受众本位论[M]. 北京：社会科学文献出版社，2008.

（Media Cognition）、媒介观影响媒介的接触与选择成为这一研究路径上的基本假设。

"媒介认知"与"媒介观"一直是现代传播研究中的重要概念，受众使用何种媒介、如何使用媒介及采纳媒介传播中的何种信息，都与媒介观念相关[1]。早在20世纪60年代，有社会学者在关于现代性的研究中已经不断涉及"媒介观"[2]，将"媒介观"置于媒介使用与接触行为之前。随后在20世纪70年代，有学者曾将"媒介观"作为受众现代性研究中的变量之一加以考察。而在媒介技术突飞猛进的近年，移动化传播的常态更加催生"媒介观"研究的紧迫性和变迁意义。

研究表明，在社会性媒介认知中，传统媒介的基本认知仍然产生着巨大的影响。与此同时，个体化、社交化媒介的使用和普及促进了社会性媒介认知的部分迭代，这意味着传统媒介时代的某些传播手段正在与全民性媒介选择的框架产生错位。

第一，媒介的本质意义。传统的对于媒介的基本认知仍然是主流，表现为对"信息功能""娱乐功能"和"真实性"特质的较高选择率，这说明无论媒介系统多么丰富多元，真实信息仍然是媒介的生存之本。第二，对连接到"人"的高度重视。社交化媒介使用生态使"社会联系""社交功能"成为全民性的选择，媒介系统本身正在发生质变，是否更广泛地连接他人成为人们对媒介选择和使用的基本期待。第三，空前的媒介"不安全性"。"安全性"成为全民性的特质选择，仅次于真实性，这也侧面证明了媒介系统的数据隐私和安全等社会性问题深入人心、亟待解决。第四，本研究在调研前期广泛收集提供的多元化的媒介价值、功能、特质选项，在主流媒介认知选择之外正在成为不同人群的差异化选择，这些长尾性质的差异化选择是媒介认知的"第二梯队"，同时也是媒介产业多元化发展和争取不同群体用户的选项池。

2. 要素之二：媒介人格

受到情绪、生理、环境等因素影响，用户短时间内的价值感知会产生瞬时变化，但人格特质则由先天获得的遗传素质与后天环境相互作用而形成，是具有持久倾向性的和比较稳定的心理特征与精神面貌，其构成了对事物或人相对持久的态度、认知和理解。因此人格对于媒介用户使用行为也会产生持续不断的影响。例如，在对游戏玩家的研究中，有学者从"其

① 卜卫. 传播学思辨研究论[J]. 国际新闻界, 1996, 5: 31-35.
② Inkeles A. Making men modern: on the causes and consequences of individual change in six developing countries[J]. American Journal of Sociology, 1969, 75(2): 208-225.

他用户—媒介系统—自主行动—他人互动"的象限出发描述六种游戏者人格，即"社会倾向—个人倾向；利他倾向—利己倾向；建构倾向—解构倾向"。社会倾向者更注重多人互动，建立更多的社会关系；而个人倾向者则更倾向于自我的表达和创造，如在媒介环境中求得遁世等自在表现；利他倾向者倾向于帮助他人，不求回报，如填补维基百科和回答其他网友的问题；利己倾向者则只有在有利益时才会行动；建构倾向者倾向于通过努力学习、提升自我，进而在一个系统里出人头地；解构倾向者则表现出无视规约而"越轨"与"反常"的行为或态度，如在网上做出撒野、反智和好斗的"抬杠"行为等。

系统的媒介人格的划分方式将有利于用户行为与动机分析测量的开展。每一种"人格"及其次级指标都能够找到对应的较为成熟的价值观概念和量表，如利己—利他主义量表等。由于任何人都可能存在多种"人格"的重叠，在实际测量中，我们需要记录被调查者在不同"人格"上的得分，并根据价值观的偏好程度来予以"安置"。在价值观偏好的测量基础上，再根据人口统计学特征，考察现实中"城乡二元"或"代际冲突"是否与媒介环境中的价值观离散呈现某种相关，以及不同价值观偏向的用户群体在多元价值场景下媒介使用行为上的异同和变化。

3. 要素之三：媒介时空

用户使用媒介的行为都发生在一定的情境之中、时空之下。流动的空间（Space of Flows）和无时间的时间（Timeless Time）是卡斯特对媒介时空的论述，在他看来，"流动的空间"是这样的地方：通过它的媒介基础设施使得来自不同地方的社会生活能够继续进行，就好像它们实际上在场和相近一样。它是"没有低于邻近性的社会共时性"。而"无时间的时间"是我们关于过去和未来融合在当下的感觉，因为数字媒介将已经发生的事情带给我们，并让我们立即体验来自遥远地方的文化。它既破坏了我们的"逻辑时间序列"，也破坏了我们的"生物时间感"。

人如何使用媒介一直都是媒介研究的重要课题，在使用移动化媒介的今天，探寻媒介使用的模式，人们如何在众多媒介中分配注意力意义重大。威廉·斯蒂芬森（William Stephenson）主张从自我意志的"游戏"和"选择聚神"入手考察传播活动的个体主观性[①]。使用者在媒介接触中如何"选择聚

[①] 宗益祥. 游戏人、Q 方法与传播学：威廉·斯蒂芬森的传播游戏理论研究[M]. 北京：中国政法大学出版社，2017.

神"，受制于组织环境、制度环境或者社会环境的影响，人们并不能随心所欲地安排自己的时间和节奏。从这个意义上讲，注意力分配的研究可能要超越一般意义上的时间管理范式，去挖掘真实世界更深层次的环境约束条件或者因素。社会学的注意力分配研究主要集中于时间社会学领域。与其他学科相比，时间社会学侧重研究注意力分配背后的环境因素。根据研究层次的差异，把已有研究分为三类：从天文时间到社会时间的宏观研究；从社会时间到组织时间的中观研究；从组织时间到个体时间的微观研究①。

用户使用的操作化通常是基于时间（Time-Based）的测量（例如，接触媒介的时长或频率），这是对传统媒介的使用研究的一种沿袭，主要与广播、电视播出时段较为固定有关②。以往的研究对媒介使用的测量多关注人们使用媒介的"时长"（How Long）、"频率"（How Often）、形式或"内容"（What），而"在哪里"（Where）、"如何"（How）使用往往被大多数研究者忽略；大多数研究仅涉及其中一个或两个方面，多变量的综合性测量相对较少，而且这些"综合"中的不同变量、不同指标之间的关系和权重问题也没有得到很好的解决③。

目前，对空间（场所或情境）维度的实证考察相对较少，主要集中在对互联网媒介使用的测量上，因为网络接入的便捷性和移动终端的发展使得受众媒介使用的空间行为越来越复杂。Google于2011年10月组织的"移动星球报告"研究，旨在调研不同国家的手机使用行为，研究覆盖47个国家，44 400位参与者。报告显示，我国城市智能手机用户使用手机的空间，包括家里、公共交通、办公室、餐馆、路上、店内、社交场合、咖啡馆、诊所、学校、机场等。然而经验告诉我们，智能手机的使用并非因绝对的物理空间而变化，"碎片化使用"的意识使得研究者通常将不同的媒介使用空间统筹在一个指标下进行全面考察，"碎片化"并不能概括所有媒介使用的现状，非物理性的时间、空间感知仍然是移动化媒介使用的某种边界所在。

3.5.3　用户行为的度量方法

并非所有人的行为都可以被量化，但不断探究其内部原因的复杂性是整个社会科学的目标。近年来普遍为欧洲研究界所接受的"新受众研究"，其

---

① 景天魁，等. 时空社会学：拓展和创新[M]. 北京：北京师范大学出版社，2017.
② JUNG J-Y, QIU J L, KIM Y-C. Internet connectedness and inequality: beyond the "divide"[J]. Communication Research, 28(4): 507-535.
③ 廖圣清，黄文森，等. 媒介的碎片化使用：媒介使用概念与测量的再思考[J]. 新闻大学，2015（6）: 61-73.

"新"在于着眼点上更关注受众和信息接收过程，而不是内容生产者、文本、文本产制过程；方法上更依赖阐释民族志，而非量化统计、内容分析或文学批评；立场上更倾向于将人口统计学变量所代表的社会结构因素、大众文化意识形态、文化领导权问题以及媒体力量的影响等看成有限而模糊的，专注于描述受众置身的日常生活及文化情境如何影响特殊个体的媒介信息接收行为。但是在新媒体研究领域，一个较为有利并直接的因素就是，用户的行为都会产生数据，这为用户行为的基本度量提供了如下的、正在被采用的可能。

1. 用户行为度量

度量（Metrics）是一种测量或评价特定现象或事物的方法，通过稳定可靠、具有信度和效度的度量方法，我们得以测量或量化人或事物的某些属性[①]。用户行为度量就是在一套可靠的测量方法基础上，对互联网用户的行为进行直接或间接的观测，并将用户行为量化，通过某些特定指标的观察比较，对用户进行画像，构建用户行为模型，找到用户的行为特点。

一般来说，用户行为是指用户在使用时的具体行为，如使用场景、操作规律、访问路径等，具体化为数据指标，常常用点击次数、使用地点、浏览数等来进行计算。但实际上，要想准确、全面地把握用户行为特征，不能只通过观察用户的线上使用行为表征来得出结论，还要从行为产生的动机、行为实施时的情绪、行为所表达的态度三个角度进行综合评价。

具体的行为实施需要有一个目标来引导个体行为的方向，并提供原动力[②]。个体对目标的认识，由外部的诱因变为内部需要才能推动行为的实施，这种推动行为产生的动力就是动机。用户行为动机产生的前提是使用某种网络产品的需求，而对于用户来说，这些需求是建立在对产品的个人认知基础之上的。因此，结合动机对用户行为进行分析，能够看到用户眼中对互联网产品的认识究竟如何，同时能从单一的行为数据表征中剥离出不同的用户行为特点。

情绪和情感都是人的主观体验，但对于用户行为的度量来说，一方面，情绪能够干预、控制行为；另一方面，情绪也可能是用户使用产品后的一种生理性结果。如果在进行网页浏览时两个人都很快关闭了网页，结合情绪的度量，你也许会发现，其中一个人仅仅是因为对网页内容不感兴趣，而另一

---

① 图丽丝，艾伯特. 用户体验度量：收集、分析与呈现[M]. 2 版. 周荣刚，秦宪刚，译. 北京：电子工业出版社，2016.

② 彭聃玲. 普通心理学[M]. 北京：北京师范大学出版社，2002.

个人是因为看到了令他恐惧的内容所以逃避性地关闭了网页。所以说，情绪也是用户行为度量的一个重要部分。

用户的既有态度和使用后对产品的态度是用户行为度量分析需要考察的指标。既有态度能够帮助剥离出行为所表现出的倾向中的主观差异，而对产品的态度可以辅助评估行为特征。由此可见，用户行为的度量与分析是一个综合性的过程，需要使用多种方法，测评多种指标，全面考察行为的具体含义，才能够得出较为准确的结论。

2. 度量用户行为的意义

用户行为度量是进行互联网用户研究以及企业改进互联网产品与服务的必要支撑。将行为数据化、评价结构化，能够对行为进行更深入的洞察和理解。仅仅依靠直觉，是不能够对用户和产品画出完整画像的。借助用户行为度量后的指标，才能得到研究与决策的客观数据支撑。

度量的意义在于"精准"。对于企业来说，度量用户行为为决策提供了明确的数据指标。调整设置如何影响用户行为、行为改变对点阅率等指标的影响如何？这些都可以通过用户行为度量和建模预测得到一个可量化的指标，作为决策的参考。基于用户行为分析，建立用户行为偏好模型，还可以提供更加小众化、定制化的服务。对于研究者来说，小样本的用户行为观察可能无法发现行为中的共性规律与集体特征，但当对用户行为进行统一的、大范围的度量，将一些很细微的特征汇集起来，通过大数据、云计算等技术辅助，或许能够得到新的发现。所以说，度量用户行为的意义在于将行为数据化后，为理解用户行为、更新互联网产品、改善服务提供了准确的参照。

用户行为度量主要有两种应用场景。第一种是事前度量，如在新产品开发阶段，产品设计与调试时需要进行多次实验，通过对用户行为的度量，不断调整界面设计与功能安排，以期提升产品的可用性、易用性，获得良好的用户体验。第二种是事后度量，即在产品发布后，需要随时关注用户的行为动向，通过度量用户行为，调整产品设计中的缺陷或进行针对性的服务。详细、清楚地了解用户的行为习惯，有助于企业发掘高转化率页面，让企业的服务更加精准、有效。对于互联网内容平台来说，则可以通过用户的行为特点，发现内容传播的规律与热点，精准推送适当的内容，提高业务转化率，从而提升企业的广告收益。

3. 线下用户行为度量

用户行为度量的方法有很多种，根据实施地点的不同，可以将用户行为度量方法大致分为线下与线上两个大类。

线下用户行为度量多采用实验法、观察法、焦点小组访谈等方式进行。在实际产品开发时，一般在新产品发布前，发现问题，作为设计调整的参照，或者在产品改进时评估改动影响等。

线下用户行为度量大多是通过给予参与者一个任务，或一个核心问题让其解决，在使用产品、解决问题的过程中，对参与者行为及自我报告进行记录。这些行为既包括使用互联网产品的外现行动特征，如使用模式、浏览轨迹等，也包括参与者自身的生理性行为，如表情、心跳、出汗、身体不自觉动作等。线下用户行为度量的优势在于能够最大限度地观察参与者在做出行为时的一切表征。在实验或长时间的行为观察中，基于一系列生理信号采集处理的新技术、新方法，如眼动追踪、脑电、皮电、心电、压力感应、行为分析系统等，有助于更好地收集和分析用户多维度的行为数据。

眼动追踪（Eye-Tracking）是获得参与者眼部活动数据最直接、应用最广泛的方法，人类的眼睛会透露很多信息，包括注意力、感知觉、记忆、情绪等，可以揭示认知与决策等心理行为。眼动仪通过图像处理技术，使用能锁定眼睛的摄像机，记录人眼角膜和瞳孔反射的红外线的变化，从而实现对视线的跟踪记录。目前常用的眼动指标有注视时长、注视次数、注视点序列、回视次数等，可以用来评估所看区域对受试者的吸引力程度[1]以及受试者对该区域的关注度、注意力投入程度等[2]，还可以通过直观轨迹显示受试者的浏览路线。眼动数据可以通过常见的 Neurobox 等品牌眼动仪进行精确测量，数据后续可做统计分析。此外还有一些随行式的摄像头眼动数据收集设备（如 Eye Track Shop），方便研究者走出实验室进行相关研究。

借助脑电波相关设备，研究者可记录人头皮表面的神经活动，用数据信号反映人体信息加工的过程，准确反映大脑内部信息处理的过程与机制。通过脑电实验采集受试者的脑电数据后，研究者可采用 EEGLAB 等工具对脑电波数据进行离线分析，可对用户使用互联网产品时的认知加工行为、情感、注意程度等进行测量评价。此外，通过类似 BioNomadix 等设备测量用户使用行为发生时的心电、肌电、皮电、呼吸、体温、脉搏等生理信号，或者使用类似 Face Reader 的面部表情识别系统，也有助于对行为本身进行多维度分析。甚至已有公司在研发鼠标点击压力感应的测试设备，以及用于分析用户坐姿的椅子，使用这些设备提取一些指标来作为用

① 邓铸. 眼动心理学的理论、技术及应用研究[J]. 南京师大学报（社会科学版），2005（1）：90-95.
② 任延涛，孟凡骞. 眼动指标的认知含义与测谎价值[J]. 心理技术与应用，2015（7）：26-29.

户行为的分析辅助。

通过线下对用户生理信号的辅助测量，用户的行为不再只是单一的点击量等数据表征，而是一个立体、多维的复杂系统运作的结果，对行为的度量与解读结论也会更加全面、可靠。但不可否认的是，出于综合成本的考虑，线下用户行为度量往往样本量较少，适合对个体进行深入剖析，但对于互联网上的群体性行为特征研究助益微小。此时我们就需要线上的用户行为度量方法。

4. 线上用户行为度量

线上用户行为度量主要是对用户的线上行为数据进行统计分析，借助一些工具对原始行为数据进行清洗、整理，得到具有参考性的行为度量结论。线上用户行为度量也可以采用实验法，但是需要进行服务改良实验，在比较用户行为差异得出决策结论时使用。大部分情况下，线上的用户行为度量可以针对以下七个方面进行数据采集[①②]。

（1）用户的来源地区、来路域名和页面；

（2）用户在网站的停留时间、跳出率、回访者、新访问者、回访次数、回访相隔天数；

（3）用户所使用的搜索引擎、关键词、关联关键词和站内关键字；

（4）用户使用的入口链接；

（5）用户访问网站流程；

（6）用户在页面上的网页热点图分布数据和网页覆盖图数据；

（7）用户在不同时段的访问量情况。

基于以上数据的采集，一方面，可以对用户行为习惯、规律进行归纳总结，改进算法，优化互联网产品，提供更精准的服务；另一方面，在以流量评估产品效能时，这些数据可以成为量化绩效考评的基础。

上面所说的数据采集是自然状态下的用户行为度量，这种线上用户行为度量也可以与实验法结合进行。例如，在推出某个新产品时，如果在两种不同的产品设计中难以定夺，可以将两种产品作为实验组与对照组，随机分发到不同用户处，再结合数据分析，看哪一类产品的用户黏性更强，可用性与易用性更佳。

---

① 吴斌，郑毅，傅伟鹏，等. 一种基于群体智能的客户行为分析算法[J]. 计算机学报，2003（8）：18-23.

② 余慧佳，刘奕群，张敏，等. 基于大规模日志分析的搜索引擎用户行为分析[J]. 中文信息学报，2007，21（1）：109-114.

除此之外，在用户允许的情况下，线上用户行为度量还可以结合一些工具，获取更多的行为前后的时间、空间背景信息，结合行为背后的具体事件，对用户行为进行进一步解析。例如，Click Tale 等鼠标点击类工具可以帮助研究者了解用户在网页上的点击和移动行为，帮助研究者探查用户对关键特征的觉察意识、网页内容的吸引力等[①]。此外还有一些分析框架可以帮助研究者梳理数据，如福格行为模型（Fogg Behavior Model）是用来研究用户行为原因的分析模型[②]。它认为要让一个行为发生，必须同时具备三个元素：动机、能力和触发器。借助福格行为模型，对用户行为的动机、行为发生的条件进行场景化分析，比简单对数据进行分析更全面。

值得注意的是，线上、线下的用户行为度量的分析还可以结合自我报告、观察、访谈等定性方法来进行，这样能够更深入地了解某一用户行为的实质。通过用户行为度量，研究者与服务提供商可以提升对用户的认知度，在此基础上提升用户的参与度，增强用户的活跃度，加强用户黏性。

综上，网络新媒体用户具备流动性社会中个体的众多特征，一方面，用户成为具有高权利认知的群体，同时又并非高度自治；另一方面，其行为根据数据痕迹可以轻易被统计和测量，但深层次的动机与价值取舍仍然要从更广阔的层面不断探究。

本章练习

一、名词解释

1. 流动性

2. 产销者

3. 用户行为度量

二、思考与练习

1. 用户与受众概念的联系与区别是什么。

2. 流动性与移动性的区别是什么。

---

① 图丽丝，艾伯特. 用户体验度量：收集、分析与呈现[M]. 2 版. 周荣刚，秦宪刚，译. 北京：电子工业出版社，2016.

② 刘敏. 基于福格行为模型的数字出版产品设计——以《中国地方历史文献数据库》为例[J]. 现代出版，2019（5）：64-67.

3. 请简述用户行为分析在主观层面的几个分析要素。

4. 结合实际使用，简述网络新媒体用户的非理性表现。

三、阶梯阅读书目推荐

1. 哈罗德·伊尼斯. 变化中的时间观念[M]. 何道宽，译. 北京：中国传媒大学出版社，2015.

2. 赫伯特·马尔库塞. 单向度的人——发达工业社会意识形态研究[M]. 刘继，译. 上海：上海译文出版社，2008.

3. 赫伯特·西蒙. 人类活动中的理性[M]. 胡怀国，冯科，译. 桂林：广西师范大学出版社，2016.

4. 理查德·泰勒. 错误的行为：行为经济学关于世界的思考，从个人到商业和社会[M]. 王晋，译. 北京：中信出版社，2016.

5. 欧文·戈夫曼. 日常生活中的自我呈现[M]. 冯钢，译. 北京：北京大学出版社，2016.

6. 齐格蒙特·鲍曼. 流动的现代性[M]. 欧阳景根，译. 上海：上海三联书店出版社，2002.

7. 詹姆斯·韦伯斯特. 注意力市场：如何吸引数字时代的受众[M]. 郭石磊，译. 北京：中国人民大学出版社，2017.

第4章　网络新媒体技术

"技术是一个科学的人类控制自然的过程，其目的是塑造自己的存在，使自己免于匮乏，并使人类环境具有诸事取决于自己的形式。"

——卡尔·西奥多·雅斯贝尔斯（Karl Theodor Jaspers）

本章学习目标

- 理解技术如何影响新媒体的发展。
- 把握 5G 对社会的主要影响。
- 掌握算法分发的基本原理和发展趋势。
- 了解区块链技术对未来媒体行业的影响。

导读

麦克卢汉"媒介即信息"的论断强调的是媒介最主要的价值并不在于具象的内容，而在于媒介技术本身，因为媒介技术的基础性作用形塑了整个社会存在的方式，包括一定形式的社会行为方式、具象的社会结构和文化现象。在这一意义上，网络作为媒介，已不仅仅作为一种简单的工具存在，而在整个社会现实生活建构中发挥了重要作用，并在此基础上形塑了一个全新的、不同于以往任何形态的社会生活空间。

本章意在探讨不同的网络新媒体技术对传媒业的影响，对社会生活空间的构建，主要探讨的技术分为：基于通信升级的 5G 技术、基于大数据分发的算法应用、基于远程服务的区块链技术、基于人工智能技术的应用：AIGC。探讨这几个对未来发展具有转折性意义的重要技术及其现实影响。

在 5G 时代，超高的数据传输速率和超低的延迟性使得一个更加互联互通的世界成为可能，沉浸式视频服务、移动无线设备、物联网等服务预计在未来 10 年将得到迅速发展。5G 对传播格局的影响主要体现为视频成为社会主要交流手段，视频参与这种关键性传播的时候，它的构成要素已经远远超出事实、逻辑和理性层面，越来越多场景性因素、关联性因素以及非逻辑、非理性成分，会参与到未来的社会性、关键性、主流性传播；传统媒体"在地性"优势凸显，传统媒体只要善用"在地性"的优势就能获得非常好的发展机遇；媒介的定义被深刻改写，内容供给侧将带来巨大冲击，"场景学""电信传播学"都将成为呼之欲出的学科；与此同时，5G技术也是对信息网络所连接关系的总体性重构，这将创造一个无限量的巨大信息网络，并将从前不能纳入其间的关系一一纳入，形成更广泛意义上的媒介。

基于大数据的算法分发技术，在海量信息与海量人之间建立匹配关系，这种关系的建立过程本身存在粗线条、绝对化的阶段性特征。从总体上说，信息的社会性分发历来被视为是一种政治权力，一直以来这个权力都是被牢牢地掌握在政治和商业巨头手中的。现在，在技术驱动和现实需求拉动的双引擎下，基于大数据与人工智能的推荐算法系统的引入，对传媒领域来讲，这实质上是一种传统的寡头权力逐步让位于技术逻辑主导的用户权力的过程，这一技术逻辑与分发范式不断形塑着传媒业的实践，也给信息的采集、制作、分发等流程带来了全新的指导理念，同时也对信息的社会传播效果及传播规范与伦理造成了深刻的影响。这是一个我们不能不认真、严肃对待的重大课题。

从电子货币到金融系统，再到社会生产生活的方方面面，区块链技术正在创造一个去中心化的社会系统。在传媒领域，区块链技术的应用可能性也正在被探索。其中包括基于数据追踪的信源认证、基于分布式新闻数据库的公民新闻审核机制、基于数字签名和算法的版权跟踪、基于智能合约的付费订阅，并将在广告效果、用户隐私、数字资产管理等领域实现创新。

4.1 基于通信技术的网络：5G

依照技术对于社会的改造程度，我们把技术对于现实的影响分为两类：一类为改良性的技术，另一类为革命性的技术。所谓改良性的技术，就是不对这个领域的价值实现的基本逻辑和运作规则进行大的调整和改变，只是对其中某些要素和环节的机制进行改善或对其效率进行提升。而革命性的技术则是对某个社会领域的边界、内涵、要素构造、运作规则，乃至价值取向的结构性改变。这种改变往往是一种生态级意义上的改变，是这一领域基本构造和运作规则的革命性改变，是价值实现方式的重大转型。

4.1.1　从 1G 到 5G 的发展历程

总体来看，1G 到 5G 的演变经历了从移动模拟通信到移动数字通信再到移动智能通信、移动数字化通信和移动场景通信的发展历程，如图 4-1 所示。

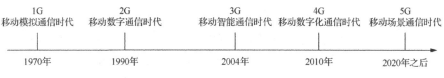

图 4-1　1G 到 5G 移动无线通信代际更迭

1. 1G：移动模拟通信时代

1G（第一代移动通信技术）诞生于 20 世纪 70 年代末至 20 世纪 80 年代。1978 年年底，美国贝尔实验室成功研制了全球第一个移动蜂窝电话系统 AMPS（Advanced Mobile Phone System），并在 5 年之后将该套系统在芝加哥正式投入商用并在全美推广。1G 使得人类社会第一次实现了移动式的语音通话。然而，第一代移动通信技术是以模拟技术为基础的蜂窝无线电话系统，容量十分有限。而且由于受到传输带宽的限制，1G 不支持移动通信的长途漫游，只是一种区域性的移动通信系统。与此同时，其安全性也存在较大隐患，由于声音通过未加密的无线电波传播，任何人都可以使用现成的设备收听对话。

2. 2G：移动数字通信时代

2G 是基于全球移动通信系统（GSM）的第二代移动通信技术。2G 出现在 20 世纪 90 年代初，使用数字信号进行语音传输，并能够提供较低传输速率的文本和图片信息传送的服务。相较于 1G，2G 的网络容量和传输质量都有所提高，但仍然无法处理视频、电子邮件、软件等复杂数据。与此同时，2G 需要更为强大的数字信号来帮助手机工作，如果在任何特定区域没有网络覆盖，数字信号就会减弱。部分学者将出现于 2001 年到 2004 年间的介于 2G 与 3G 之间的过渡技术定义为 2.5G，相较于 2G，2.5G 传输速率得以提升，功能更为强大，而且实现了以数据传输量而非联机时间计费，标准更为灵活，但其传输速率和容量仍然无法满足用户的需求。

3. 3G：移动智能通信时代

第三代移动通信技术——3G 于 2008 年开始大规模商用。与 1G 和 2G 相比，3G 主要是将无线通信和国际互联网等通信技术全面结合，从而形成全新的通信系统。这项技术的目的是提供更高速的数据传输，并且基于宽带无线网络，提高了对图像、音乐和视频数据的处理和传输能力。与此同时，它还可以提供移动蜂窝数据服务、电视/视频的接入、全球漫游等新服务。伴随着 3G 而生的移动通信设备也被定义为"智能手机"，拥有着更大的容量和更强的宽带接入，处理数据的延迟时间也大大缩短。但与此同时，3G 也存在着许可证服务的费用高昂、全球标准不统一、基础设施铺设难度大等不尽如人意的问题。

4. 4G：移动数字化通信时代

4G 网络是自 2010 年兴起并流行至今的新兴移动通信技术，4G 集 3G 与无线局域网络（WLAN）于一体，可以更加快速地传输数据，以更清晰的方式接收和处理音频、视频和图像等，从而实现无线宽带接入、多媒体信息服务（MMS）、视频聊天、移动电视、数字视频广播（DVB）、语音和数据传输等宽带服务。4G 能够提供 1Gbit/s 的传输速率，可以随时随地根据用户需求提供各种服务，与此同时，4G 的基础设施部署更为易行，覆盖范围更广，通信的灵活性更为强大。但是 4G 对硬件支持的要求更高，而且依然存在着容量受限、标准不一等问题，无法满足对场景要求较高的通信服务。

5. 5G：移动场景通信时代

5G 指的是从 21 世纪 10 年代末开始快速发展的第五代移动通信技术。5G 的重点将放在世界无线万维网上，它是一种完全无线通信技术，提供超过 1Gbit/s 速率的高速、大容量的数据传输服务，突破了容量和传输速率的限制。5G 网络提供了高连接性，是一种具有广域覆盖和高吞吐量的分组交换无线系统，使得覆盖范围达到前所未有的广度。在 5G 时代，超高的数据传输速率和超低的延迟性使得一个更加互联互通的世界成为可能，沉浸式视频服务、移动无线设备、物联网等服务预计在未来 10 年将得到迅速发展。

移动通信技术的进步不是一个孤立的过程，而是整个社会改造和进步的一部分。首先，信息数据将成为基础性的社会资源。以智能手机和物联网（IOT）系统为代表的互联设备和智能对象的兴起使得万物随时随地互联互通成为可能，"信息"的内涵被进一步扩大，海量信息成为联结社会方方面面的重要资源。其次，移动终端的革新发展推动着社会的转型与升级。超高清晰度（UHD/4K）视频和沉浸式媒体（VR/AR）等先进媒体服务的大量出现，让更加沉浸式、个性化、场景式的娱乐体验成为可能，无限的新兴场景消费将为社会各行各业赋能，推动不同领域的转型与升级。最后，用户的信息消费习惯和选择偏好将被重新形塑，5G 的吉比特级接入速率，将使终端用户的体验发生本质变化，令受众进入"无限网络容量"的体验时代，传统信息生产链将面临内容生产、传输、分发各个环节的变革，移动实时流媒体服务、个性化内容遴选等都将成为新的用户信息消费趋势。

4.1.2 5G 对传播格局的影响

2019 年 6 月 6 日，中华人民共和国工业和信息化部发放 5G 商用牌照，标志着我国正式跨入了 5G 时代。中国联通与华为联合发布的《5G 新媒体白皮书》预测，媒体行业将首先享受 5G 红利，5G 将在 2022 年之前带给中国媒体业超过 400 亿人民币的市场空间。站在这样一个现实实践与未来发展的节点上，我们有必要认真思考，如何面对 5G 变革所带动的全新格局。

1. 社会主要交流手段的变革

相对来说，书写文字是比较单纯的，表达的含义干净整洁，没有太多杂音或附加成分，适合表达事实性的、逻辑性的、理性的东西。但是 5G 所带来的视频的突起，势必会使社会中的核心表达、关键性交流都被视频取代，这是一个大趋势。5G 的特点可以用"两高两低"来概括，即高速率、高容量、低时延、低能耗。基于这四个特点，5G 会给传播领域带来革命性的影响和变革。其中，信息传输的高速率意味着视频语言将取代文字语言成为社会交流的主要表达形式。传统上，视频仅以提供娱乐为主，对主流新闻的表达、主流价值观的承载是不足的。4G 时代，随着短视频的出现，视频开始逐渐进入社会影响力的中心，对主流事件、重要事项的关键性发展发挥自己的作用。视频中包含的大量非逻辑、非理性成分对传播效果的达成产生了重大影响。我们知道，短视频虽有"快"与"活"的特点，但终究因其"轻"与"短"，缺乏主流与关键逻辑表达所要求的厚重、严谨和周到，对于主流表达的影响依旧有限。随着 5G 的崛起，中长视频必然强势登场，成为社会表达的中心和主流。因此，借助 5G 大带宽、高速率的优势，中长视频"登堂入室"表现自身价值，将成为必然。短视频的缺陷部分一定会由中长视频来弥补，但这并不意味着短视频会失去其现有地位。未来短视频将发挥导视、橱窗的作用，作为先导的接触点，形成信息的普及性轰炸，然后再筛选一部分感兴趣的受众对深层内容进行深度接触。由此，这种分工必然导致短视频在某种程度上的衰退。但这种衰退不是规模上的衰退，而是指短视频的影响力在某种程度上的让渡。而中长视频会在更大程度上扮演负荷重要的、系统性意思表达的角色。

当这种表达方式成为社会表达主要的语言形态时，就会带来一系列问题。因为视频参与这种关键性传播的时候，它的构成要素已经远远超出事实、逻辑和理性层面，越来越多的场景性因素、关联性因素以及非逻辑、非理性成分，会参与到未来的社会性、关键性、主流性传播当中。面对现在出现的新的表达方式和越来越多的非逻辑、非理性成分，如何进行表达方式的配置、如何把握其机制和规律等研究几乎呈现空白状态，缺少把控力。随着5G 的商用，大概在两三年后，这样的传播应会成为一种社会基本现实。面对如此繁杂的一种话语方式和表达逻辑的改变，无论是主流价值观的传播，还是在社会沟通中形成共识，都有很多问题要解决，这可能是未来传播领域，尤其是政治传播、社会传播中一个相当大的风险。

2. 传统媒体"在地性"优势凸显

4G 改变生活，5G 改变社会。5G 商用大幕拉开，将赋能各行各业实现转型发展。5G 的开启对于传统媒体的转型发展而言是一个巨大的机会。5G 将在很大程度上推进媒介融合，这种融合表现为跨行业的发展。众所周知，传统媒介的危机主要是传播的危机而不是内容危机。在互联网发展的"上半场"，就传播领域而言，基于社交的关系链传播和基于 AI 人工智能的算法型内容推送占据社会性传播的半壁江山。大部分传统媒体由于体制的约束、规模的有限、技术的滞后以及市场运营能力的迟滞，在流量之争的发展中明显落伍。这就是人们在近年来所观察到的传统媒体出现"渠道失灵"、用户流失以及影响力衰退的现象。

进入 5G 时代，社会生活的发展逻辑将会沿着进一步"加宽""加细""加厚"的方向发展变化，具体地说，就是人们的"线下"生活将逐渐向着"线上"转移，使得"线上"生活日益丰富化、主流化，成为人们社会生活的"主阵地"。此时，传统媒体在互联网发展"上半场"所遭遇的问题大多数已不成其问题，如过去"流量（用户）"流失的危机等。因为在 BAT（中国三大互联网公司，包括百度公司、阿里巴巴集团、腾讯公司）平台上，流量（用户）已经是随处可得的富余资源——而 BAT 在社会生活"加宽、加细、加厚"的过程中，也无法简单地利用自己的"连接能力"就可以独揽这一过程，其未来的生存进退取决于它能否实现人们在互联网上"大众创新、万众创业"的平台性价值。因此，在未来的发展中，流量不是问题，用户也不是问题，一个媒体、一个机构，乃至一个人，有没有某种专业的服务于用户的适用能力才是问题的关键。在这种情形下，传统媒体只要善用"在地性"的优势（即在一个地区、一个领域内推动、激活和统合各种专业、垂直服务所需的全部资源的优势），就能获得非常好的发展机遇。

必须指出，传统媒介在文明传承和社会逻辑的洞察方面的优势，会成为这一发展阶段上不可或缺的必要推动力量，甚至是一种"稀缺资源"。这便是传统媒体在 5G 时代未来发展中的机会所在。在新的发展阶段上，传统媒体要把握好机会，做好对用户的精细化管理工作。利用自己的核心优势，在技术逻辑的引导下和"线上"新世界的建构中去影响主流、影响主流人群、影响主流人群的决策。

3. 媒介的定义被深刻改写

种种迹象表明，5G 或将成为传播学发展的决定性拐点。更具体地说，5G 不是一项"弯道超车"的技术，而是一项"换道行驶"的技术。传播学已经站在全新的基点上，面对着"换道发展"的新未来。

（1）内容供给侧冲击

著名传播学学者麦克卢汉曾将媒介定义为"人的延伸"，5G 的万物互联则进一步将人与人、人与世界的互联上升到生理级、心理级的互联互通，其疆界的进一步拓展、要素的进一步丰富、结构的进一步生态化，将促成传播学的革命性重构。

5G 的低能耗则可以使各种反映着人与物的状态属性的传感器（如"可穿戴设备"）的无时不有、无处不在成为现实。人与人、人与物、人与场景有了时刻在线、互联互通的现实可能。因此，在内容供给侧，将崛起一个巨量的资讯新品种——传感器资讯，我们将迎来技术生产内容的一波巨量冲击。届时，UGC（用户生产内容）、PGC（专业生产内容）、OGC（职业生产内容）联手 MGC（机器生产内容），共同形成内容生产的"大合唱"。

（2）"场景学"将衍化为应用传播学的主干

5G 时代，高速率、低时延的技术支撑势必使 VR（虚拟现实）/AR（增强现实）/MR（混合现实）崛起，成为传播领域最为耀眼的现象级产品。这为应用传播学的理论与实践开辟了一方极具想象力的全新场域与价值空间。VR/AR/MR 将使"场景"成为未来传播中价值变现最为重要的"节点"范畴。未来的传播学的学科体系中，"场景学"专业包括场景发现、场景设计与场景应用，将衍化为应用传播学的主干。

（3）"电信传播学"呼之欲出

显然，在 5G 的革命性改变之下，传播学的边界得到了极大的拓张。"万物互联"实现了从物理性的连接到生理性的连接，直至心理性的巨大而复杂的连接；传播学的学科基础从过去的社会政治治理、经济规律、伦理规则的交互，实现了今天技术逻辑对上述种种传统因素的基础性叠加与融合；传播学的主导性因素的升级迭代，相应机制与规律也势必发生重大改写。概言之，传播学的学科体系从来没有像今天一样面临着扩容、重构的革命性任务。我们必须认识到技术逻辑对于传播学学科体系构建的基础性结构作用，这便是建设"电信传播学"的原因与依据。

4. 连接关系的总体重构

在互联网、社交媒体出现之前，社会传播的基本职能基本上由专业媒介、专业媒体人、专业传播机构统揽或者承包。社交媒体出现后，内容生产的主体开始多元化，出现了用户生产内容、职业生产内容、专业生产内容，而 5G 出现后还会出现一个更重要的生产类别——机器生产内容。低能耗和高容量造成了万物互联的一个基本现实，让所有传感器可以永远在线，而且把很多的传感器连为一体。按照华为 5G 技术专家的说法，在 5G 网络之下，它可以连接 5 亿个场景、50 亿个人和 500 亿个数据传感器。这就意味着，无论内容是来自环境还是我们的可穿戴设备，它都会参与到未来的内容生产，而这种内容生产所呈现出来的类别、价值以及它对社会、商业和人际关系的影响，是极其丰富和深刻的。

传播学学者麦克卢汉所称的"媒介是人体延伸"的基本含义，是指与外部的物理性连接。在 5G 条件下，在有万物互联传感器存在的情况下，它还会实现生理性连接、心理性连接，连人的情绪都可以进行数字显示，整个社会就会呈现出全新样貌，社会管理、社会协同、社会协调以及人民的生活都会发生翻天覆地的改变。

因此，5G 是一场技术革命，是对信息网络所连接关系的总体性重构。概言之，5G 技术的应用将创造一个无限量的巨大信息网络，并将从前不能纳入其间的关系纳入——从人与人之间的通信走向人与物、物与物之间的通信，创造智能终端之间的超级链接，从而巨大且深刻地改变我们的生活和社会，属于"百年未遇之大变故"。

4.2 基于数据技术的分发：算法

所有的连接都可以数据化，这是互联网作为信息化社会底层技术逻辑的基本特征。因此从表层应用的角度看，当前较为主流的网络连接类型包括资讯型连接（编辑推荐或算法推荐等）、互动型连接（微信好友、微博关注关系等）、信用型连接（金融、区块链虚拟货币、服务等）。它们分别指向了互联网应用最为重要的内容、关系和服务三个领域。这些表层应用之所以能够实现，都是基于大数据在底层起到的连接作用。[1]

---

[1] 沈阳，冯杰，闫佳琦，向安玲. 网络连接观：类型划分、演化逻辑及风险防范[J]. 西安交通大学学报（社会科学版），2020，40（3）：126-131+141.

4.2.1 信息分发模式的演进

迄今为止，人类的信息分发模式大体上经历了三个主要的发展类型：（1）倚重人工编辑的媒体型分发；（2）依托社交链传播的关系型分发；（3）基于智能算法对于信息和人匹配的算法型分发。

这三种类型作为信息分发的主流模式依次出现，各有其特色与擅长之处。譬如，媒体型分发倚重人工进行信息的专业化处理和加工，这种分发模式可以解决社会的共性需要，把那些对于全局、对于所有人具有普遍意义的信息筛选出来，并以点对面的方式传播出去。它的价值在于解决了"头部信息"的社会化分发。但是它无暇顾及人的分众化、个性化及偶然性、体验性及高场景度的信息需求。于是便出现了依托社交链传播的关系型分发模式：你的朋友、你关注的人帮你推荐、过滤信息，他们的评论、转发形成了一种信息筛选机制。关系型分发模式最大的价值是在人类的传播史上第一次激活了大众传播时代那些被忽略的极大量的"长尾信息"，形成了对于信息服务的"利基市场"，实现了信息分发的"千人千面"——不同的人通过不同的"朋友圈"有了个性化的信息世界。

但"关系型分发"的问题在于无法解决用户在社交关系爆炸的情况下，内容生产源的爆炸所带来的"信息超载"以及基于社交关系的推荐质量不断降低。经验表明，在微信朋友圈中养生、微商、晒娃、晒吃类的无效信息越来越多；微博上则是"大 V"和营销类账号占据了主体流量——有研究表明，在微博平台上，90%以上的内容是由 3%左右的"大 V"生产和分发的。在此背景下，算法型分发模式便应运而生，渐成潮流：现在人们随便打开一个网站或资讯 App，都会有"个性推荐"或"猜你喜欢"之类的栏目，系统会根据你的浏览记录和阅读爱好，自动为你推荐内容。第三方监测机构易观发布了一个具有标志性意义的数据：早在 2016 年，在资讯信息分发市场上，算法推送的内容已经超过 50%。它意味着，我们现在接触到的信息，主要是由"智能算法"为我们搜索和推送的。算法型信息分发之所以"流行"，有分析者认为是因为算法对流量的分配独立于社交关系，不被"大号"垄断；算法能够处理的信息量几乎没有上限，能够更好地激活、适配"汝之毒药，我之甘饴"的长尾信息；算法能够对用户的社交推荐机制进行二次过滤，优化推荐结果。概言之，算法型分发模式实现了对于海量信息价值的重新评估和有效适配。"汝之毒药，我之甘饴"意味着你觉得不感兴趣甚至是垃圾的信息，对于我可能极有价值。于是，信息价值不再有统一的标准，不再有重要性的绝对的高低之分。对刚生下宝宝的妈妈来说，空气质量指数绝对比英国脱欧更重要；对旅游者来说，当地的天气信息绝对比当地的房价更重要。在算法的驱动下，每个人都有了自己的头条，整个信息世界大一统的秩序被打破。

但也正因为如此，算法型分发模式站在了风口浪尖上。《人民日报》曾连续三天撰文从内容生产、信息分发和社会创新等角度对某算法型信息分发平台进行了全方位、立体式的批判。公允地说，这些批判在现实状况下不无道理。例如，在现在的算法还不够"聪明"的情况下，用机器智能完全替代人的"把关"，这样的资讯"守门人"是否可以完全信赖？再如，由于算法型信息分发更多地建立在对于人们的直接兴趣和"无意注意"的信息需求的挖掘上，它的直接后果是：对于人们必需的那些非直接兴趣和需要"有意注意"所关注的信息的忽略所导致的"信息茧房"问题，等等。这些社会质疑对于算法型信息分发是不能不面对与正视的。

更进一步地说，信息的社会性分发历来被视为是一种政治权力，一直以来这个权力都是被牢牢地掌握在政治和商业巨头手中的。现在，在技术驱动和现实需求拉动的双引擎下，基于大数据与人工智能的推荐算法系统的引入，对传媒领域来讲，实质上是一种传统的寡头权力逐步让位于技术逻辑主导的用户权力的过程，这一技术逻辑与分发范式不断形塑着传媒业的实践，也给信息的采集、制作、分发等流程带来了全新的指导理念，同时也对信息的社会传播效果及传播规范与伦理造成了深刻的影响。这是一个我们不能不认真、严肃对待的重大课题。

4.2.2 大数据与算法分发

传统媒体掌握社会信息结构控制权的时代已经过去，以算法为代表的大数据技术形塑着信息的社会传播效果。但这并不意味着技术控制了社会的信息传播结构，"算法推荐导致视野变窄"这样简单的因果关系从未被实证研究的结果证明过①。算法是一种新的社会权力，也有学者对此提出不同看法，认为算法本身并不具有社会权力，而是算法联合即算法与人的结合（Algorithmic Associations）在发挥作用。无论是算法自身，还是算法联合，无疑都深刻影响着传媒业。

---

① 喻国明，杜楠楠. 智能型算法分发的价值迭代："边界调适"与合法性的提升——以"今日头条"的四次升级迭代为例[J]. 新闻记者，2019（11）：15-20.

1. 算法分发的原理

算法型信息分发最为普及的定义是雷斯尼克（Resnick）和瓦里安（Varian）在 1997 年提出的，指推荐系统向用户提供商品信息和帮助用户决定应该购买什么商品，模拟销售人员帮助客户完成购买的过程[①]。

早期的算法型信息分发被应用于电子商务领域，目前已在各个领域被广泛应用，信息领域亦然。从广义上讲，算法是一种编码程序，被定义为"为了解决问题而输入机器的一系列指令"。从信息生产的角度看，算法型信息分发重塑了新闻生产机制。算法型信息分发带来的新闻生产方式是"新闻内容+数据化精确制导"[②]。

2. 算法分发的类型

目前算法推荐系统有三大主要类型。

（1）协同过滤推荐（Collaborative Filtering Recommendation）

它包含两种主要的推荐技术——基于记忆的（Memory-based）协同过滤和基于模型的（Model-based）协同过滤。前者假设如果两个用户过去对产品有相似的喜好，那么他们现在对产品仍有相似的喜好；后者则假设如果某个用户过去喜欢某种产品，那么该用户现在仍喜欢与此产品相似的产品。因此，前者利用用户历史数据在整个用户数据库中寻找相似的推荐项目进行推荐，后者通过用户历史数据构造预测模型，再通过模型进行预测并推荐。基于记忆的协同过滤可以有效挖掘用户的潜在需求，个性化程度高，在众多互联网平台得以应用，如 Netflix、Hulu、YouTube 的推荐算法的基础都是该算法。但是基于记忆的协同过滤推荐将系统内整个用户历史数据库作为其推荐系统的原料，当数据严重稀缺时，会存在冷启动（这里所谓的冷启动是指对于某 App 的新用户，算法系统缺少其历史数据，难以通过算法准确了解和把握其需求的状况）差、推荐精准度下降等问题。而基于模型的协同过滤可以有效地解决这一问题，该算法根据训练集数据学习得出一个复杂的模型，来预测用户感兴趣的信息。基于模型的协同过滤虽然提升了预测的准确度，但也存在建模复杂和冷启动差的缺陷。

（2）基于内容的推荐（Content-based Recommendation）

基于内容的推荐即根据用户历史项目进行文本信息特征抽取、过滤，生成模型，向用户推荐与历史项目内容相似的信息。它的优点之一就是解决了

① Resnick P, Varian H R. Recommender systems[J]. Communications of the ACM, 1997, 40(3): 56-59.
② 王茜. 打开算法分发的"黑箱"——基于今日头条新闻推送的量化研究[J]. 新闻记者，2017（9）: 7-14.

协同过滤中数据稀疏和冷启动的问题。但如果长期只根据用户历史数据推荐信息，会造成过度个性化和"信息茧房"的现象。另外，该算法更擅长文字信息特征的提取与分析，而在音频、视频等非结构化数据的分析能力上存在缺陷，因此它多用于网页、文字新闻等文本类信息的推荐。

（3）关联规则推荐

关联规则推荐即基于用户历史数据挖掘用户数据背后的相关关联，以分析用户的潜在需求，向用户推荐其可能感兴趣的信息。基于该算法的信息推荐流程主要分为两个步骤：①根据当前用户阅读过的感兴趣的内容，通过规则推导出用户还没有阅读过的、可能感兴趣的内容。②根据规则的支持度（或重要程度），对这些内容排序并展现给用户。关联规则推荐的推荐效果依赖规则的数量和质量，但随着规则数量的增多，系统也会越来越难以管理。随着移动互联网的兴起以及包含内容和关系的社交媒体（如×公司、微信）的快速发展，某种单独的推荐算法已难以满足用户推荐、内容分类、话题挖掘等需要，因此，融合多种算法、关联更大数据的组合推荐系统得到发展与完善。在推荐系统的实践应用中，经常运用两种或几种推荐算法，以整合优点、弥补缺点，实现精准预测和推荐。

4.2.3　算法即权力

1. 算法的社会本质是一种权力

人工智能技术的崛起已日益成为社会和传媒领域发展中的焦点问题。而"人工智能技术"的本质是一种算法模型，这种算法模型的"智能化"程度取决于计算能力、数据与大数据，以及算法模型的"三位一体"的品质。如果我们把人工智能比喻为构成世界"三位一体"的物质、能量和信息，在人工智能中，数据就是人工智能得以成长的物质基础。今天的互联网，尤其是移动互联网的连接作用使大数据以一种前所未有的海量形式泉涌出来，并从多种维度上持续不断地对于人的种种属性、状态和外部关系进行实时的描述和呈现；而计算机的计算能力则是使数据得以处理的能量，按照"摩尔定律"，日益加速的计算能力是海量多维数据得以有效利用和处理的关键；算法的信息即内容，是计算机通过建模所实现的对于人的认知感知能力、分析处理能力和决策判断能力的一种"模拟仿真"及在此基础上的超越。显然，就人工智能而言，大数据的价值重点不是其数据的大和多，而是其数据的多元和汇聚，这种不同品性的数据集的关联，能够为说明特定对象的属性、状态与内外部的连接起到价值增益的巨大作用。这种联结的价值在互联网的不断发展过程中日益体现出来。我们看到,内容网络、人际网络和物联网络,这三者相互连接并且深度融合。大数据所具备的精准智能价值匹配的特性,将人与人、人与物、物与物之间的关系进行崭新的升级重构,在这样的作用之下,传媒社会整合、塑造意义这种信息的传播与控制方式在新媒体时代受到来自技术赋权的挑战,算法作为"非人类行动者",和人类的传播活动编织成了新型关系网络。

英国文化研究专家斯科特·拉什(Scott Lash)强调:"在一个媒体和代码无处不在的社会,权力越来越存在于算法之中。"譬如,截止到 2023 年 1 月,用户数量达到 8.09 亿,日活跃用户突破 1.5 亿的抖音平台问世于 2016 年,是由字节跳动公司孵化的短视频社交软件,是当下中国流量最大,也是算法最为复杂的平台。基于复杂而强大的算法推荐系统,抖音平台仅仅 7 年光景就达到如此大规模的用户数,成为今天中国最大的短视频平台之一。不管是算法对于新闻业的重塑,还是算法对于各行各业的跨界整合,无一不使人思考:技术不仅能够赋能与赋权,而且它自身就构成一种权力的行使和对于传统权力模式的替代。20 世纪 90 年代初的中国媒介市场化的进程中,"编辑终审权"是一条不容市场侵犯的红线,而今却在算法分发的大趋势中毁于无形。

2. "算法权力"在社会进程中的实践沿革

从媒介融合到今日头条,从无人机到机器人写作,从大数据到人工智能,从以"互联"为核心的 Web 1.0 时代到现在的以"社交"为核心的 Web 2.0 时代,这不可不谓是"五百年未有之大变局"。以消费"人口红利"为特征的规模化横向"圈地"的互联网发展的"上半场"已结束了。如今,我们已进入互联网发展的"下半场",这个阶段则是以大数据、智能化为特征的细分化的纵向"挖掘"。低频度需要、高场景需要和体验型需要则成为这一时期开发长尾市场、利基市场的关键。而算法作为数据与人工智能的结点,在这个下半场中,则发挥着构造流量入口、捕捉用户黏性的关键作用。

从这个意义上说,算法从来不是独立的,从数据智能到满足特定用户需求,如何能在无缝融合之后,创造崭新的用户体验,这才是算法的终极任务,也是其本质所在。算法随着时代发展也在不断更迭,只有在数据、产品、理论等方面注入人的智慧、人的创造力,算法才会具备其应有的价值。

也有学者对算法权力与算法权利提出见解:算法权利是指个体享有的,用于知晓、参与或改变、拒绝算法自动化决策的权利,目的是确保个体利益不受到算法自动化决策的侵害,以及受到侵害后能够获得救济。算法权力是指公共机构和平台通过一定的算法，面向相对人、用户和公众主动施加的一系列作用和影响，这种作用和影响借助精心设计的算法模型和互动机制体现了公共机构和平台的意志。目前，算法权利的私权救济路径不畅造成了此类损害的救济过于倚重行政监管，形成路径依赖。

4.2.4　算法在传播全环节中的应用

每一次信息传播方式的变革，都使社会产生巨大变迁。这种意义并不仅仅在于其传递的信息内容，其核心在于，它还象征并且定义了某种信息的传播速度、传播语境甚至是处于社会表征的意识形态。大数据时代，数据与算法正在重塑新闻业的整个生态系统，算法本身暗含的权力关系在新闻传播的全环节中具体体现如下。

1. 新闻线索获取：信息权的弥散化

在传统媒体新闻生产流程中，除了一些突发新闻、时事热点新闻，新闻大多依赖一些固定的消息源——通信员、政府宣传部门、爆料人等，或者是在经由固定的发现新闻→申报选题→策划会商→可行性认定等环节之后，记者主动去寻找新闻。随着维基百科、YouTube 等草根媒体，X、微信等社交媒体的发展，新闻来源逐渐由原来掌握垄断权力的专业媒体或权力机构向公众本体进行转移。在这种传播语境下，协作、平等、交流被放置于高位，逐渐压倒之前以宣传和利润为目的的传播方式。这种民主化及下放式的运作模式，使信息权逐渐弥散至公众。

随着算法在新闻来源环节中的应用，相继出现了机器人新闻、传感器新闻。而随着社交网络迅速"占领"人们的全部生活，新闻的生产与传播过程逐渐由先前的集中式趋向分布式，即多重主体在某种模式下共同介入某一个话题的报道、评论、分析与信息的加工和进一步阐释。这种范式的转变与普及得益于人工智能技术，在技术的作用下，分布式新闻生产过程的参与主体甚至扩展到了物体。

在目前的新闻媒体中，一些聊天机器人承担着收集新闻线索的任务。如由 BuzzFeed 实验室研发的即时通信客户端 BuzzBot，采用基于链接点击上升速度的算法，从数百个博客那里获取订阅源，并搜索新链接，迅速向其他网站扩散。BuzzBot 通过和用户的有限互动，来提供即时的新闻报道。但 BuzzBot 只是内容的搬运工，在其背后有一个专门团队负责处理其收集到的信息，同时和现场记者保持联系，将最新内容通过机器人传递给用户。

美国公共广播 WNYC 研发的 AI 机器人能够监控联邦法院文件的更新，并将具体更改告知订阅者；美联社跟踪数据泄露的智能机器能够标记它们在数据中发现的异常情况并提供给记者进行调查。在传统新闻生产中，媒体的新闻线索依赖于政府组织和特定的线人，缺乏多样性、及时性，缺少更新鲜的信源与新闻内容。而 AI 可以对互联网上的海量信息进行实时监控，寻找跟踪新闻当事人或是意见领袖，及时发现那些能够发展为重大新闻的关键线索。①

福柯认为现时代新范式下的权力是"无处不在"的，它区别于政治学中自上而下的操纵和支配，强调的是权力在实际运作中的网络结构化和弥散性，个人既是权力的持有者，又是权力的承受者。新闻传播领域中话语的旧权力，掌握在少数人手中。传媒话语的旧权力是一种特权，相对封闭，难以获得，也缺乏流动性，主要由权力者驱动。随着算法等互联网技术的成熟，先前的专业传媒机构的传播垄断范式被打破，大批受众被分流，而呈现"碎片化"现象。受众分流的最大影响则体现在收视率与经济收益上，传统新闻业的广告运作模式被击碎，这种巨大的经济困难在客观上促进了传播领域新权力的诞生。新权力的本质在于拥有文本生产、解构、传播、重构能力的受众。他们可以从现实的符号世界中生产文本，也可以从已有的媒介资源中对原文本进行重构，也可以对文本进行再创作，生产快感、表达自我、重构价值，创造出自己的意义。新权力是一种开放型的范式，它鼓励参与，由同侪驱动（Peer-driven，来自同事、同辈、朋友之间的驱动力）或关系驱动，其运行方式的突出特征是纵向"上传"并横向"扩散"。

2. 新闻写作编辑：算法对把关权力的程序化收编

传统新闻生产者是依据新闻的要素、自身新闻价值观，如对新闻重要性、新鲜性等要素的把握，以及自我认同的职业伦理来对新闻事实进行写作和编辑。而面对互联网的便捷性、共享性、碎片化等新的要求，过去作为信息源头的"把关者"不得不让位于数据与算法。

2015 年 7 月，一款可以帮助编辑收集内容的机器人被《纽约时报》R&D 实验室开发出来。这款机器人可以对文章内容进行识别、甄选、标记，在编辑写稿时，机器人会自动弹出文章可以采用的标签和关键词。不仅传统媒体实验室为新闻编辑部提供了一种创造性的收集内容的方式，作为一

---

① 刘鸣筝，朱芷瑶. 对话式新闻：AIGC 的智能化补充与沉浸式呈现[J]. 青年记者，2023（13）：57-59.

家美国知名互联网新闻博客的 Mashable 也早已开始使用人工智能辅助编辑。Mashable 开发了一个名为 "Velocity" 的数据分析工具平台，它可在极短的时间内判断新闻的传播趋势和可能存在的爆点。另外，Velocity 还可做到帮助博客的编辑们发现 "饱和点"。比如，这条新闻的分享率达到 95%，它就会告诉编辑无须再多费精力，这样，编辑们则可以考虑迅速对该事件做出其他策划报道，抢占先机。

在传媒社会学看来，媒体一直扮演着维护社会稳定、塑造社会认同和主流意识形态的角色。当算法通过对各种数据的捕捉，在传统媒体和政府之外成为广受认可的消息源，这也就等于算法具备了影响舆论和社会情感的形成和表达的能力。因此，传统媒体的社会控制能力受到了极大的削弱，其所具备的把关能力与议程设置的功能，即根据权力主体的意志与价值取向来选择、编辑、强化或淡化相关新闻，会逐渐交由算法来操纵和实现。算法甚至可以使公众在由自己的意志组织起来的 "信息茧房" 中背离事实，削弱其理性判断力，从而实现对公众的意识操纵。

算法依靠人工为它写入的运行法则进行计算，由此对海量的、碎片化的信息加以筛选，并研判事实，引导用户的价值判断。算法会通过对用户使用习惯的把握和预测，为编辑的写作构造 "最有料" 的模板。原本意义上的 "媒介接近权"，特别是进行新闻写作编辑的部分权力已被算法收编，从而构成了一个新的权力。这种权力不仅代表了原有权力格局在新时代、新领域的延伸，在某种程度上甚至破坏或超越了原有的权力格局，造成传媒领域的原定权力的大转移，给新闻业带来颠覆性的变化。当然，现阶段由算法参与的自动化新闻生产基本上还是一种 "人工模板+自动化数据填充" 的模式，在新闻敏感、深度分析及选题发现，特别是在重大而敏感的议题上的算法暂时还无法对把关权力进行完全的收编。但从算法迭代的可能性的角度看，其在这一路径上的权力版图的扩张是必然的。

3. 新闻事实核查

算法通过非制度性权力来构建 "社会共识" 权力，作为一种特殊的影响力，从社会角度来看，其可划分为两种类型：制度化的权力与非制度化的权力。在传统媒体的话语体系中，制度对传播者有着极高的要求，同时制度也赋予了传播者强大的话语权。作为现代治理术的一部分，宣传或者说通过精心计算的信息传播操纵大众行为的社会控制已成为现代性的重要标志之一。今天，由于商业力量的操纵以及受众市场细分的需要，算法凭借着令人难以察觉的这种非制度化的权力进入大众的视野并达到对社会合意的控制。这些非制度化的权力关系在政治控制与资本驱逐的背景下可以强化为权威，有的甚至被制度化的权力收编，成为权势圆心，所推送的新闻会将边缘性的与非消费的受众排除在外。以《华盛顿邮报》的 Fact Checker 为例，从 2007 年创办至今，它始终围绕政治人物的公开声言展开核验，以此为公众提供客观准确的新闻信息。其标志性的"匹诺曹形象指数"作为新闻真实性程度的视觉呈现已深入人心。与海外新闻业相比，事实核查在中国起步稍晚。过去几年间，以澎湃新闻、腾讯新闻等新闻媒体和互联网平台为代表的媒体机构相继进入事实查证实践领域，或通过组建专业团队，或借助社会协作等形式向公众提供事实核查服务，[①]例如，澎湃新闻推出的"澎湃明查"于 2021 年 9 月 7 日开始运营，核查内容多依据新闻在中文社交平台与海外社交平台的热议度和不实信息产生影响的严重性，运用的核查手段包括但不限于图片反搜、视频关键帧反搜、多信源交叉验证、亲身查证、卫星图像检验、采访等，最终形成推文，在其中罗列相关证据，给出结论。

4. 新闻分发与推送

大数据构建算法无所不至的传播权力，也导致其传播结果的新一轮"窄化"。传统媒体中的新闻推送是以传播者的价值考量为本位的。今天，信息空前爆炸，人们的信息需求版图也全方位、多层次地扩张，用户无法仅仅依赖媒体完成全部的信息过滤，于是原先交给媒体的权力实际上被人们部分地收回了。这一权力有两个主要的去处：一是让渡给社交关系，社交推荐和信息分发成为今天人们信息的主要来源之一，如微博和微信；二是让渡给算法，让算法来识别用户的喜好，推荐用户可能感兴趣的内容，如今日头条、一点资讯等。Blossomblot 是《纽约时报》数字部门研发的一款数据分析机器人，它通过对社交平台上所推送文章的分析，能够预测适宜在社交平台上传播的信息，帮助社交媒体网站打造爆款。《纽约时报》内部数据显示，由 Blossomblot 预测具有社交推广效应的文章的点击量是未经预测文章的 38 倍。在中国，用户在使用今日头条等算法型媒体平台时，他们的每一次点击、评论或其他行为方式都会被系统记录，与他们所读文章的特点，如作者、关键词、DOM 标签等，共同作为用户画像的数据资料，刻画出每一个用户的特征，以便在下一次阅读中能够为其精准推送。整个过程中，用户的行为都是自然发生的。

算法对新闻的推送，实际上可分为两个层面。一是在个体的层面上，算

---

① 闫文捷，刘于思，周睿鸣. 事实核查：专业新闻生产者可为的创新实践——一项在线实验的启示[J]. 新闻记者，2023（2）：46-59.

法可对个体需求进行准确的计算，并有效地实现对信息需求的长尾市场进行挖掘。基于算法的个性化信息推送，即利用算法刻画出用户的特征，以信息聚合的方式，自动筛选出符合用户个性化需求的信息，从而实现信息需求与信息传递之间的无缝对接。但是社交平台中意见的碰撞和聚合，是以兴趣为基础的群体快速聚合，这种以用户的体验为中心的传播模式成为主导之后，随之而来的是个人接收信息的"窄化"及"茧房化"。

二是在总体层面上的类别需求中，利用算法来推送适合大多数人的新闻，实际上是大数定律在新闻生产中的应用，这也是算法新闻的底层逻辑——针对类别需求的计算问题。大数定律表明，在实验条件不变的情况下，重复实验多次，随机事件的频率便近似于它的概率，即偶然中包含着某种必然。这项定律适用于所有的数据，但同时也是处理大数据时存在的通病。一方面，能够发现大多数人需要的信息，这对新闻编辑来说具有莫大的吸引力；另一方面，在制作满足大多数受众满意的内容的同时，失去的则是个体的差异性。在后结构主义看来，任何同一性都有一个"构成的外部"（Constitutive Outside），如果存在这个"构成的外部"，其普遍性就是不可能的。在算法型媒体中，这种"构成的外部"是在用大数据对受众进行研究的过程中以三种相关的方式产生的。首先，对用于大量受众数据操作的算法进行了优化，以使受众行为的特定消费模型凸显出来；其次，寻找最大多数的受众，产生一个"常模化"的社会平均值，这样便排除了异常值；最后，算法基于大数据所进行的新闻资讯的推送操作，在事实上形成了一整套传播的规范与法则，建立其算法的网络权力。因此，由算法所推送的新闻会将边缘性的与非消费的受众排除在外。

5. 受众接收：平等与分化的悖论——算法以"座驾"的方式实现着对人的自由度的新限定

在传统的新闻生产中，传播的主导权掌握在新闻媒体手中，媒体控制着传播渠道与传播内容，通过文字、图片、音频与视频等为受众构建起新闻事实的拟态环境，受众在很大程度上只能作为新闻文本的"解码"者而存在。因此，在传统传播模式中，受众始终无法摆脱"木偶"这一角色。

而随着算法在新闻环节中的应用，其对用户兴趣的关注，使得用户的自我意识在不断觉醒；自我发布新闻表达话语，提高了用户的参与意识；用户也可以通过聊新闻的方式来获取资讯，增强了用户与新闻产品之间的黏性。如数字新闻商业网站 Quartz 在 2016 年 2 月推出了同名 iOS 新闻应用产品，与其他新闻 App 将所有新闻同时呈现在用户的屏幕上不同，Quartz 通过聊天的方式来为用户推荐新闻。而这一互动式阅读功能是由机器算法来执行的。

在这种算法的权力范式之下，用户被平等地赋予了网络主体的身份，并对其赋能和赋权。这种新的权力范式逐渐渗透到人们的日常生活、团体和社会的运行系统当中，与之相关的一系列价值观和信仰也随之出现。在这一过程中，权力的流动方式发生了变化，用户的身份也发生了变化。拥有自己YouTube 频道的年轻人不再被动接受他人意见，而是成为内容的生产者。这些作为反馈回路（Feedback Loops），是基于参与、分享甚至是共有的模式，让同侪的集体行动有了可观成效，并赋予参与者一种权力感。

4.2.5　算法分发的趋势

1. 算法的必然、实然与应然

目前主流的推荐算法，尤其是针对内容推送的算法，主要是一种语义算法，其核心思想是将语义知识融合到推荐过程中，来克服传统推荐算法的不足。其基于对内容的标签化分类，与对用户的分类匹配。基于语义的算法包括基于语义的内容推荐算法、基于语义的协同过滤推荐算法、基于语义的混合推荐算法以及基于语义的社会化推荐算法[①]。算法推送的本质是科学而有用的，但在实际应用中遭遇了阶段性问题。

（1）算法的必然：链接了人与信息

算法的本质是在海量信息和海量用户之间的匹配技术，是信息通信技术发展的必然。如果没有算法的介入，信息将无法完成更为有效的传播。曾经在"大众传媒"与"大众"之中桥接信息的"发行""收视"工作，对受众需求的颗粒度分析是粗放的，满足最大公约数需求的，而在信息碎片化、用户个体化的当下信息传播系统内，算法以先进的技术链接人与信息，其存在和不断发展是必然的。

（2）算法的实然：简化了人与信息

目前的发展阶段，算法最受诟病的根源在于它的"不可见"，在于不同的机构、系统赋予算法不同的模型和赋值，更在于这些简化的赋值方法、模型方式，在海量的信息海洋中不断打捞重复、无效、雷同的内容，造成个人对信息"偶遇"的"疲劳"和"不满"。

对个人需求的简单量化，正是香农所说的"工程传播"的基本逻辑方

---

① 黄震华，张佳雯，张波，等. 语义推荐算法研究综述[J]. 电子学报，2016，44（9）：2262-2275.

法。海量信息时代，算法对受众的分析如果仍然停留在大众时代的受众观念之中，粗颗粒地为受众标签归类，必然会造成需求的流动、复杂、演化与供给的直接、简单、重复之间的矛盾。

（3）算法的应然：协同人与信息

算法推送仅是算法在媒体平台中的应用之一，面向未来的算法指向更为革命性的人工智能领域，而"人工智能技术"的"智能化"程度取决于计算能力、数据与大数据，以及算法模型的"三位一体"的品质。与人工智能相对应的是自然智能，是依靠自然进化所造就的智能，如人类智能，但人类的智能由多种智能构成，它们分别是：语言智能、音乐智能、逻辑-数学智能、空间智能、身体动觉智能、人格智能和自省智能①。人工智能始终在学习怎么成为人，但是在人格、自省、音乐、语言等非数理化领域，需要依靠更为多元、精密甚至革命性的算法来实现与人类智能之间的协同。

2. 算法的价值观赋予

基于对算法技术的支持和对实际应用的客观问题，我们提出算法推送"以人为本、以影响力为追求、以结构建设为入口、以公共性为底线"的基本价值观。

（1）还复杂性于人：多维内容标签，为"不确定"留有余地

正如上文所述，信息传播越来越以个人为节点，以智能终端为目标，在"人类传播"与"工程传播"的轴尺两端无限接近于复杂而不可量化的个人特性。深入研究用户的信息消费行为动机会发现，用户对信息消费的动机并非单一可统计，甚至有很多信息消费完全是"无意识""不确定"的。在这样的信息消费情境下，算法如果仍然以标签化内容做推送，便是忽视了人的复杂性。

（2）还商业模式于影响力经济：流量经济的短期利益与长久危机

许多互联网企业都曾在采访中表示他们不是媒体，是互联网公司。相对于具有公共产品属性的媒体产品而言，他们更关注的是用户、流量，对价值观并不负有重要的责任。但"流量经济"正在传媒产业的发展中显现出危机，流量经济本质上仍然是一种注意力经济，以吸引眼球为途径，以拉动点击为目标，在获得最大公约数受众的共同兴趣旨趣下，内容必然流于低俗、猎奇这类人类共性的方向上。如果算法技术基于这样的内容池去分发、模型基于这样的类别去赋值，技术可以短期实现真正的流量暴增，但长期的危机将不言而喻。与互联网公司相比，有媒体责任的平台需要在流量的赋值上有

---

① Bornstein M H. Frames of mind: the theory of multiple in diligences[J]. Quarterly review of biology, 1985, 4(3):19-35.

自己的态度和价值观，还"注意力经济"驱动为"影响力经济"驱动。

（3）还监管重点于结构：真正有效传递价值观的是信息结构

传统媒体是结构化的信息，任何一个媒体品牌的价值不在于单条新闻的质量，而在于持续稳定传递的结构。在选择、篇幅、排序等机构性手段上体现一个媒体的态度和所追求的价值观。因此，在碎片化传播的今天，在用户手机端内容充分融合的当下，平台媒体须用结构上的意识引领价值观。英国《卫报》的专栏"刺破你的泡泡"，指向"信息茧房"的弊端，帮助用户遇见不同观点和意见的内容，突破局限；《华尔街日报》创设了"红推送，蓝推送"，将社交媒介上的同类内容的自由倾向、保守倾向的信息并列推送给用户，以拓宽视野。拥有大量用户的抖音平台不断完善辟谣矩阵，联动多方力量，采用谣言预警、分析、验真、标记、辟谣、拦截、提示七大步骤为平台用户澄清谣言。抖音平台自 2021 年正式上线"辟谣专区"，不仅建立官方抖音账号"抖音辟谣"进行辟谣工作，鼓励用户自下而上提供谣言线索，还通过与全国近百家媒体和政务机构合作打造"辟谣团"进行辟谣联动。2022 年 9 月起开展"谣零零计划"，鼓励权威机构与医学、法律等各垂类领域专业创作者发布辟谣内容，并给予流量扶持。在技术层面，一方面持续完善谣言库，进行机器自动比对、拦截；另一方面通过大数据和人工智能进行"精准辟谣"，并对疑似谣言增加警示标签，提醒用户关注信息内容真实性。2022 年 8 月 16 日抖音举办"治理不实信息开放日"，共处置不实信息 319 万条，打标存疑内容 90 万条，为打造清朗的网络环境贡献力量。这些都是以算法推送为技术基础，在顶层设计上表达平台价值观的体现。

（4）还公共价值引导于新闻专业主义：专业人才的内容权利回归

2018 年，某社交媒体公司宣布将招聘 2 万人从事内容安全审核工作。纽约城市大学教授杰夫·贾维斯（Jeff Jarvis）指出，全美国的记者不到 3 万人，这个社会宁可选择雇用 2 万人来处理别人生产的"仇恨、偏见、谎言和愚蠢"，而不是将这些资源投放到直接带来正面影响的新闻业。

贾维斯教授一直赞同互联网尤其是社交媒体对新闻传播行业的推进，也始终呼吁"有判断""有权威"的人士对机器算法加以必要的干预。但在这个招聘发布时，他仍然表达了强烈的批判，资源与人力的分配不均，将导致整个内容行业根基的枯萎，被要求对海量信息做出快速判断的专业人士，也只能在快速判断中疲于奔命，置那些优质但独树一帜的内容于不顾，不断产出平庸和重复的内容，这是整个产业的危机所在。

算法推送是有效内容传播的趋势，但算法在经过"工程传播"的伦理困境之后，须从更复杂的"人类传播"层面优化设计，不断探索算法的复杂性与系统性可能。算法在内容推送的应用上，须建立"以人为本、以影响力为追求、以结构建设为入口、以公共性为底线"的基本价值观。

 案例

　　2018年1月3日，今日头条宣布招聘2000名内容审核编辑，由算法为王向人机结合转变。2018年1月11日，今日头条首次系统公开了其算法分发的技术原理：内容上主要考虑提取不同内容类型的特征做好推荐，用户特征包括各种兴趣标签、职业、年龄、性别等，环境特征基于用户在不同场景中信息偏好不同。结合这三个维度，模型会给出一个预估，即推测推荐内容在某场景下对某用户是否合适。这三个变量都基于对用户信息的反馈，算法的内在逻辑迎合着用户需求。此外，有四个典型的特征会对推荐起到重要的作用：相关性特征、环境特征、热度特征、协同特征。其中协同特征通过用户行为分析不同用户间的相似性，如点击相似、兴趣分类相似、主题相似、兴趣词相似等，依靠"兴趣探索"和"泛化"来实现价值的多样性。此次公开的推荐系统原理包括今日头条算法模型设计维度与策略，以及今日头条的内容安全机制及相关举措。如何在线训练大规模推荐模型、典型召回策略的设计方法、多目标如何融合等业界关心的核心问题都在此次算法公开中得到解答。2018年3月28日，今日头条再次采取措施整顿平台内容，邀请学者、媒体人、公职人员成立专家团队，参与平台内容与服务的监督，并在技术上推出国内首款人工智能反低俗小程序"灵犬"，为用户提供更优质的信息。

4.3　基于网络服务技术的应用：区块链

　　区块链技术的火热起源于其在金融领域的成功。随着技术本身的不断完善，区块链技术的应用范围逐渐向各行各业扩展，并展示出巨大的发展潜力。麦肯锡报告曾指出，区块链技术是继蒸汽机、电力、信息和互联网科技之后，目前最有潜力触发第五轮颠覆性革命浪潮的核心技术[①]。在新闻传播领域，区

[①] 何蒲，于戈，张岩峰，等. 区块链技术与应用前瞻综述[J]. 计算机科学，2017，44（4）：1-7+15.

块链技术也成了一种重要的新兴媒介技术，对传媒业产生冲击和改造。

4.3.1　区块链的基本概念

区块链是数字加密货币体系的核心支撑技术，是一个去中心化的数据库。从狭义上来讲，区块链是一种按照时间顺序将数据区块以顺序相连的方式组合成的一种链式数据结构，并以密码学方式保证的不可篡改和不可伪造的分布式账本。广义来讲，区块链是利用块链式数据结构来验证与存储数据、利用分布式节点共识算法来生成和更新数据、利用密码学的方式保证数据传输和访问的安全、利用由自动化脚本代码组成的智能合约来编程和操作数据的一种全新的分布式基础架构与计算范式。区块链是数字加密货币的底层技术，所谓"区块"是一个去中心化的、分布式的数据存储模块，而"链"则是通过加密算法进行点对点传输。

最早应用到数字货币领域的区块链是指一种电子记录形式的账簿，其中每一个区块是账簿的一页，从第一页"链接"到最新一页。这些区块一旦被确认，几乎不能做修改操作，每个区块包含了当前一段时间内的所有交易信息和区块元数据。区块链组成的系统中，基础架构由数据层、网络层、共识层、激励层、合约层和应用层组成。数据层封装了底层数据区块以及相关的数据加密和时间戳等基础数据和基本算法；网络层则包括分布式组网机制、数据传播机制和数据验证机制等；共识层主要封装网络节点的各类共识算法；激励层将经济因素集成到区块链技术体系中来，主要包括经济激励的发行机制和分配机制等；合约层主要封装各类脚本、算法和智能合约，是区块链可编程特性的基础；应用层则封装了区块链的各种应用场景和案例。[①]

区块链技术具有去中心化、公开透明化、不可更改逆转性，其中最大的特质是去中心化。去中心化往往会过于分散意见而难以达成共识，但区块链的共识层就是能够在决策权高度分散的去中心化系统中使得各节点高效地针对区块数据的有效性达成共识。[②]同时，通过激励层设置一套行之有效的激励方式，避免去中心化而产生的过度自利，维护区块链上达成的共识的稳定性。

从架构来看，区块链技术已经形成了一套从基础数据到场景应用的成熟体系。它不仅有着基础的数据层和网络层，还拥有在去中心化的条件下维护

---

① 袁勇，王飞跃. 区块链技术发展现状与展望[J]. 自动化学报，2016，42（4）：484.
② 袁勇，王飞跃. 区块链技术发展现状与展望[J]. 自动化学报，2016，42（4）：487.

整个链条达成稳定共识的共识层和激励层，合约层和应用层更是给了区块链多元化、多场景、多领域的应用机会。正是这种体系使得区块链不仅适用于数字货币领域，还能够与其他产业结合应用。

4.3.2 区块链在传媒业的赋权实践

从电子货币到金融系统，再到社会生产生活的方方面面，区块链技术正在创造一个去中心化的社会系统。在传媒领域，区块链技术的应用可能性也正在被探索，其中包括基于数据追踪的信源认证、基于分布式新闻数据库的公民新闻审核机制、基于数字签名和算法的版权跟踪、基于智能合约的付费订阅，并将在广告效果、用户隐私、数字资产管理等领域实现创新。[①]

1. 去"把关人"的内容审核

互联网时代的内容生产，一直呈现着"去中心化"的趋势。以分布式记账为特点的区块链，不仅能将"即时性"的特点发挥到极致，使记录和传播融合得更为紧密，达到"记录即传播，传播即记录"，还能把这些分布式的信息更好地整合起来，形成一个任何人都可以查阅的新闻公告板。内容审核，是内容生产过程中必不可少的一环。传统的内容审核，把控在国家相关部门及传媒机构的把关人手中。新闻"事后审核制度"，也使得新闻内容在发布后，仍可根据宣传或舆论管控的需要进行删改。区块链的去中心化特性免去了把关人的把关环节，人们的每次信息传播都是采写编发一条流水线进行，从这个意义上讲，每个人都是一个新闻机构。而当所有信息汇聚在公共的新闻公告板时，则所有人共同组成了一个全新的新闻机构。公共的新闻公告板汇聚了各个方面、各个视角的信息，将有助于人们全面了解事实真相。基于区块链系统，还可以建立"用户生产—公众审核—系统分发—代币奖励"的独立系统，由匿名评审承担编辑角色，依据独立判断和内容政策，审核作者提交内容的真实性、公正性和合法性。

 案例

区块链追踪"新闻出处溯源"[②]

"新闻出处溯源"是《纽约时报》与 IBM Garage 合作的一个区块链新

---

① 李鹏飞. 基于区块链技术的媒体融合路径探索[J]. 新闻战线，2017（15）：90-93.
② 杨航，管彤. 区块链视角下《纽约时报》虚假新闻治理创新与启示——基于"新闻出处溯源"项目的解读[J]. 中国编辑，2020（4）：22-27.

闻项目，它利用区块链的优势，从图片新闻溯源角度进行新闻打假，通过对图片新闻出处信息的分析来判断、过滤虚假新闻。该项目在其官网主页有介绍，随着视觉媒体在互联网上的传播，它经常面临被剥离其原始内容的风险。新闻溯源项目是一项研究计划，旨在研究新技术如何为全行业提供解决方案。考虑到图片在社会化媒体平台传播的广泛性、扩散性与可操控性，在应用对象方面，《纽约时报》决定将"新闻出处溯源"项目区块链系统先投入新闻图片的筛选中。在名为超级账本（Hyperledger Fabric）的区块链的网络下，所有共享媒体的元数据被项目团队进行记录。其中，元数据包含了原始新闻图片与新闻视频的拍摄、编辑与发布等信息，如图片的拍摄时间、拍摄地点、拍摄者等信息均被纳入元数据中。这些元数据可以有效协助平台打击虚假新闻，但遗憾的是现有内容生产商都没有可靠的机制将元数据适时地分发到社交媒体平台、消息应用程序、浏览器和其他系统，而这些直接面向用户的数字平台产品是保护用户的"最后一道防线"。因此，区块链技术的创新与介入显得充分且必要。《纽约时报》打造的区块链系统重点关注新闻机构发布的图片和视频，从而判断它们是否存在回收编造旧图像、编辑拍摄或者调整视频本身速度、合成视频图像等造假行为。嵌进系统的元数据最终集合形成了该区块链系统的概念验证（Proof of Concept）。

2. 版权与利益的基本保障

区块链新闻平台更容易处理版权与收益相关的问题。新闻生产具有加密的绝对版权，同时内容生产所得利益，直接流向用户，而非中介。这是新型付费阅读模式与区块链技术的融合，使内容生产的所得利益将真正直接流向创作者，而不是渠道、平台[①]。因此这将在媒介产品市场中建立起新的去中心化的市场，以维护新闻业的利益。区块链建立的是一种点对点的信任关系与信息传播模式，通过向信息源直接赋权的方式达到去中心化的目的，使得信息接收者可以用加密货币直接购买内容，对于内容生产者或用户而言，薪资不再由单位掌控，而是直接由受众付费阅读决定，同时也取决于用户所做出的贡献。记者所提供的新闻报道价值越高，读者越多，被认可度越高，他将直接从系统中获得越多的相应代币。这将激发记者的积极性，提高新闻报道质量，调动社会公众参与新闻生产与传播的热情。

---

① 王芳菲. 区块链技术重塑传媒业——特征、应用场景及趋势[J]. 科技传播，2018，10（9）：4-7.

3. 创造新的个体生产权

区块链技术应用于信息传播实现了一场重新赋权。这背后实际上是区块链技术的固有特征和技术架构在起作用。区块链去中心化的特征充分调动了个体的能动性，将个体激活。其公开透明与不可更改，则消除了媒介信息生产传播过程当中的干扰因素和暗箱操作，保障了个体的权益与独立性。

区块链技术的架构分层，更是建构出了一个全新的媒介生态。这种生态拥有数据层带来的加密数据与时间戳，为内容提供版权保护；网络层提供的分布式组网与数据传播机制，为内容分发传播提供新的模式；共识层组建的各类共识算法，使内容能够实现全民审核、专业审核；激励层提供的代币体系与分配机制，使内容生产者、审核者、传播者积极参与其中；而合约层与应用层，使得内容生产平台能够根据区块链可编程特性，建立各种算法，基于区块链的平台内容生产与分发市场，变得更加多元化。但这种"去中心化"的个人被激活也在一定程度上造成了相当的"乱象"：传统的权威被解构了，传统的社会组织方式被边缘化了，传统权力也受到了越来越严峻的挑战……如何重构个人、社群与社会的有效且有序的连接，重构权威与信任体系便成为互联网与社会进化中最为关键的问题。而区块链恰恰是这样一种基于权利平等的个体间如何重拾信任和组织的全新技术基础上的社会范式，它的出现为我们重建被互联网"碎片化"了的现实提供了一种世界观和方法论。

概言之，区块链不仅是一项技术，还是社会的一种全新组织逻辑和规则范式。它在本质上是一百多年以前马克思所设想的所谓"自由人的自由联盟"的一种建立在互联网基础上的全新社会形态。个体将以一种自由独立，并拥有强大信息控制权的形式出现在区块链中。

 案例

Civil 平台的创新融合

美国 Civil 平台是区块链技术与新闻报道创新融合的先行者，按照其创始人马修·艾尔斯（Matthew Iles）的说法，该平台旨在为新闻业创造一个"自给自足"的市场，摆脱广告、假新闻和其他外部影响。

从新闻生产的方式来看，Civil 平台有两种模式：其一由读者端驱动，用户可发布新闻主题，其他人贡献虚拟货币附议，记者或媒体机构可竞标认领后进行采写报道；其二由报道端驱动，记者或新闻机构组建新闻台，针对单篇新闻报道寻求赞助。Civil 平台的新闻生产模式通过改变资金来源，摆脱单一经济权力对新闻生产的控制，使新闻生产更加公开、公正、透明。目前，Civil 平台主要致力于当地新闻、国际新闻、调查性新闻、政策性新闻的报道。

4.4 基于人工智能技术的应用：AIGC

古人有云："日就月将，学有缉熙于光明。"AIGC 技术作为新型内容生产方式，将以内容生产模式变革推动生产力革新，引领数实融合浪潮下的产业变革，对人们生产生活方式带来深远的影响，开辟人类生产交互新纪元。

4.4.1 从 UGC 到 AIGC

UGC 最早起源于互联网领域，即用户将自己原创的内容通过互联网平台进行展示或者提供给其他用户。在 Web 2.0 阶段，网友不只是观众，而是成为互联网内容的生产者和供应者，体验式互联网服务得以更深入地进行。例如用户可以在微信、微博等社交平台自由发布信息，分享生活，也可以了解他人的生活。经济合作与发展组织（OECD）指出 UGC 的特点为创新性的内容、互联网上公开可用、强调普通用户的创作。

AIGC，全称"AI Generated Content"，意为人工智能生成内容。可以说，AIGC 是数字智能时代一种全新的内容生产工具和生成方式。[①]2022 年年底，OpenAI 发布自然语言对话应用 ChatGPT，并在 2023 年 3 月迭代推出 GPT-4，迅速吸引了各行业与公众的关注。全球范围内大模型风云骤起，资金、技术、人才持续涌入，科技公司布局不断，纷纷推出自家的大模型。据估算，到 2030 年，AIGC 市场规模有望突破万亿元。AIGC 浪潮极大地改变了内容生产的传统范式，以 ChatGPT 为代表的生成式 AI 将进一步推动人类自由度的扩张，将人类从繁杂的机械性、重复性的智力劳动中解放出来，实现真正意义上微粒化个体的激活。

---

① 喻国明. 生成式内容生产崛起环境下社会协同治理的一项重要举措——试论全过程式 AIGC 标识的重要性与必要性[J]. 青年记者，2023（11）：74-76.

4.4.2　AIGC 的内容生产范式

生成式 AI 已成为开启智能互联时代的里程碑，在媒介技术发展和传播生态变化的当下，内容生产模式正在发生着革命性的改变。

1. 内容表达体系：从文字转向到图像转向再到视频转向下的多模态内容表达体系

从内容感知的层面来说，内容表达经历了从文字到图片再到视频的升维，现在又有了生成式 AI 以非人类要素的方式加入到内容生产环节。但无论内容以何种形式表达和传播，其本质依然是内容在传播生态下的自适应发展。文字、图片和视频都是重要的内容表达方式，当下的生成式 AI 技术对内容的智能化介入同样是遵循着从文本内容到图片内容再到视频内容的逻辑，从而实现资讯表达宽度的延展。目前以 ChatGPT 为代表的生成式 AI 支持文本+图像输入，GPT-4 已经升级成为多模态的大模型。在可预见的未来，生成式 AI 将逐步进入多模态的内容生产领域，AIGC 将对内容生产产生前所未有的影响。无论内容体系如何发展，内容始终以复杂系统的方式持续着整体性的演变，对于内容的分析始终可以从信息编码、信息传输和信息解码的逻辑出发，巧妙运用传播的修辞与话语整饰内容，通过接力传播与圈层进入的传输策略触达用户，消减文化折扣。

需要强调的是，内容的每一次转向并不意味着旧内容的消弭，而是对新内容的凸显，其最终目的是构建多模态的内容表达体系。从传统意义上讲，如果说精英阶层是内容生产、传播与诠释的主角，那么普罗大众则是处于单向度的信息被动接收状态，这意味着内容收发地位的不平等。在视频转向下，话语权逐渐分散，人人都是发声筒，传播场域中的个人（用户）的主体地位崛起，掌握较高文化水平和专业技能的群体可以通过多种内容形式提升影响力，普罗大众也掌握了分享美好生活瞬间的渠道。同时，大众也可以借助生成式 AI 实现高于社会平均水平的话语表达与资源调配，其背后是生成式 AI 对数字文明社会"能力沟"差距的巨大弥合。集结了文字、图片、视频的内容表达具备跨界和无限的信息量，通过构建多模态内容传播体系，提升内容的易感知、易理解、易交互特性。通过激活微粒化个体，完成微内容、微资源的价值裂变，实现对所有人的赋能赋权，这是提升内容丰富性与复杂性的关键，也为把握内容的发展路径提供了抓手。

2. 未来传播的关键与工作重心的转向：直接内容生产-数据挖掘与生产组织协调-提示工程能力

生成式 AI 介入内容生产环节，势必会推动媒介工作者工作重心的转向——从直接的内容生产到数据挖掘与生产组织协调再到提示工程能力。大众传播时代，专业媒介工作者生产内容、用户生产内容和职业生产内容是人类要素决定内容生产；万物互联时代，机器生产内容，即"传感器"类资讯，是机器参与内容生产。

生成式 AI 浪潮下，人工智能生成内容是 AI 大模型生成内容。传统媒介工作者从事的直接内容生产很难成为其功能实现和价值发挥的立足点，也无法应对技术革新带来的传播生态剧变。海量传感器资讯对人类生产内容的冲击迫使人类提升对数据资源的掌控强度和对数据价值的挖掘力度，提高社会内容生产的组织和协调能力。生成式 AI 进一步变革内容生产格局，对人类的提示工程能力提出了新的要求。随着 ChatGPT 等生成式 AI 的爆火，作为互补性职业的提示工程师（Prompt Engineer）进入社会各界的视线，Scale AI 创始人认为 AI 大模型可以被视为一种新型计算机，而提示工程师就是给它编程的程序员，通过合适的提示词挖掘出 AI 的最大潜力。未来传播的关键在于人人都将直接或间接地成为提示工程师的角色，提示工程能力成为微粒化个体的核心技能，提示工程能力的高低直接决定 AIGC 内容产出的质量优劣。

4.4.3　AIGC 生产的底层逻辑

1. 权力转型：内容范式下的关系赋权成为传播生态领域的新权力机制

从 Web 1.0 到 Web 2.0 再到 Web 3.0，现代意义上的传播生态经历了从形成到增长再到涌现的发展历程，内容范式经历了从权力中心化下的单向流动到数字网络的赋能赋权再到 AIGC 再赋能下的平权结构涌现，内容范式下的关系赋权成为传播生态领域的新权力机制。

从 20 世纪 80 年代持续到 2005 年的 Web 1.0 阶段是现代意义上传播生态的形成阶段，该阶段的特征是内容在权力中心化下的单向静态流动，内容本身处于受支配的地位。该阶段的用户获取信息的方式是专业机构生产内容，这是一种单向度的静态内容消费，内容生产者与内容接收者（受众）之间缺乏双向互动，"受众"概念便是对这一特征的映射。Web 2.0 时代的传播权力从专业机构回归至微粒化个体，虽然 UGC 与 PGC 和 OGC 的市场定位和社会资源存在差距，但是它们具备相似的呈现形式，技术鸿沟或技术壁垒已然日渐消弭。Web 2.0 时代，数字网络技术以技术赋权的方式将内容生产权力下放至所有用户。人们对自己网络表达的重视是内容赋权的体现，人们因内容创造的情境性空间而聚类成群（圈），内容范式摆脱了传统意义上的受支配地位，具备着一定的关系赋权能力。Web 3.0 时代，生成式 AI 对内容进行再赋能，驱动平权结构的涌现，人类要素与非人类要素逐渐占据平等地位。DAO（去中心化自驱组织）作为一种统摄性范式促进社会再组织，传播权力转向用户创造、用户所有、用户参与分配，实现真正意义上的用户崛起。ChatGPT 等新一代智能互联技术赋能普罗大众跨越"能力沟"的障碍，同步提升内容的关系赋权能力，以此促进普罗大众形成强大的社会表达与价值创造能力。传播权力的进一步下沉促使传播生态与分布式社会的权力构造相适应。Web 3.0 描绘的平权结构是复杂传播生态系统中涌现的新结构，属于绝对意义上的平均蕴含乌托邦的性质，但是在平权的背后可能会隐藏集权控制和垄断现象。受政治、经济、文化等多因素的限制，Web 3.0 环境下平权结构的发展必然不是一帆风顺的，而是螺旋式上升的路径。生成式 AI 是对于人和内容的又一次重大赋能赋权，推动社会实现数字化、智能化加持下的重大启蒙，在此过程中平权结构涌现。正如保罗·莱文森所说，媒介进化不是一条直线，而是类似生物体适应自然环境的过程，在试错的过程中进化。生成式 AI 的再赋能是传播生态复杂自适应演变的助力，人工智能对个体的激活和对内容的赋权将进一步为传播生态的演进注入强大的内生驱动力。

2. 价值逻辑：基于场景要素构建"人-内容-物"的价值连接

Web 3.0 阶段是 5G、大数据、AI、区块链等技术赋能下传播生态级发展的涌现阶段，是在 Web 2.0 的基础上进一步发挥每个用户的劳动价值，实现价值均衡分配的新形态。个体价值的崛起不可避免地导致社会结构的离散化，那么如何实现微粒化社会的有效连接与传播生态的有序发展呢？其根本路径为基于场景要素构建的，以内容为核心的"人-内容-物"的价值连接。PGC、OGC、UGC 已不足以概括所有内容生产类型，以 ChatGPT 为代表的生成式 AI 将 AIGC 引入大众视野。Web 3.0 阶段的内容已然迭代为"新一代内容"，即内容数量庞大、生产主体多元、传播渠道丰富、内容形式多模态等。Web 3.0 阶段，圈层逐渐成为扁平化分布式社会中重要的组织形式，不同圈层之间的连接与沟通可能有一定的障碍，此时作为中介价值的内容逐渐凸显，通过基于内容的价值认同构建圈层与圈层的连接，使得人们逐渐关注内容的价值连接功用，而不是简单地关注内容本身。高效地发挥新一代内容的价值，需要掌握人工智能和算法的应用能力与数据价值的挖掘能力。生成式 AI 作为下一代互联网的连接中枢，赋能社会实现移动互联到智能互联的转变。以 ChatGPT 为代表的生成式 AI 作为智能主体，通过聚合网络节点信息，对每个节点推送不同内容，作为中央枢纽，生成式 AI 可以进一步减少内容传播层级，促进传播生态降本增效。当前的智能算法通过匹配用户特征、环境特征、内容特征实现内容与人的连接，即场景洞察。在此基础上，未来的生成式 AI 需要进一步挖掘用户的场景价值，快速寻找符合用户需求的内容，也就是说，基于场景要素构建"人-内容-物"的价值连接是把握传播生态系统复杂自适应演进的关键。①

本章练习

一、名词解释

1. 算法即权利
2. 大数据

二、思考与练习

1. 简述信息分发的不同发展阶段。
2. 解释"算法即权力"。
3. 请简述区块链技术在目前传媒产业的实践应用过程。
4. 请简述新媒体技术如何整合传播生产力。

三、阶梯阅读书目推荐

1. 布莱恩·阿瑟. 技术的本质：技术是什么，它是如何进化的[M]. 曹东溟，王健，译. 杭州：浙江人民出版社，2019.

2. 保罗·莱文森. 数字麦克卢汉：信息化新纪元指南[M]. 何道宽，译. 北京：社会科学文献出版社，2001.

3. 伯特兰·罗素. 权力论——新社会分析[M]. 吴友三，译. 北京：商务印书馆，1991.

4. 斯科特·拉什. 信息批判[M]. 杨德睿，译. 北京：北京大学出版社，2009.

---

① 喻国明，李钒. 内容范式的革命：生成式 AI 浪潮下内容生产的生态级演进[J] 新闻界，2023（7）：23-30.

第5章　网络新媒体场景

本章学习目标

- 理解"场景"的基本概念。
- 理解"场景"在网络新媒体传播中的重要价值。
- 把握 VR/AR 技术在场景拓展中的本质。

导读

随着虚拟和真实的深度渗透融合，未来信息业和实体行业将深度融合。换言之，我们不仅要看到 VR 在技术层面的功用，更要注意到它作为媒介的连接功能，它不仅可以像传统媒介那样能连接人与信息、人与人，还可以连接人与物、连接现实世界与虚拟世界、连接人的物理世界与心理世界等。进一步讲，场景将决定未来技术的使用方式，企业也将通过场景触发用户的服务需求，并且让汇聚各种资源的关键节点实现变现。

在本章，我们将通过对场景概念的学习、对场景要素的分析，以及以 VR/AR 为代表的新媒体技术对媒体场景的拓展，来展望"场景"对未来传媒产业的深刻影响。

场景传播实质上就是特定情境下的个性化传播和精准服务。场景作为一种人为构设且"被建立"的环境，其功能特性在于促进特定用户与用户、用户与生产者以及用户与产品（或服务）之间的连接、集合、协同及价值变现，因此是未来线上世界最为重要的市场变量和要素范畴。需要特别强调的是，场景的本质并不止于在微观层面上通过信息适配为受众提供更具想象力的服务，它更在宏观层面上成为重构社会关系、开启新型关系赋权模式的重要力量和关键推手。

场景按界面形式划分为现实性场景、虚拟性场景、现实增强性场景；按功能划分为实用功能场景与享乐功能场景。场景的本质是种赋权模式，社会要素与象征要素共同影响场景，界面的形式与功能满足是划分的重要维度。未来对于场景的研究，或许交叉学科研究将是一种趋势，从虚拟网络空间场景与用户交互性体验、虚拟网络空间场景产生的传播效果和用户信息接收习惯等方面着手，进行更深一步的实验和探讨。

　　场景对传播范式带来的变革表现如下。第一，环境的建构。场景可以分享，甚至可以建立一种虚拟现实跟真实之间无缝的接入，这就是一种升维的表达形式，一定会对相当多的互联网产品有替代性。第二，第一人称主体的构建。在沉浸传播时代，传播也将真正地实现"我的场景我做主"，将传播中的主动权赋予受众。在虚拟的场景空间中，人的在场与环境因素并置存在，是一种非线性的并置状态。第三，场景将成为重构人际关系的重要纽带性力量，人们不仅可以积极加入对方的场景，最大限度地做到"感同身受"，减少选择性的自我呈现带来的不确定性，还可以因此加深彼此之间的亲密联系。

　　未来的场景发展，首先，摆脱实体空间场景的局限，更强调时间和空间一体化的适时体验，构建着一个虚拟时空场景，突破空间与环境的限制。其次，在基于血缘、地缘性的群体以外，"趣缘"逐渐成为不断创造社会新群体的途径与基础方式。因此，差异性的群体信息需求成为 5G 时代场景传播关注的重点，不同群体在不同场景下的特殊信息需求成为 5G 时代场景的挖掘方向。最后，场景将以算法和数据为基础的人工智能向下一等级发展，使其变得更加有温度，可以深刻地洞察与理解人的实时需求和当时场景中不同个体的实时社交氛围数据，并为其提供适配的精准服务。在此种情况下，算法已经不仅是信息分发的工具，也是洞悉用户需求、为用户提供适配场景的重要工具。

5.1　场景概述

　　把"场景"一词作为重要的概念和因素引入传播学始于罗伯特·斯考伯（Robert Scoble）和谢尔·伊斯雷尔（Shel Israel）。在 2014 年二人合著的《即将到来的场景时代》中，他们首次提到"场景"（Context）。他们认为场景时代的到来依托五大技术的支撑，即"场景五力"，分别是移动设备、社交媒体、大数据、传感器和定位系统[①]。彭兰对场景的概念及构成做出了初

---

　　① 罗伯特·斯考伯，谢尔·伊斯雷尔. 即将到来的场景时代[M]. 赵乾坤，周宝曜，译. 北京：北京联合出版公司，2014.

步的分析：一是认为"场景"一词应同时涵盖基于空间和基于行为与心理的环境氛围，场景包括情境；二是总结出构成场景的四个要素，即空间与环境、用户实时状态、用户生活习惯以及社交氛围[①]。

5.1.1 场景

场景传播实质上就是特定情境下的个性化传播和精准服务。罗伯特·斯考伯和谢尔·伊斯雷尔的贡献主要表现在以下两个方面：一是指出了"场景"时代的到来是技术发展到一定阶段的产物，即"场景五力"；二是指出"场景"传播的目的是不同情境下信息和服务的配适。但是不足之处也很明显：其一，重在介绍场景感知实际运用案例，在理论上的阐释很少；其二，受限于当时技术的发展现状，仅关注到场景五大技术支撑，未能用发展的眼光更多关注物联网、泛在技术以及 VR 等。

场景作为一种人为构设且"被建立"的环境，其功能特性在于促进特定用户与用户、用户与生产者以及用户与产品（或服务）之间的连接、集合、协同及价值变现，因此是未来线上世界最为重要的市场变量和要素范畴之一。一般而言，场景可以按照界面形式不同划分为现实性场景、虚拟性场景和现实增强性场景。在 5G 前的时代，人们所面对的场景多为现实性场景，虚拟性场景、现实增强性场景则凤毛麟角。进入 5G 时代，数字技术的革命性迭代，为 VR 的市场发展和形态丰富提供了良好的基础性支撑。VR 建构的场景属于虚拟性场景，模拟的是完全独立于现实世界的虚拟世界，通过隔绝式的音视频内容带来沉浸感体验，通过交互提高感官体验，强调的是感知交互和场景的融合。

场景可以承载内容、社交、游戏、用户分享等多种服务，为场景中的用户提供良好的用户体验。在实现商业变现的过程中，场景的作用有两个：一是在用户原来的诉求基础上提出一个解决方案；二是挖掘用户潜在的痛点，提出用户尚未意识到的诉求。归根结底，场景的最大意义其实还是发现用户需求，最大限度地服务用户。第一个作用的例子如微信的春节红包，在春节阖家团圆的场景之中，提供和满足用户的社交需求；再如智能语音阅读，在锻炼身体、家务劳动及驾车行驶等场景中，解决用户在繁忙之际兼容性地获取信息的需求。第二个作用的例子如打车软件构建的服务场景、购物软件构建的消费场景、短视频软件构建的陌生人社交场景等。

---

① 彭兰. 场景：移动时代媒体的新要素[J]. 新闻记者，2015（3）：20-27.

VR 新零售也是场景汇聚商业资源实现变现的一大发展趋势。传统零售业以零售商为中心，当 VR 应用于零售业后，以消费者为中心的时代便开启了。人们可以足不出户享受到现实感更强的虚拟购物体验，从而有效弥补线上购物的不足与缺憾，加速市场的智能化和自治化。梅西百货的家具部门已经在 VR 新零售上取得了成功，开设了 100 家 VR 家具展厅。梅西百货负责人对线上购物消费者进行分析后发现，与不使用 VR 的消费者相比，使用 VR 的消费者的退货频率更低，花费也更多。梅西百货负责人表示，VR 新零售还帮助公司节省了店面的面积，同时为消费者提供了更大的库存。

综上所述，我们能看出场景在连接社会资源方面发挥的社会效用以及起到的重要作用。需要特别强调的是，场景的本质并不止于在微观层面上通过信息适配为用户提供更具想象力的服务，它更在宏观层面上成为重构社会关系、开启新型关系赋权模式的重要力量和关键推手。

5.1.2　场景与情境

场景的概念，与社会学中的情境（Situation）有所不同，但又在一定程度上有所关联。

"情境"是一个在社会学、教育学等学科理论中都被广泛提及的概念。社会学家欧文·戈夫曼（Erving Goffman）在其著作《日常生活中的自我呈现》（*The Presentation of Self in Everyday life*）中所提出的"情境"，是指一种在"建筑物"的有形界限内有组织的社会生活。一个人出现在另一个人面前时，情境就产生了。人们会对身处的这一情境进行"定义"，再根据定义的结论调整自己的言行[①]。

但在传播学中，对情境的解释更关注媒介技术造成的新情境。媒介出现后，原本的物理意义上的地域和社会环境中的地域之间的界限被打破、模糊化。媒介的环境和原有的环境相互交融，得到一个全新的、地域不明确的新环境[②]。

约书亚·梅罗维茨（Joshua Meyrowitz）沿袭了戈夫曼理论所论述的"Situation"，中文翻译为"场景"，但其实根据约书亚·梅罗维茨的本意，这里的"Situation"是指信息系统，即"获取他人信息设定的模式"，因此根据

---

① 欧文·戈夫曼. 日常生活中的自我呈现[M]. 北京：北京大学出版社，2008.
② 约书亚·梅罗维茨. 消失的地域：电子媒介对社会行为的影响[M]. 肖志军，译. 北京：清华大学出版社，2002.

约书亚·梅罗维茨所形容的媒介技术生成的新信息系统，"Situation"翻译为"情境"更为合适。

我们从约书亚·梅罗维茨的后期文章中更能看出"情境"与"场景"的关系。他认为"情境"主要指物理环境中的行为，而延伸到媒介环境中，情境包括两种场景，即物理场景（Place-contexts）和媒介场景（Media Contexts）[①]。从这一角度看，情境的内涵更广泛，场景包含在情境之中，且场景有明显的技术塑造的特征。场景作为专有名词引入传播学并非无源之水、无本之木，其与早期传播学的情境论一脉相承。情境包括场景，场景是移动互联时代的情境[②]。

1992年，美国服务营销学家比特纳（Bitner）对有形环境概念进行系统性归纳研究，首次提出了服务场景（Servicescape）概念，并将服务场景定义为"服务业依靠人而建立起来的一种有形环境"，指出这种有形环境是一种"被建立的环境"（Built Environment），并将其划分为三个维度：氛围条件（Ambient Condition），空间陈列功能性（Spatial Layout/Functionality），符号、象征和人工制品（Signs，Symbols and Artifacts）[③]。

5.1.3 场景的分类

场景的分类标准主要有以下两个。

1. 按界面形式划分

界面，是指信息传播者和信息接收者之间关系赖以建立和维系的接触面，包括呈现信息的物质载体的硬件（硬界面）和支撑信息系统运行的软件（软界面）。对场景进行深入分析，可发现它由"场"和"景"两部分组成。"场"，即场所、场域，是物质承载和信息传递的依托界面，可以是现实界面，也可以是虚拟界面，旨在通过特定的界面环境为受众搭建满足其心理需求、角色期待的特定场所。"景"，即受众的一种内在模式，它基于个体的生活、教育、文化背景等，在某方面产生需求，从而衍生一系列的信息交换。

由前文可知，按照界面形式划分，场景可以分为现实性场景、虚拟性场

---

① Meyrowitz J. Using contextual analysis to bridge the study of mediated and unmediated behavior[J]. Mediation, information and communication, 1990, 3: 67-94.

② 梁旭艳. 场景：一个传播学概念的界定——兼论与情境的比较[J]. 新闻界，2018（9）: 55-62.

③ Bitner M J. Service scapes: the impact of physical surroundings on customers and employees [J]. Journal of marketing, 1992, 56: 57-71.

景、现实增强性场景三个类型，它们相互之间存在依托界面的本质区别。

（1）现实性场景

现实性场景是基于现实界面形成的建构于现实生活中的场景形态，包括电影院、车站、家庭、田野、教室、餐厅、咖啡馆、旅游景点等，可以为受众提供体验、交流、服务的社会公共空间、个人空间或私人空间等。框架语义学中曾将语言之外的"真实世界"定义为场景，并将其归纳为静态场景、动态场景、隐蔽性场景、时间依附性场景、条件限制性场景、身体体验性场景、规约性场景七个类别。

（2）虚拟性场景

虚拟性场景是主要依托于新型科学衍生的新媒介技术，旨在通过互联网的线上服务为受众提供满足其媒介预期的虚拟界面环境，包括线上聊天室、朋友圈等社交网络组成的虚拟网络空间，也可以是通过电影、戏剧、文字、音乐搭建的虚拟传统界面。

（3）现实增强性场景

现实增强性场景是现实性场景与虚拟性场景相结合的产物，广泛应用于计算机视觉、计算机图形学领域，虚拟性场景内容能够有效增强现实性场景内容的表达强度与呈现效果，从而提升受众对现实性场景的感知与认同。人工智能、AR、VR 等技术从人感官的方方面面进一步精准复制前技术环境，推动虚拟和现实之间的融合，这将是下一波媒介进化的显著特征。人们将"深度沉浸"于媒介之中，在现实和虚拟之间自由穿梭，甚至无法明确区分现实和虚拟的界限，从逼近现实的虚幻之中寻找乐趣，排解孤独。现实增强性场景技术现已广泛应用于医疗、军事、教育、娱乐等领域，为人们的生产生活带来便利并拓展了新的认知空间。

2. 按功能划分

按照场景功能划分，场景可分为实用功能场景、享乐功能场景。

马斯洛需求层次理论（Maslow's Hierarchy of Needs）将人类需求从低到高分为五个层次，依次是生理需求（Physiological Needs）、安全需求（Safety Needs）、社交需求（Social Needs）、尊重需求（Esteem Needs）和自我实现需求（Self-actualization Needs）。实用主义（Pragmatism）强调生活、行动和效果，享乐主义（Hedonism）是指把追求一切能够引起自己各种感官快乐的刺激看作人生目的的思想观念。将马斯洛提出的五个需求层次进行归类，将需求按场景类型划分，如表 5-1 所示。一方面，将能够满足受众生存需求、安全需求等基本生存需求的场景总结为实用功能场景；另一方面，将满足受众社交需求、尊重需求、自我实现需求等更高层次需求的场景总结为享乐功能场景。

表 5-1　按场景类型划分需求

场景类型	理论依据	对应需求层次
实用功能场景	实用主义	生理需求
		安全需求
享乐功能场景	享乐主义	社交需求
		尊重需求
		自我实现需求

实用功能场景旨在满足受众的生理需求、安全需求等基本生存需求，既可以是现实性实用功能场景，也可以是虚拟性实用功能场景、现实增强性实用功能场景，如餐厅、酒店、家庭、线上支付平台、线上点餐系统等；享乐功能场景基于现实平台和虚拟平台，以满足受众的社交需求、尊重需求、自我实现需求等高层次需求为目的，包括酒吧、音乐会场、社交软件平台、网络聊天室等，技术的迅速发展使享乐功能场景在今天具有越来越重要的现实意义。

5.1.4　场景的特征与价值

本文在针对场景的现实意义、研究现状与理论依据、类型划分进行深入分析之后，提出场景的以下四个特征。

1. 本质是赋权模式

场景的本质不仅是适配信息和提供服务，还是重构关系赋权模式的关键推手。

互联网用"连接一切"的方式重构了社会、重构了市场、重构了传播形态。如今，场景的依托要素已不仅涵盖现实性场景，还有虚拟性场景和现实增强性场景等依托互联网构建的多种形式。

2. 社会要素与象征要素共同影响场景

社会性服务场景研究中将场景的影响因素归结为社会要素和象征要素两个方面。其中，社会要素包括工作人员、其他用户、社会密度三个方面；象征要素包括图片、标识、符号、物体四个方面，对于后续进行场景的影响因素、控制因素分析具有启发性推动。

3. 界面形式与功能满足是划分维度

界面形式和功能满足是场景类型划分的重要维度。界面形式是存在于信息传播者与信息接收者之间的用于维系关系、建立联系的关键点，既可以是物质载体的硬件，也可以是维持信息系统正常运行的软件，是对场景类型进行划分的重要依据，伴随着信息技术的不断革新而时刻产生着变化；基于马斯洛需求层次理论的功能类型，亦是对场景满足受众需求类型划分的关键指标，同时符合使用与满足理论中"媒介期待→媒介接触"的基础模型。

4. 场景将成为新媒体技术发展的主流

目前，对于现实性场景、虚拟性场景的发展和研究已经到达一定的高度，随着社会经济发展水平的提升和各类基础设施设备的完善，为用户带来的服务与体验愈加全面。同时，虚拟性场景、现实增强性场景正处于发展上升期，尤其是近年来随着 VR、AR、AI 等技术的发展，虚拟网络空间场景实现了从二维空间向三维空间、四维空间的转变，正在给受众提供更加真实、丰富的参与式体验，也更加精准地满足了目标受众的心理需求和在场景中的角色期待。

未来对于场景的研究，或许交叉学科研究将是一种趋势，从虚拟网络空间场景与用户交互性体验、虚拟网络空间场景产生的传播效果和用户信息接收习惯等方面着手，进行更深一步的实验和探讨。

5.2 VR/AR 对场景的构建

场景的传播可以划分为两个阶段。第一阶段着重"场"，即主要是在大众传播同质化信息的基础上解决人们不同情景下的个性化、精准信息和服务的适配，目前的技术发展正处于这一阶段，典型的场景技术是微信；第二阶段着重于"景"。在解决人们不同情景下个性化信息和服务的适配之后，场景技术将向"景观化"呈现和沉浸式体验方面迈进，典型的场景技术便是 VR。

一切媒介的进化趋势都是复制真实世界的程度越来越高，其中一些媒介和真实的传播环境达到了某种程度的和谐统一。VR 就是这样的一种未来媒介形态，通过虚拟场景系统、知觉管理系统和用户之间的多重信号传导，让受众置身其中。VR 作为场景传播第二阶段典型的场景技术将通过与新媒介技术的融合实现对现有场景的突破与提升，从而真正实现场景升维，达到虚拟与现实之间的无缝连接。

VR 实现的虚拟场景构建，可以让我们在未来的传播中不拘泥于现有的生活场景，而是根据自己的意愿去模拟真实的世界甚至创造完全虚拟的世界，将生活中难以实现的特殊场景加以呈现。用户也可以自己设定虚拟场景、虚拟形象，也可以将与自己交谈的对象及其所在的场景完整地传输到交谈用户 VR/AR 虚拟设备中，完成实时、真实的交流，并力求还原最真实的面对面交流环境。其实，短视频技术在创世与造物方面已经向我们展现了一定的风采，将真实世界与虚拟世界用平面或三维叠加的方式呈现出来。虚拟现实技术则在此基础上更加凸显了"再现"与"具象化"的魅力，并且进一步模拟真实与设想，跨越时间、空间障碍，将过去与未来、宏观与微观、远方与近处等带到用户眼前。尼古拉·尼葛洛庞帝在 1995 年出版的《数字化生存》一书中，肯定地表示："虚拟现实能使人造事物像真实事物一样逼真，甚至比真实事物还要逼真。"例如，用户可以完全置身于 VR 提供的虚拟环境之中，在观看与感知的基础上进一步实现"内容互动"，并在现有的场景中通过触摸或者体感创建虚拟形象，与画面中的内容进行互动，也可以将远在太平洋的一条深海鱼"带到"自己的眼前，并显示它的相关信息，甚至通过超感系统对其进行模拟实验。

虚拟场景作为一种全新的环境构建手段，它既是情景信息的载体，以计算机技术和虚拟技术做依托，具有较高的科技含量，同时它又是一种艺术化的非逻辑因素的载体。在设计构建过程中，设计者通过对场景整体或细节的艺术处理，营造具有很强摹写力与感染力的场景环境，借助模型软件生成技术、图像构建技术以及三维几何图形技术得以实现，即利用建模技术、建模指令以及几何图形绘制展现复杂精细的模型，通过图形绘制技术预置一些图像来生成不同视点处的场景画面，图像的来源既可以是软件合成，也可以是航拍等实际拍摄的画面，从而在 5G 时代 VR 虚拟场景之中，进一步实现场景的分享与传播。

5.2.1　环境构建

在 5G 普及的情况下，场景升维可能会到来。通过 VR/AR 技术建立一种场景，场景可以分享，甚至可以建立一种虚拟现实跟真实之间无缝的接入，这就是一种升维的表达形式，这种场景一定会替代相当多的互联网产品。5G 的成熟在促进传播速度加快的同时，也会使沉浸感方面发生革命性的改变。

而伴随着 5G 时代下 VR、全息投影、可穿戴设备等的普及，人类社会也会加速迈入一个高度智能化与实时交互的沉浸传播时代，这将重新定义传统的传播形态。

在全新的沉浸传播时代，"网络"并不再处于一切媒介的中心点，而是被重新定义为一种联结的背景，包括人体在内的各种媒介都将重新在"泛在连接"的节点中找到新位置。沉浸传播打破了传统意义上虚拟与现实的对立，带来了二者的无边界交融，势必会对人类的价值建构、认知行为、生活形态及社会根本性结构等产生重要而深远的影响。沉浸传播模式包容了过往的一切传播形态，将大众传播与人际传播更紧密地融为一体，正如麦克卢汉所说的"处处皆中心，无处是边缘"。有研究者又进一步将沉浸传播时代的媒介定义为"浸媒体"，即指有沉浸传播特质的具体媒体形态，是在沉浸媒介技术下出现的数字化全新媒介形态和传播现象，即具有以人为中心、无时不在、无处不在、无所不能的传播功能。信息由传播者与接收者共同创造，并共同进入沉浸的体验。"浸媒体"一般都具有商业形态，即具有媒介组织形态。

"媒介是人体的延伸"，在沉浸传播时代，万物皆媒介，人体自身也会成为传播过程中的重要媒介，这将突破非沉浸传播时代受众在信息传播中的"不在场"，实现"身体在场"。所谓"在场"，便是受众存在于技术构成的世界中，因为技术已经潜在地嵌入了人的生存基础，正如斯蒂格勒（Stiegler）所说的"义肢"以及海德格尔的"座架"。沉浸传播环境下，人本身成了一种媒介，时间和空间的界限被消弭，身体与技术、感官与媒介的交互将恒久地持续下去，并最终被"自然化"。因此，赛博空间中物理肉身的缺场并不意味着主体的缺场，而依然能印证身体的在场。例如，VR 虚拟社交可以实现高度沉浸化、交互方式场景化、非言语传播并且具有实时性，真正实现了"在场"。不管是微信还是各种直播软件，都无法真正跨越空间的距离，让远距离的用户相聚在一个地方。VR 打破了屏幕制造的空间障碍，能够将不同地方的人连接到同一个空间中，实现在场的沟通。

沉浸传播与非沉浸传播相比具有感官沉浸与实时参与的特性。例如，沉浸式新闻最突出的特点就是能够让受众对新闻事件拥有身临其境的现场体验。这也将进一步影响人们的认知决策，用户与被建构的场景之间容易产生共鸣，也更容易产生情绪的波动。有研究者曾在对"沉浸式新闻"传播效果的实证研究中证实，在相同新闻事件的前提下，沉浸式新闻会帮助受众实现新闻内容的整体性理解，但是在细节认知上更容易发生遗漏与缺失。同时，虚拟现实技术所带来的在场效应可以唤起受众的情绪波动，这也会使受众对于沉浸式新闻的信任度高于文字新闻，且对沉浸式新闻的信任程度又高于360度全景影像。在5G时代VR普及的条件下，媒体将不得不加快沉浸式新闻的研制与应用。沉浸式视频有可能主宰网媒，其市场份额可能超过其他视频的市场份额。毫无疑问，世界上随时发生的奇闻异事的景观对受众是有吸引力的，但在5G前时代，人们能够看到和体验到的沉浸式视频则少之又少。

5.2.2 人称构建

除了环境构建外，场景对传播范式带来的另一个变革就是第一人称主体的构建。在沉浸传播时代，传播也将真正地实现"我的场景我做主"，将传播中的主动权赋予受众。在虚拟的场景空间中，人的在场与环境因素并置存在，是一种非线性的并置状态。新媒介将重新定义场景的概念，或许可以称之为个人的场景，特点是虚拟和在场。过去在包括新闻传播在内的社会性传播中，个人始终处于客场的位置，而在VR环境下的今天，个人则处于主场。换言之，在传统媒体时代，受众只能被动接受媒体选择性地提供的事件报道视角与角度，而这一视角经过媒介的议程设置，使受众认知事实的维度被大大局限。VR可以通过虚拟场景的构建及现实场景的还原，为受众呈现一个完全沉浸化且不受媒体意志干扰的场景，受众可以在这个虚拟的场景中自主寻找事件的线索，自己发掘认知事实的角度。

VR新闻在相当程度上减少了受众对于媒体叙事视角的依赖。在VR作为媒体的新平台上，所有的新闻材料都被放置在一个360度的全景之中，受众则以目击者、观察者的身份参与进来，对整个新闻事件进行自主式的认知、感受和体验，于是，受众无须再通过新闻传播者的选择性叙述视角去了解新闻事实，而是通过某种意义上"全知全能"的视角，自由运用虚拟现实场景中的全部材料去自主地认知和读解新闻。并且，VR可以使受众对传统传播技术难以复制与摹写的特定场景进行仿真模拟与呈现（所谓的场景共享），从而促使受众由第三人称视角向第一人称视角转变，拉近新闻报道与受众之间知觉体验与心理感受的距离，促使受众可以对新闻事件具有全新的把握。

必须指出，场景既是一个环境空间的概念，同时也包含了行为情景与心理氛围。这也就意味着"第一人称视角"的报道方式会强化用户的代入感与互动感。这使受众从传统新闻中的被动观看者、局外旁观者变成新闻的"现场"目击者、"事件"参与者，强化了受众对于新闻场景的"代入"体验，更容易实现受众与传播者乃至新闻当事人之间的"共情与共振"。第一人称的构建还将进一步提升受众对媒介使用的控制感。受众自主选择置身于何种场景,自主选择观察角度、参与时间,主动而不是被动地完全融入事件的场景,从而真正实现"我的场景我做主"。

5.2.3 关系构建

无时不在、无处不在的泛在网络连接,大数据算法支撑的 VR,形成了5G 时代的传播特征,并推动传播形态、传播时空、传播过程、受众关系等产生深刻变革,这将进一步重构人际关系赋权,改变我们日常生活中的亲密关系、陌生人社交之间的关系建构。

场景直接改进和提高了传播的有效性,除一如既往重视语境对信息效果的作用外,场景还是"用户实时状态、生活惯性、社交氛围"等因素综合影响的结果。它既是新媒体人际传播的语境,也是新媒体人际传播的内容。随着场景意识的增强、场景传播的丰富,建立在彼此认知基础上的人际关系也会因此发生改变。在传统的社会结构中,人们依靠血缘、地缘和业缘相互连接,熟人社交是人际关系中的核心组成部分。但随着互联网的发展,"趣缘化"的社会不断形成,人们依靠网络便可以"同声相应""同气相合",实现彼此之间的连接和再连接,这突破了时间与空间的限制,更突破了血缘、地缘和业缘的禁锢。例如,微博使人们可以在一个巨大的范围内找到与自己志同道合的伙伴,并且能够与自己崇拜的偶像直接对话,极大丰富和满足了用户的多层次社交的需求。人与人之间的交互不会再受到距离、阶层等因素的影响,甚至可以通过视频或语音达到彼此之间更为紧密的联系。

与熟人之间的关系确立不同,形成陌生人社交关系的场景基础多来自新的连接性场景的创造。陌生人之间的社交大多起源于偶发的聚集,这也是在以往时期其无法与熟人社交比拟的主要原因,场景却是在另一个维度上为两种人际关系的建立提供了平等的交流与接触机会。陌生人社交借助新媒体与场景传播成为一种普遍的人际关系交互,也以流动的形态与熟人社交圈层构成了更为复杂的互动关系。

同时,VR 虚拟社交也将成为未来重要的发展趋势,与现在的社交相比也将更有趣味与深入。在第五届世界互联网大会上,腾讯董事会主席兼CEO 马化腾认为,数字化变革正在给全球互联网从业者带来前所未有的市场机会,腾讯也会认真考虑微信 VR 版本的开发。VR 虚拟社交即用户通过 VR 设备进入虚拟环境进行社交，或者通过 AR 设备投影出被交谈对象的影像进而在现实中进行社交，并且可以加入触觉、嗅觉等多种交互模式，达到尽可能逼真的面对面交谈效果。用户还可以进一步自主选择 VR 虚拟化社交、VR 真实化社交、VR 虚拟真实化社交等三种不同的模式。VR 虚拟社交也将通过虚拟场景的构建进一步改变我们现有的社群关系，人们的人际关系与交往体验由场景定义，人际关系的维护也将建立在场景维系的基础之上，人们可以按照自身需求参与、创建、分享自己的场景，重新发展与陌生人关系。

5.3 场景构建的未来突破

5G 这一底层技术的发展，带来了连接、数据、速度三个逻辑点，并且由此推动了人工智能、大数据、物联网的相互发展，对场景的要素进行了相应的改变与突破。同时，随着技术发展，超拟真场景出现，这也是我们在考察场景时需要注意的。

5.3.1 空间与环境

空间与环境是物理层面上的概念，被学界认为是场景的构成要素之一。约书亚·梅罗维茨的场景空间论指出，电子媒介时代已经超越了空间的界限。信息在流通过程中呈现瞬时性和超地域性，它把发生在遥远的异地的事情传递到观众的眼前，在信息传递的意义上，"地点"消失了。

在场景传播之中，场景传播要求摆脱实体空间场景的局限，更强调时间和空间一体化的适时体验。例如，网络直播构建了一个虚拟时空场景，突破了空间与环境的限制。随着 5G 的普及，多频段、高速率、低能耗的到来，虚拟时空场景的搭建成本将大大降低，新的媒介形态和媒介形式将带来更多形式的新场景。与此同时，特定场景中空间与环境的边界将变得更加模糊，不同场景之间的边界也如此。

在 5G 时代，在互联网与物联网发展与融合的过程之中，对场景的划分将变得困难，人们每时每刻都处在网络之中，所有服务的提供都有线上与线下共同的参与。线上的虚拟性场景、现实性场景以及现实增强性场景的界限将变得日益模糊。

以往，对于现实性场景与虚拟性场景往往需要一个入口，如需要手机或PC 端这一媒介才能连接到互联网服务，由此进入互联网的场景。但是随着万物皆媒介，任何一件物品都可以成为受众进入相应场景的入口，人们的生活已经主要转到了线上。目前的智能眼镜便是未来科技发展的一个雏形，一副隐形眼镜可以提供所有的服务。如果受众可以根据自己的主观意愿随时进入虚拟空间与现实空间，以往外显的入口将变得隐蔽起来。在这个层面上，场景的入口已经消逝，换句话说，处处皆入口。

5.3.2　习惯与需求

在群体性需求方面，群居的社会生活不断放大人们的社交需求，随着移动互联网的发展，微信、QQ 等社交软件更是激发了用户的社交属性，社交逐渐成为人们社会生活的基本需求。5G 的发展将带来社交浸润式传播，以社交平台为依托，与不同属性的用户形成交互传播，使场景成为社区，基于群体的不同需求将其分为不同的社群，适配于差异化场景之内进行社交传播。此外，在基于血缘、地缘性的群体以外，"趣缘"逐渐成为不断创造社会新群体的途径与基础方式。因此，差异性的群体信息需求成为 5G 时代场景传播关注的重点，不同群体在不同场景下的特殊信息需求成为 5G 时代场景的挖掘方向。

与 PC 时代的互联网传播相比，移动时代场景的意义大大强化。移动传播的本质是基于场景的服务，即对场景的感知及信息（服务）的适配。5G来临，个体能量及需求将成为资本追逐的重点。未来，个体的个性化需求与惯性将成为场景构建的热点。从动物性需求到社会性需求，5G 场景将完成对个体惯性与偶发性需求的全方位感知、挖掘、适配和满足。未来的场景传播中，技术给予个体以足够的支持，使其可以在网络中兼有多重角色，在多维场景中来去自如，身份具有一定的流动性与不确定性，个体在不同时空、身份下的需求转变将成为场景传播的挖掘重点，实现从"内容"到"场景"的精准传播。现在基于数据挖掘的平台或产品不在少数，但其推荐的精准性仍然集中在"内容"方面，通过对互联网中的海量信息进行整合、分拣、处理以后，向不同群体的用户分发不同的内容。在 5G 时代，底层技术推动场景五力发展，定位系统实现实时精准反馈，传感器触点增多，数据的容纳能力、传输及计算速率均实现大幅提升，逐步实现"场景"的精准化传播。"兼顾用户所处时间、空间特征和情绪、心理、兴趣、意愿等多重需求，从而实现了精准传播从单线到多维、从平面到立体、从静态向动态的飞跃。"

未来，在抓取用户个体习惯与需求时，更为重要的是识别其在不同场景中所属的不同群体，将群体性需求与个体性需求相调适，以达到用户的最佳体验感。不可避免的是，个体偶发性需求与群体性需求之间会产生冲突或不相符合的情况，影响个人信息判断或群体沟通及氛围。5G 将在 4G 时代群体信息抓取及推送的基础上，关注到承担着不同群体中不同角色的个体的特定习惯与需求，实现群体与个体信息同需求的完美适配和融合。

5.3.3 算法成为场景适配工具

在社会化媒体时期，社会化分享和算法是信息分发的主要形式。算法的应用较为单一，主要体现在个性化分发上，典型的代表便是今日头条。同时，由于当下网络时延长、链路连接间歇等限制，网络中任何两个节点之间不存在持久连接，数据传输通常采用"存储—携带—转发"通信模式。

与 4G 不同，5G 强大的连接力将会把万事万物连接在一起，并为万物之间的信息交换提供渠道支撑。随着物联网与传感器不断提供大量全范围的实时交互数据，未来的算法将拥有更加庞大的数据源来进行分析。根据美国后麦克卢汉主义学者保罗·莱文森（Paul Levinson）的媒介演化"人性化趋势"的理论，技术发展的趋势是越来越人性化，技术在模仿甚至复制人体的某些功能，是在模仿或复制人的感知模式和认知模式。在 5G 时代，用户的更多行为数据将得到分析，海量的数据将会使算法更加精准与智能，算法将更加智能化、人性化，甚至可以具有"人性"。

首先，以算法和数据为基础的人工智能将向下一等级发展，变得更加有温度，可以深刻地洞察与理解人的实时需求和当时场景中不同个体的实时社交氛围数据，并为其提供适配的精准服务。在此种情况下，算法已经不仅是信息分发的工具，也是洞悉用户需求、为用户提供适配场景的重要工具。

其次，在另一层面上，算法将创新和深化人们当今的连接方式。目前人们的连接方式主要是血缘、业缘、地缘的强关系，而在网上的虚拟关系很多都是脆弱的弱关系。在 5G 时代，随着海量实时数据的产生与运输，大数据与人工智能技术的深度融合，算法在洞察人们需求的同时也将承担连接的任务，将具有相同需求、相同兴趣的用户群体从全社会的范围内连接起来，形成新的社群。

最后，未来可能会形成以算法为主导的社交场景，形成算法构建的社交氛围，甚至出现新的媒介社交形态。目前，有一些社交软件已经尝试了用算法连接用户的模式，如社交软件 Soul，其通过用户的测试数据分析出用户的特点以及性格趋势，再通过智能算法为其匹配与本人适合度更高、更相似或者更默契的其他用户。在 5G 时代，通过对海量用户数据的分析，智能算法能够更全面地抓取用户的网络行径与认知态度。算法将在全网络以及全社会中以兴趣、爱好、实时需求等将人们划分为不同的社群，为其提供适宜的社交场景与氛围。在此层面上，未来将形成以智能算法为核心逻辑连接的社交氛围与社会结构。

本章练习

一、名词解释

1. 场景

2. 情境

二、思考与练习

1. 简述场景的基本意义和要素。

2. 理解场景与情境概念的区别与联系。

3. 请阐述场景五要素如何共同作用于信息的传播。

三、阶梯阅读书目推荐

罗伯特·斯考伯，谢尔·伊斯雷尔. 即将到来的场景时代[M]. 赵乾坤，周宝曜，译. 北京：北京联合出版公司，2014.

第6章 网络新媒体经济

"在互联网经济的推动下，一种新的价值体系正在形成。这种新的价值体系的核心是'网络'——即一种特殊的、由许多节点组成的网络结构。在这种结构中，每个节点都可以是一个独立的个体，同时也可以是一个组织或企业。网络经济将会彻底改变我们对'公司'和'市场'的定义。"

——凯文·凯利（Kevin Kelly）

 本章学习目标

- 把握数字经济时代的新经济模式。
- 了解网络新媒体经济的发展变革的根本原因。
- 把握产业前沿趋势。

 导读

新媒体经济的最终目标是将创意和社交转化为经济效益，为网络新媒体的发展注入源源不断的支持。随着数字中国战略加快推进，新媒体的智能化程度将显著提高，新媒体经济催生的各种经济形态和趋势也不断为传媒产业的发展提供启示。本章我们将从传媒产业本身的发展趋势开始，借鉴不同新经济对传媒产业的启示，以更宏观的视角看待互联网经济的发展趋势。

在大众传播时代，以更广地覆盖受众所赚取的注意力来换取实质上的广告收入，是大众传媒产业经济的命脉。随着大众传播时代的结束，传媒产业和受众之间的经济关系，也存在回归的可能。事实上各类媒体的实践也表明，付费正在成为一种回归的趋势。与此同时，各类新经济形势的出现，也在为传媒产业的经济发展提供多种可能。

作为一种新型的经济模式，"共享经济"改变了过去人们对物品"拥有才可以消费"的观念，让闲置资源等使用权暂时性转移，使个体所拥有的闲置资源被广泛地利用。作为一种基于使用权的经济，共享经济通过互联网平台来发布闲置资源的供给和需求信息，最大限度地实现资源的有效配置。共享经济从根本上促进了实体经济集约化发展，完美地对接互联网时代的虚拟经济，是符合互联网发展趋势与社会发展大势的经济模式。

互联网让小众群体聚集，为小众市场提供了巨大的消费者基数，原本看似分散的群体在网络上形成了巨大的市场。随着小众群体的发展壮大，他们甚至开始成为大众通俗文化的对立面，逐渐引领消费趋势。小众经济释放效应，依靠的是长尾效应的涌现。长尾效应具有三大功能，可以有效帮助降低获得利基产品的成本，分别是生产工具的普及、普及传播工具降低消费的成本以及连接供给和需求。而互联网的出现，恰好能从这三个方面助推小众经济的发展。小众经济必须面对移动互联网时代用户在传播使用方面日渐个性化、分众化需求的传播模式和传播手段的崭新特点。这一崭新的特点主要表现为两个方面：一是如何找到并定义遁形于广袤市场和社会空间中的低密度分布的需求，并在极低成本和代价的前提下将其与特定内容实现匹配；二是如何为基于个性化场景的需求建立多点触达的需求入口。

在技术发展的推动下，线上用户面对的传播图景正在发生深刻的变革。在互联网已充分激活个体的背景下，信息供给由短缺变为过剩、媒介使用由被动变为互动和主动，娱乐与游戏日益走向社会生活的舞台中央，其内在的逻辑与规则也逐渐成为传播领域发挥主导作用的逻辑与规则。

6.1 产业格局

近年来，我国的互联网产业快速发展，为我国经济的增长注入了源源不断的活力。回顾互联网的发展历程，1994 年至今，我国互联网走过了以门户网站为代表的互联网 1.0 时代、BATJ（百度、阿里巴巴、腾讯、京东四大互联网公司的简称）群雄起舞的互联网 2.0 时代，正在迈进以物联网为代表的互联网 3.0 时代。尤其是近 6 年来，我国互联网产业各项数据呈倍数增长，揭示着"互联网+"浪潮的磅礴之势。

在这一节，我们通过对中国互联网络信息中心 2021—2023 年下半年发布的第 48、第 49、第 50、第 51、第 52 次《中国互联网络发展状况统计报告》中的数据进行整理，分析我国互联网产业 3 年来的前沿动态、产业布局变化与未来趋势。

6.1.1 产业前沿数字

从 2021—2023 年的五次《中国互联网络发展状况统计报告》的统计数据来看，我国互联网持续蓬勃发展，并进一步迈向移动化。

1. 网民规模的变化

如图 6-1 所示，截至 2023 年 6 月，我国网民规模增长至 10.79 亿人。根据报告信息，网民中手机网民的规模持续增长，从 2020 年 6 月的 9.32 亿人增长至 2023 年 6 月的 10.72 亿人，占比从 99.2%上升至 99.8%。

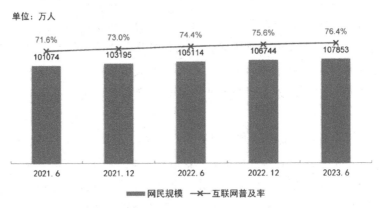

图 6-1 2021—2023 年中国网民规模和互联网普及率

2. IPv6 部署深入推进

IPv6（Internet Protocol Version 6，互联网协议第 6 版）是互联网工程任务组（IETF）设计的用于替代 IPv4 的下一代 IP 协议。从 2021—2023 年，我国 IPv6 规模部署应用深入推进。截至 2023 年 6 月，我国 IPv6 地址数量为 68055 块/32，如图 6-2 所示。

最值得注意的是，当前互联网普及的趋势是移动互联网使用逐渐深化。根据报告信息，我国网民的手机上网使用率从 2020 年 6 月的 99.2%增加到 2023 年 6 月的 99.8%，增长了 0.6 个百分点。此外，与 2021 年相比，2023 年 1000Mbit/s 及以上固定互联网宽带接入用户数增长了将近 8 倍，从 1423 万户增长至 12787 万户。蜂窝物联网终端用户数也持续增长，正如图 6-3 所示，从 2021 年 6 月的 12.94 亿户增长至 2023 年 6 月的 21.23 亿户，同比增长 64.06%。

单位：块/32

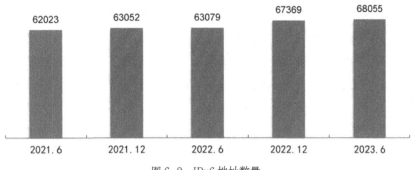

图 6-2　IPv6 地址数量

网络购物市场在 3 年间稳步发展。到 2023 年，我国网络购物用户规模已高达 8.84 亿人。跨境电商保持快速增长，成为外贸新增长点。农村电商物流基础不断夯实，产地直采等新模式助力农村电商发展。

单位：亿人

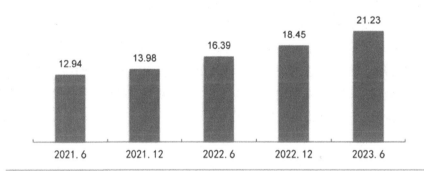

来源：工业和信息化部

图 6-3　蜂窝物联网终端用户数

3 年来，我国个人互联网应用持续发展，即时通信、网络视频、网络支付、网络购物、线上办公等多类应用的用户规模获得增长。其中，截至 2023 年 6 月，我国线上办公用户规模达 5.07 亿人，占网民整体的 47.1%。线上办公市场日趋成熟，产品功能日趋完善，商业模式持续迭代。新技术也不断赋能线上办公。一是生成式人工智能为线上办公带来新机遇。基于生成式人工智能在创作文本、音频、视频等方面的优势，线上办公企业积极布局人工智能技术，开发产品新功能，推动线上办公产品智能化水平进一步提升。二是

AR 技术有望带来办公新体验。

除此之外，在网络娱乐类应用领域，3 年来，网络视频、网络直播、网络游戏、网络文学的用户规模都有所扩大。以网络直播为例，截至 2023 年 6 月，我国网络直播用户规模达 7.65 亿人，较 2021 年 6 月增长 20.0%，占网民整体的 71.0%。网络直播行业延续了良性发展态势，以数字人虚拟主播为代表的新兴产品技术帮助实现行业降本增效。此外，网络直播还成为各地宣传特色文化、拉动地方经济的有力工具。

各大视频平台进一步细分内容品类，并对其进行专业化生产和运营，行业的娱乐内容生态逐渐形成；各平台以电视剧、电影、综艺、动漫等核心产品类型为基础，不断向游戏、电竞、音乐等新兴产品类型拓展。

除此之外，我国的在线教育与在线政务产业发展势头也一片大好。截至 2020 年 6 月，我国在线教育用户规模达 3.81 亿，占网民整体的 40.5%。随着在线教育的发展，名校名师课堂下乡、家长课堂等形式逐渐普及，为乡村教育发展提供了新的解决方案。在线政务方面，截至 2020 年 6 月，我国在线政务服务用户规模达 7.73 亿，占网民整体的 82.2%。我国已构建覆盖省、市、县三级以上的政务服务平台，实现全面覆盖。

总体看来，到 2020 年为止，中国互联网产业发展已取得显著成效。我国的 IPv6 地址数量已跃居全球第一位，互联网普及率近 7 成，且移动互联网使用持续深化，互联网的发展也释放出了下沉市场的消费动能。在此背景下，应继续推动网络基础建设全面提速，持续发展数字经济，助力国民经济增长，持续推进网络普惠稳步发展。

6.1.2　产业布局的变化

中国互联网行业经过 20 多年的探索与创新，已发展成为推动中国创新与经济发展的主要引擎。互联网行业在中国发展的 20 多年里，经历了探索成长期、快速发展期、成熟繁荣期，由 PC 端互联网走向移动端互联网，由 2G 走向 5G。

2015—2020 年是中国互联网行业的成熟繁荣期。在这一时期，中国移动互联网开始从 4G 时代逐步尝试向 5G 时代跨越。2015 年，《政府工作报告》中首次提出"互联网+"行动计划，试图推动移动互联网、大数据等与制造业结合，促进电子商务、工业互联网和互联网金融的发展，引导互联网企业拓展国际市场。在政府的引导下，中国的互联网正式走出虚拟经济，"互联网+创新"成为中国经济社会创新的重要驱动力量。

"互联网+"产业布局主要以互联网与传统产业加成的方式进行布局。在零售业领域，互联网辅助业态优化、供应链管理、全渠道营销，与大型互联网平台合作，利用互联网特别是移动互联网的强大功能，将线下实体店铺与线上互联网网络融合发展，挖掘线下实体店铺价值，完善便利服务体系。在工业领域，传统系统与高级计算、分析、感应及互联网技术连接，结合软件与大数据分析，开启"工业4.0"与物联网时代。"互联网+交通"则借助移动互联网、云计算、大数据、物联网等信息通信新技术，将互联网产业与传统交通运输业完美融合，形成"线上资源合理分配，线下高效优质运行"的新格局，满足更便捷出行、更人性服务和更科学决策的需求，加快推进交通运输业由传统产业向现代服务业转型升级。而"互联网+金融"则帮助传统金融机构与互联网企业利用互联网技术和信息通信技术实现资金融通、支付、投资和信息中介服务，发展出第三方支付、数字货币、大数据金融等不同的应用模式。此外，"互联网+"产业在医疗、物流、电子通信、政务、教育等领域均有广泛布局。

"互联网+"理念代表着一种新的经济形态，它倡导的是互联网信息技术与传统产业的深度结合，促成传统产业的业务体系、商业模式的变革，推进传统产业的经济转型与升级，提升经济生产力。

6.2 内容产业的免费与付费

在以广告收入反哺零售不足的大众报纸诞生之前，报纸是昂贵的付费品。消费者要为刊登信息的获知权付费，为撰写消息和编辑消息的劳动付费。因为没有广告收入的补偿，报纸的订阅与零售模式，传承工业革命之前物价交换的基本原则。

6.2.1 付费的回归

大众传播时代开启了廉价报纸附加广告的模式，在大众传播时代末期，互联网的"免费"经济，更是将获得信息置于不需要付费的商业境地。从经营模式上看，为信息采集和编辑的劳动直接付费，是媒介经济最早的模式，媒介经济的原初，是信息与货币的直接交易。在大众传播时代，广告收入是大众传媒业经济的命脉。随着大众传播时代的结束，传媒和受众之间的经济关系，也存在回归的可能。

互联网所开启的免费时代，同时也开启了信息的大量涌出，在信息不需要付费并唾手可得的背景下，消费者对信息的重视程度和接受效果很难被测量。正如《卫报》的CEO所说：媒介产业的领先实践者们越来越意识到，从点击数字到真正地消费了内容甚至产生影响，有很长的一段距离和错位。因此，真正筛选消费者的门槛是付费，直接为内容付费的消费者对内容的投入程度、重视程度都是免费获取所无法比拟的。

6.2.2 付费的产业实践

免费时代过去之后，消费者正在为"秩序"和"边界"付费。2017年财新网宣布全面启动新闻付费阅读，并基于不同用户需求，推出内容和价格差异化的付费产品。据2023年6月财新网消息，财新网付费订阅用户突破100万。这一数字使财新网在日前国际报刊联盟（FIPP）发布的全球数字订阅排名中跃居第八，与英国金融时报并列在榜。在2022年的同一排名中，财新网名列第九，订阅数为85万。在过去一年，财新网付费订阅上升了17%。而视频网站会员付费、手游付费更是直接体现了消费者对内容、品质和体验的迫切需求。在无数免费的信息中付费，其动机毫无疑问是寻求更高品质的内容，将自己有限的时间和精力投入到更高品质的内容中，提高消费的效果。

作为英国最大的全国性综合日报之一，《卫报》也曾经是数字化内容的拥护者。早在2011年，《卫报》就将"开放新闻"（Open Journalism）的观念作为其数字新闻理念的核心，从而成为当年最受社交媒体欢迎的新闻媒体之一。有学者研究指出，当时的《卫报》多少承载着人们对既有新闻业的某些最乐观的设想：既坚守严肃新闻传统，又表现出面向网络时代的大胆创新和良好适应性。

在2014年获得普利策新闻奖之后，《卫报》一度趁着空前的热点和影响力尝试走国际化道路，但业绩表明这条路并不成功。2015年4月到2016年期间，《卫报》盈利1550万美元，运营损失却高达1600万美元。2011年，大卫·彭塞尔（David Pemsel）加入卫报传媒集团，任首席执行官。他在接受经济专栏作家伊恩·伯勒尔（Ian Burrell）的采访时说："从1995年到2015年，《卫报》并非没有创新和进步，我们非常接受数字化带来的机遇，在过去7个月中，几乎每个月都有1.6亿IP访问和超过10亿网页浏览量，这证明了我们的数字战略和新闻能力。"大卫·彭塞尔同时也说："庞大的读者群带来的是自满情绪。你有大量读者，每月数字都在增长，但这掩盖了你与读者的关系。"他指出："生产垃圾内容的公司可能也会很大，但这并不意味着你对世界产生了影响……这只是意味着你很大"。自上任 CEO 以来，大卫·彭塞尔逐渐清晰了对《卫报》的战略调整，"将读者放在核心的位置"。

2016 年 1 月起，《卫报》放弃了国际化路线，将全部重心放到读者收益上来，扩大会员制，目标是实现读者收益的翻番。据报道，《卫报》为此特别成立了跨部门团队，包括编辑、商业、UX（用户体验）和程序设计在内的员工共同做数据分析，构建会员制框架，目前团队已经能很容易地从不同的市场环境中分析出读者的行为模式和他们的新闻偏好，并以此为依据吸引更多有付费意愿的新用户，留住现有的老用户。

在《卫报》的会员制度下，会员可以选择每月 15～60 英镑不同档位的会员等级，同时享受不同等级的权力。每月 60 英镑的"老主顾"（Patrons）除可以得到更多的有着很强知识属性的信息之外，还可以参加只有对这个等级的会员才开放的小型高端沙龙等。另一读者付费模式——"捐赠"，在某种程度上也是一种新闻的"众筹"。对于环境调查等新闻报道选题，"捐赠"支持调查的读者越来越多，"捐赠"呼吁的时间越长，产生共鸣的读者越多。向读者好好解释媒体动机和想法，远非记者们一个亮眼的标题可以搞定的。优质的选题，为《卫报》提供更大的支持。同时，为新闻提供支持的读者与报纸产生互动，很多读者表明为了看到自己真正在意的现状得到更多的曝光，他们愿意支持专业的媒体机构展开调查、报道和舆论监督，也会更积极地阅读报纸的内容参与新闻的传播，由此形成了良性的反馈机制。下一步，《卫报》希望不再单纯聚焦于实现订阅数的增长，而是进一步研究如何维护与读者的深度关系。《卫报》的网站显示，他们已经信心满满地制定出了当年（2019 年）的小目标：付费会员突破 100 万大关。

截至 2020 年 3 月 29 日，《卫报》已有超过 79 万名固定的付费用户。而从 2020 年年初起，《卫报》收益发生波动，但整体表现稳定。集团收入在 2019—2020 财年下降了 0.4%，读者付费订阅的增长抵消了广告收入的下降和报摊售卖的持续结构性下降；集团的数字化收入持续增加，占总收入的 56%。

6.3　小众经济

大规模市场其实是一个匮乏的市场，因为规模化的生产机制其实并没有能力和空间为每个人提供个性化的产品或服务。但互联网让一切变得不一样了，随着网络传播的兴起和零售渠道的扩张，市场逐渐从集中产品市场向分散产品市场转变，我们正在步入丰饶的小众经济时代。

6.3.1　小众经济与长尾理论

"小众"是相对"大众"而言的概念，是指拥有共同兴趣的少数人群。小众群体一直存在于社会生活中，只是在互联网时代到来前，因为小众群体的需求、意见和兴趣，相较于大众群体来说，显得渺小且不重要。所以长久以来，小众群体似乎隐藏在社会中，不易被发现。

但互联网的出现改变了这一点。网络成为各类信息的集散地，每一个小众的个体都可以在信息网络中获取各类大众需求无法囊括的小众信息，这为小众经济的兴起提供了一片沃土。无数的小众个体在互联网上找到了自己的缘趣群体，并汇聚声量，在大众社会中发声，彰显出自身的个性化诉求，带来所谓亚文化、小圈子的兴盛。互联网让小众群体聚集，为小众市场提供了巨大的消费者基数，原本看似分散的群体在网络上形成了巨大的市场。随着小众群体的发展壮大，他们甚至开始成为大众通俗文化的对立面，逐渐引领消费趋势，小众群体独特的喜好和品位反而成为新的市场风向。

但小众经济真正产生聚合式效应，依靠的是长尾效应。长尾效应也称为长尾效果，最初由《连线》的总编辑克里斯·安德森（Chris Anderson）于2004年提出，后在专著《长尾理论》中详细阐述。他认为"如果把足够多的非热门产品组合到一起，实际就可以形成一个堪与热门市场相匹敌的大市场"。总的来说，长尾效应是指那些原来不受重视的销量小但种类多的产品或服务由于总量巨大，累积起来的总收益超过主流产品收益的现象。在互联网领域，小需求也就是所谓的"尾部"需求能够被大市场看到，小众市场累加起来也许能够取得比大众市场好的经济收益。

克里斯·安德森曾总结过自己的长尾理论："我们的文化和经济重心正在加速转移，从需求曲线头部的少数大热门（主流产品和市场）转向需求曲线尾部的大量利基产品和市场。在一个没有货架空间限制和其他供应瓶颈的时代，面向特定小群体的产品和服务可以和主流热点具有同样的经济吸引力。"这里的小群体其实就是现在时髦的"小众"一词。所以说，小众经济腾飞的关键，是长尾效应的释放。尾部的利基市场有利可图，小众经济才能成为一门"生意"。

6.3.2 互联网发展助力小众经济

我们说，小众经济释放效应，依靠的是长尾效应的涌现。长尾效应具有三大功能，可以有效帮助降低获得利基产品的成本，分别是生产工具的普及、普及传播工具降低消费的成本以及连接供给和需求。而互联网的出现，恰好能从这三个方面助推小众经济的发展。

首先，网络硬件的普及增强了信息生产力。目前，各类固定或移动的网络终端已经走入千家万户，小众群体既可以借助终端获取符合自我需求的信息，又可以在网络上通过发布信息寻找志同道合者。例如，一个热爱小众乐器马林巴琴的网友，在接触互联网前，他甚至都不知道全世界有那么多人喜欢马林巴琴。而在短视频、社交平台普及后，他不仅能查找相关信息，结交到有共同爱好的朋友，还能将自己的表演发布到网络上。而作为马林巴琴的生产厂家，也可以借助互联网，增开网店，直接将产品贩卖给客户群体。

其次，互联网降低了信息与消费触达受众的成本，提升了长尾市场的流动性，这又被称为"配销大众化"。配销大众化是指随着传播工具的广泛使用，信息的快捷、无限和趋于免费的传输成本，极大地降低了生产者接触消费者的成本，方便越来越多的受众找到属于自己的群体，有效地提高了长尾的流动性。这种流动性吸引了更多独特需求的受众，有效地提高了长尾曲线，扩大了曲线之下的面积。[①]例如，一位文艺青年可以通过"豆瓣"找到另一位文艺范的朋友，他们组建了豆瓣小组，在里面可以发表具有自身特色和风格的文字与图片。通过算法过滤，豆瓣又可以将自己开发的衍生品广告推送到符合定位的小组页面，这是通过最低成本触达到了小众群体。

最后，互联网辅助了供给与需求的对接。克里斯·安德森把长尾的秘诀概括为两句话："提供所有产品"和"帮我找到它"。"帮我找到它"针对的是当信息很多时，如何降低选择成本的问题。长尾市场为顾客提

---

① 王雪珍. 论 Web 2.0 技术对文献利用率长尾的提升[J]. 现代情报，2009，29（2）: 4-7.

供了无尽的选择，扩大了他们的自由，提升了他们的个性价值，但为此付出的代价则是加大了顾客选择的成本[①]。但基于消费者行为数据的大数据分析以及算法过滤系统的精准推送，让小众产品的供给直达小众消费者处不再是难事。互联网串联起供给与需求，辅助小众群体找寻到自己需要、喜欢的信息内容与特定产品，充分发挥长尾效应，助推小众经济的崛起。

6.3.3　小众经济发展给传媒产业的启示

随着小众群体的发展壮大，他们逐渐开始引领文化动态和消费趋势，诞生了很多新的市场需求，谁能够把握住这些小众需求，势必会在未来的商业竞争中占领决定性优势。

互联网尤其是移动互联网是"连接一切，赋能于人"的传播平台，在这一"连接"中"赋能于人"的一个突出表现就是人的个性化、分众化需求的泉涌。换言之，我们所熟悉的一整套用于满足共性需求的传播模式和传播技术已经成为"红海"博弈的工具和手段，而赢得满足个性化、分众化需求的"蓝海"需要一整套全新的传播模式和传播手段的创造。

进一步说，网络社会传播领域的价值变现与传统媒体价值变现的不同在于，二者之间的价值解决方案即效率机制不同，网络社会价值变现的新的解决方案更多体现于多样化效率，而传统媒体价值变现的旧的解决方案更多体现于专业化效率。多样化效率与专业化效率是两种不同，甚至相反的效率。专业化效率是指同质性的事情处理（如人民日报的"中央厨房"）的规模化程度越高则效率越高，它通过标准化、规模化的制作和分发来节约成本，实现规模经济效益，为同质化内容的价值变现提供引擎。而多样化效率是指，越做异质的、不同的事情效率越高，它通过个性化、定制化创造高利润，实现范围经济，为异质化的价值变现提供引擎。美国经济学会前主席鲍莫尔（Baumol）曾经举例来说明两者之间的不同：音乐四重奏的效率是什么？难道小提琴越拉越快叫更有效率吗？显然拉小提琴的效率与开机床的效率不是一种效率，传统媒体的管理者在互联网转型中最大的误区在于区分不出新旧价值变现在范式上的区别，其关键就在这里。

那么，满足这种个性化、分众化需求的传播模式和传播手段的关键点是

---

① 陈力丹，霍仟. 互联网传播中的长尾理论与小众传播[J]. 西南民族大学学报（人文社会科学版），2013, 34（4）: 148-152+246.

什么呢？毫无疑问，它必须面对和解决移动互联网时代用户在传播使用方面的崭新特点。这一崭新的特点主要表现为两个方面：一是如何找到并定义遁形于广袤市场和社会空间中的低密度分布的需求，并在极低成本和代价的前提下将其与特定内容实现匹配；二是如何为基于个性化场景的需求建立多点触达的需求入口。

互联网时代的一个突出特点是"时间消灭空间"——随着传统时代的市场空间的"坍塌"，它既造成了传播市场的无远弗届，也造成了用户需求的重叠和混杂。同时，互联网时代也是个性化需求和分众化需求随着"个人的被激活"（"赋能"及"赋权"）而泉涌的时代。这类需求与传统媒介所擅长满足的共性需求在社会和市场空间中的分布不同：它单位密度很低，深藏于社会生活的各个角落。因此无法用传统的规模经济的方法和模式去满足它。所幸的是，互联网的发展在提出需求的同时也提供了满足需求的种种新的手段和技术模式，这就是基于大数据方法的用户洞察。有了这一洞察性的数据做导引，无论用户身居何处、无论用户的需求多独特，基于用户洞察的算法所构造出来的"数据路径"也能够毫不费力地将其匹配在一起，使过去的传播模式无法满足的市场需求一对一地个性化地得到满足。概言之，在共性化内容服务的时代，是人需要在"规定的时间、规定的场所"找到内容；而个性化、分众化的内容服务则是一个个长尾内容"主动"地去找适配它的人——数据已然成为内容和服务产品的"标准配置"，这便是两种截然不同的内容服务模式的最大差异。

"接触界面的有效控制"是传播价值得以实现的关键。网络社会是一种网状连接、去中心化、转换自由、角色复合的社会构造。如何能够将网络平台上的物质、信息与人的实践形成有效的连接，并进一步实现内容服务的价值变现呢？建构基于形形色色的场景认知的"多点触达"的新传播模式便成为移动互联网时代传播致效的关键所在。"多点触达"首先可理解为基于场景认知的随时随地的"伴随式服务"，即处于不同场景、个性化不同的用户，经由分布式的多点，轻松触达能给他们提供产品、服务和体验的传播媒介和传播服务的提供者。

显然，"连接一切"原本说的是网络（由节点与边构成的）中的"边"，"多点触达"补充了边连接起来以后的节点的意义和价值。而这个节点其实就是完成需求与供给彼此连接的特定场景。这些场景既可以透过对客观存在的场景的认知与洞察加以把握，又可以通过提供特定的内容与诱因建构起具有聚合不同人群、不同需求属性的一个个丰富的场景。而在小众经济时代，这些场景的洞察和建构，便为内容与丰富多彩的需求实现彼此匹配对接和价值变现提供了最大的可能。

 案例

VICE 成立于 1994 年，最初是加拿大一家关注社区文化的杂志，之后三个主创人员将 VICE 聚焦小众音乐，定名 VICE。VICE 意为"缺陷"，从一开始，该杂志就与主流媒体不同，其选题大胆、叙事精妙，在亚文化青年群体中享有越来越高的声誉。VICE 追求"年轻人才关心的内容"的生产。在所有新闻报道中，VICE 也可以找到自己的叙述方式，在 VICE 的网站上，彰显着 VICE 的内容宗旨："去世界上最热门的新闻网站，给那些从未报道过的新闻报道"。

VICE 关注亚文化群体，关注小众音乐和边缘人群，但是也总能找到年轻人喜欢的切入点解读政治话题和国际局势：采访巴格达的金属摇滚乐队让 VICE 在青年文化媒体中脱颖而出。

VICE 为我们提供一个理解互联网时代媒介核心价值要素的样本。互联网上的每个个体都是一个传播节点，在接收信息的同时可能成为传播信息的起点。具有了"表态"机会的个人，急于通过"对普遍新闻独到视角"和"独特的信息获得"两个方面来为自己表态，于是面向小众人群的信息本身具有特殊的意义。如果视角够独到，就会成为携带传播基因的内容，并在人与人的接力传播中建构观念相近的受众。

与这样小众又充满态度感的内容匹配的商业模式是，VICE 将允许品牌根据内容的特点选择赞助模式。首席执行官谢恩·史密斯毫不掩饰他对媒介经济的兴趣和执着，因为他深知良好的经济效益是继续提供优质内容的基础。他曾经在很多采访中表示："我们做的每件事都必须赚钱。"作为 CEO 的他只擅长两件事：内容和交易。例如，探索偏远地区人民生活方式的纪录片《世外》找来户外运动品牌 The North Face 赞助，该品牌商除在主持人出镜的服装上显示了该品牌标志之外，所有源自品牌方的传播期待都寄希望于纪录片的探索精神和户外风格上的契合，在内容和制作上毫无干预的权利，但是类似的品牌合作趋之若鹜。节目主题与品牌气质的契合，成为品牌赞助的出发点，而优质、独立的内容又成为携带品牌基因更长久传播的保证。良好的态度和高质量的内容，让观众和品牌赞助成功对接。

然而，VICE 在过去几年中经历了多次高层管理层的变动，导致公司的战略方向和文化氛围的不稳定。还曾被指控存在工作场所歧视、性骚扰等问题，这些事件导致公司形象受损，也增加了管理成本和法律风险。尽管这些问题对 VICE 的形象和业务产生了负面影响，但公司仍在努力进行改革和转型，以适应不断变化的市场环境。

总的来说，VICE 媒体集团的发展历程是一个不断探索、创新和转型的过程。虽然在面临挑战和变革时遭遇了一些困难，但 VICE 仍然以其独特的品牌形象和影响力，继续吸引着年轻读者和广告客户。

6.4　游戏经济

6.4.1　游戏经济的概念

游戏经济是指涉及电子游戏的开发、市场营销和销售的经济领域。游戏产业是与互联网技术紧密相连的产业，每一轮技术变革，游戏产业都是最早参与其中的垂直赛道，推动新技术与新设备的普及，而游戏产业的商业模式、产业链结构以及参与者都随之发生演进与变迁。

当前的游戏主要分为单机游戏、客户端网络游戏和网页游戏三大类，涉及软件业与在线服务业两大业态。软件业以在实体商店或在线商店中出售游戏光盘为主要业务，用户一次性购买即可享受游戏。在线服务业则是提供流媒体游戏内容到云端，用户可以免费下载游戏，游戏内容也会持续更新，而盈利则通过广告、付费商品来实现。在两大业态中，游戏产业的收入主要分为三类：一是硬件及游戏收入，依靠出售主机游戏硬件和软件来获得；二是游戏内购收费，即游戏本身不收费，但在游戏内会提供增值服务，如道具、皮肤等；三是游戏订阅收入，即订阅后可以在某段时间内享受游戏服务。

游戏经济的产业链条中有四大核心角色，即开发商、发行商、渠道商和用户。开发商研发游戏，一般为工作室制度，承担风险较大；发行商需负责游戏的修改、更新对接、活动运营、对接渠道、市场投放等具体工作，风险较小；渠道商则最稳定地"坐地收钱"；用户则通过各种支付渠道，付费购买游戏产品与服务。

除基本的游戏产业链，游戏本身的 IP 还可以被进一步利用，开发与游戏相关的各种衍生产品。例如，游戏角色主演的电影、同人漫画、同人文学，以及各类形象玩具、音像制品等。游戏经济不止包含传统意义上的游戏产业，还有从游戏延伸开来的数字劳动产业。游戏代练、道具出售等早已成为游戏经济中的成熟商业模式。

随着互联网技术的进一步发展，近来我国游戏产业呈现以下主要特点：一是移动游戏继续保持较快增长，拉动国内游戏市场稳步扩展；二是自主研发游戏海外营销提升明显，涌现出一批优质作品；三是电子竞技游戏异军突起，为游戏产业提供了新动能；四是在新技术驱动下，AR/VR、云游戏等前沿市场将迎来快速成长新机遇；五是特色游戏用户群体显现出较大的增长潜力和发展空间。未来在 5G、游戏上云以及头部流量的助推下，我国游戏产业将创造更大的经济价值。

6.4.2　游戏经济的社会价值

游戏经济的兴盛有什么样的社会价值？娱乐与游戏在中国人的传统观念中一直"口碑不佳"。从历史的长河中来看，中华民族曾经有很多次都处于生死存亡的苦难之中，稍稍一懈怠就有可能会陷于灭顶之灾。或许基于这个原因，所以我们的传统观念中对于娱乐和游戏一直有一种深深的戒惧，我们生怕由于"玩物丧志"而自毁前程。唐代大学问家韩愈就曾经提出"业精于勤荒于嬉"，其中的"嬉"指的就是娱乐和游戏。

经济学中有一个概念叫作"必要劳动"。所谓"必要劳动"，就是指人为了社会生存所必须付出的劳动及其量的多少。社会生产力越是低下，人们付出"必要劳动"的量就越大；社会生产力越是提升和发达，人们用于"必要劳动"的时间和量就会越来越少。换言之，一个社会要求人们必要劳动量的多与少是衡量其先进与落后的重要指标。社会进步了，技术发达了，人们必然从繁重的"必要劳动"中解脱出来，从事自己喜欢的、并不创造直接功利价值的娱乐和游戏活动——于是就有了诗歌、哲学、音乐、绘画、体育以及类似的种种。其实，古往今来不少先贤和哲人很早就对娱乐和游戏的意义做出了极高的定义和评价。例如，无论是早期的柏拉图还是后来的斯宾塞和席勒，他们都认为娱乐和游戏是生物精力的盈余，超功利的娱乐和游戏是人区别于其他动物的高级活动。席勒就直截了当地指出，娱乐和游戏是人类本性中最具价值和最富生趣的部分，只有当人在娱乐和游戏的时候，他才是完全的人。

现阶段，随着人们的"消费升级"，消费领域的大趋势越来越指向包括游戏和娱乐在内的体验型消费。当人们的收入越来越能充裕地满足物质需求的时候，人们越来越多的满足基本消费后余下的收入将如何支配？在一项消费趋势的研究中，研究人员对中国、日本和美国的家庭消费情况做了横向比较后发现，中国家庭年均消费占比中，超 60%是实物类消费，超 30%是服务类消费，包括文化娱乐、游戏、教育以及旅游等服务和体验式的消费，相比较之下，美国和日本的服务类消费的比例都超过了 60%，实物类消费却只有30%多。因此，娱乐业和游戏业的勃兴正是迎合中国人的消费升级、体验经济的"风口"之一。

6.4.3 游戏经济对传媒业的启示与应用

游戏并非洪水猛兽，游戏产业独特的社会价值与受众吸引力也启发着传媒业进一步转变思路，重新审视自身内容生产、价值站位与受众需求之间的关系。

一方面，社会传播领域也应当强调和强化其具有娱乐功能的内容生产。须知，娱乐类内容对社会情感按摩与代偿满足、维护社会稳定具有重要作用。美国传播学者拉扎斯菲尔德（Lazarsfeld）和默顿（Merton）曾将传媒的社会功能归结为社会地位赋予功能、社会规范强制功能和社会麻痹功能。时政类新闻由于其内容的敏感性与特殊性，承担着前两者的属性，但不能承担社会麻痹功能，只有软性的娱乐、体育等非时政类新闻的内容才能实现这一功能。如果对娱乐等软性内容使用得当，是可以转变其负面的社会功能属性的。娱乐等软性内容在一定程度上能够实现转移话题、社会情感安抚与心理代偿的作用。人们通过娱乐内容的戏谑、幽默和嘲讽，宣泄了压力和不满情绪，化解了社会戾气，减少了人们付诸现实具体冲突的可能性。应该说，新闻和娱乐均为传播的社会功能中的"重器"。新闻履行社会的守望功能，娱乐则是铸造人的心灵家园。有社会学者说，娱乐和游戏所映照的是人们对于一个社会的生活理想，是直抵人心深处的营养品。娱乐，哪怕是纯娱乐，在今天的社会历史条件下也扮演着一定的社会角色：纾缓社会压力和情绪的"代偿性满足"的"减压阀""按摩器"。在当下，切不能忘记娱乐和游戏所具有的这一重要的功能。

另一方面，要重视游戏这一未来传播的主导性。在技术发展的推动下，线上用户面对的传播图景正在发生深刻的变革。在互联网已充分激活个体的背景下，信息供给由短缺变为过剩、媒介使用由被动变为互动和主动，娱乐与游戏日益走向社会生活的舞台中央，其内在的逻辑与规则也逐渐成为传播领域发挥主导作用的逻辑与规则。更进一步说，在后互联网时代，信息和娱乐已不再二元分割。①大众对于传播的需求已不再局限于单纯的信息获取，还对信息获取过程中的视觉、听觉、触觉等身体与心理体验提出了更高的需求，对趣味和快乐的追求将越来越成为未来传播实践的主导性活动，传播景观的类游戏化表征越发凸显。在万物互联的新传播生态下，以线上网络为统领的未来媒介对受众的赋能与游戏越来越相似。虽然游戏不能解释一切，但游戏范式有利于帮助我们理解受众的传播需求、把握受众的行为模式。游戏传播所传递的参与感、沉浸感、愉悦感以及自我价值实现等以受众为本的理念正成为线上媒介转型发展的突破口，游戏范式正成为未来传播的主导性实践范式。

案例

2015年11月上线的《王者荣耀》是由腾讯游戏开发并运行的一款moba（多人在线战术竞技游戏）类竞技移动手游，如今已经火爆全球并成功登上了亚运会的舞台。目前《王者荣耀》的用户数已经超过两亿，2020年春节期间，日活跃用户达到了8000万以上。在国外权威机构Super Data发布的"2019年免费游戏营收排行榜"上，《王者荣耀》位列全球第三，达到了16亿美元。在游戏中，玩家可通过充值来购买英雄人物、铭文、皮肤等，但其英雄获取并不绝对依赖于付费，也可通过做任务活动获取，玩家的竞技水平高下并不受付费与否的影响，保证了游戏的公平性。

《王者荣耀》拥有一系列的赛事，针对的群体涵盖了职业战队、高校学生和全民选手。目前规格最高、影响力最大的是KPL（King Pro League）王者荣耀职业联赛，2016年9月第一次举办赛季，以后每年进行两个赛季。在微博上，话题"KPL"拥有315.2万次的讨论和36.6亿次的阅读。《王者荣耀》巨大的影响力也吸引了众多的赞助商，包括麦当劳、vivo、浦发银行等。KPL的赛事举办地主要在上海和成都，有的热门比赛往往一票难求。KPL的赛事直播除了在游戏本身和腾讯自身的平台上播出，还将转播权售卖给了网络直播平台和电视端赛事直播平台。

---

① 蒋晓丽，贾瑞琪. 游戏化：正在凸显的传播基因——以媒介演进的人性化趋势理论为视角[J]. 中国编辑，2017（8）：8-13.

在直播行业兴起的今天，在各个直播平台都有大量的王者荣耀主播，其中不乏订阅数超过千万的知名主播。还有很多自媒体在各种社交软件上通过制作王者荣耀游戏娱乐或教学类视频来吸引粉丝，获取流量曝光。

6.5　体验经济

6.5.1　体验经济的提出

1998 年，美国俄亥俄州战略地平线顾问公司的共同创始人 B.约瑟夫·派恩（B.Joseph Pine）和詹姆斯·H.吉尔摩（James H.Gilmore）推出一篇发表在美国《哈佛商业评论》双月刊一月号上的论文"体验经济时代的来临"，首次提出"体验经济"（Experience Economy）的概念，震动了经济界中的研究者与实践者。1999 年出版的著作《体验经济》系统地描述了体验经济的内涵，认为体验经济是服务经济的延伸，是继农业经济、工业经济和服务经济之后的第四代经济形态。《体验经济》（1999）的作者 B.约瑟夫·派恩和詹姆斯·H.吉尔摩认为体验是当一个人达到情绪、体力、智力甚至精神的某一特定水平时，在意识中所产生的美好感觉。B.约瑟夫·派恩和詹姆斯·H.吉尔摩对体验所形成的吸引力从两个方面进行了思考，一是参与度，二是参与的类型。参与度（见图 6-4 中的横轴）的两极，左极为被动参与，右极为积极参与。参与的类型（图 6-4 中的纵轴）表示消费者与体验的事件成为一体，上端表示吸引，以体验的方式吸引消费者的关注；下端为浸入，表示消费者对体验事件亲历的一部分。通过这样的横轴和纵轴，B.约瑟夫·派恩和詹姆斯·H.吉尔摩将体验经济的基本类型描述为教育体验、娱乐体验、审美体验和逃遁体验四种，简称为"4E 体验王国"。

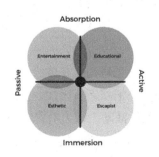

图 6-4　4E 体验王国

129

6.5.2　体验经济的特征

体验经济类型包括内容或服务带来的体验、社区带来的体验、网络"情境"带来的体验。体验经济是市场经济走向完备化的标志，是服务经济的一种延续，同时又是信息网络时代的必然产物。体验经济的运行，较体验经济之前各种经济形态的运行有着极大的先进性和市场优势。

体验经济是一种新型的经济形态，它以提供独特、个性化的体验为核心，以满足消费者的心理需求为主要目标。以下是体验经济的主要特征以及相应的例子。

体验性：体验经济最为突出的特征就是它的体验性。企业以消费者为中心，提供独特、个性化的体验，使消费者在享受服务的同时，获得难以忘怀的感受。例如，迪士尼乐园就是一个很好的体验经济的例子。游客在乐园中可以体验到各种不同的主题公园、电影、餐饮和购物等多种服务，所有这些服务都旨在提供一种独一无二的体验。

个性化：体验经济重视每一个消费者的个性化需求。在体验经济中，企业不仅仅提供一般的服务，而是针对每个消费者的不同需求，提供个性化的服务或者产品。比如，许多酒店现在都提供定制化的服务，包括客房布置、餐饮服务等，以满足消费者的个性化需求。

参与性：在体验经济中，消费者往往被视为积极的参与者，他们不再是被动的接收者。企业通过提供参与性的体验，使消费者能够更深入地参与到服务或产品的提供和使用过程中。比如，越来越多的餐厅和咖啡店鼓励消费者参与咖啡的磨制和面包的烘焙过程，让消费者在参与中感受到更多的乐趣和满足感。

情感性：体验经济也具有情感性。企业通过提供优质的体验，使消费者产生积极的情感反应，从而增强消费者的忠诚度和满意度。比如，星巴克咖啡就通过提供优质的咖啡和温馨的环境，使消费者在品尝咖啡的同时，也能享受到一种独特的氛围和体验，这使消费者对星巴克产生了强烈的情感连接。

创造性：体验经济也注重创造性。在体验经济中，企业往往需要创造出一种新颖、独特的体验来吸引消费者。比如，一些品牌通过举办创意展览、艺术表演或其他具有创造性的活动，来为消费者提供一种新颖的体验。

高附加值：体验经济还具有高附加值的特点。在体验经济中，企业不仅仅提供产品或服务本身，更重要的是提供一种整体的消费体验。这种体验包括产品或服务的质量、企业的形象、品牌的价值等，这些都会对消费者的购买决策产生影响。比如，一些高端品牌的产品之所以受欢迎不仅是因为其高质量的产品本身，更是因为它们提供的独特购物体验、售后服务以及品牌价值等。

以上就是体验经济的主要特征，它们共同构成了体验经济的核心。随着消费升级和消费者需求的变化，体验经济在未来将有更大的发展空间和潜力。企业需要不断创新，以满足消费者的个性化需求，提供优质的体验，从而赢得消费者的认可和忠诚度。

6.5.3 体验经济对传媒业的启示与应用

网络新媒体中的体验经济是一种以用户为中心的商业模式，通过提供独特、个性化的体验来吸引和留住用户。随着技术的不断进步和发展，体验经济的形式和内容也将不断创新和丰富，但其核心体现为"用户体验设计"的广泛应用。

用户体验设计（User Experience Design，UX Design）具有非常重要的作用。

在用户体验设计的流程中，设计师的首要任务是定义用户的需求，理解用户的行为和期望，以便创造出满足用户需求的产品或服务。设计师需要深入了解用户的需求、习惯、目标和情境，从而为产品的设计提供明确的方向。

设计师需要为产品定义一个易于理解和使用的用户界面。这包括设计用户交互的流程、布局、色彩、字体、图标等元素，以及定义各个功能和内容的呈现方式。一个好的用户界面可以提高产品的易用性和可访问性，进而提高用户的满意度和忠诚度。

设计师需要考虑到用户在各种情况下的操作流程，以及用户可能遇到的问题和困难，从而设计出符合用户直觉和期望的交互方式。优秀的交互设计可以提高用户的使用效率和满意度，同时也能为产品的创新和差异化提供竞争优势。

随着移动互联网的普及，设计师需要确保产品在不同的设备和屏幕尺寸下都能呈现出最佳的用户界面和交互体验，从而满足不同用户的需求和使用场景。设计师需要通过用户测试、反馈和数据分析等方式来评估产品的质量和用户的满意度，并根据测试结果进行优化和改进，以提高产品的性能和用户体验。

总之，用户体验设计在互联网产品设计中起着至关重要的作用，设计师通过用户体验设计可以创造出更符合用户需求、更易于使用和更具有竞争力的产品或服务，对传媒产业网络互联网经济也有着极强的启示意义。

本章练习

一、名词解释

1. 长尾效应

二、思考与练习

1. 简述付费的衰落与回归对新媒体产业的影响。

2. 请简述新媒体技术如何整合传播生产力。

三、阶梯阅读书目推荐

1. 詹姆斯·韦伯斯特. 注意力市场：如何吸引数字时代的受众[M]. 北京：中国人民大学出版社，2017.

2. 罗伯特·金奇尔，马尼·佩伊万. 订阅：数字时代的商业变现路径[M]. 北京：中信出版社，2018.

第7章 网络新媒体社会与治理

"机器，正在生物化；生物，正在工程化。"

——凯文·凯利（Kevin Kelly）

 本章学习目标

- 理解媒体社会价值的变迁过程。
- 把握"后真相"的成因和治理方法。
- 了解"非理性"传播的危机与可能。
- 把握数字时代人机关系。

 导读

当网络新媒体成为整个社会的基础应用系统，技术所塑造的将是整个社会关系的变革与颠覆。除了技术层面的更多可能，我们也将面临在社会、心理、生活层面带来的影响和隐忧，产业成长与社会治理都呼唤更为前瞻的科学管理方式。在本章的学习中，我们侧重理解媒体社会价值的变迁，以及在这种变迁过程中出现的社会风险与机遇，与此同时，跟随社会变迁改变对媒体治理的认知、观念、方法。

关于后真相的讨论是互联网时代的重要议题。后真相并不意味着谣言可以大行其道，但后真相时代的谣言在传播机制上出现了新变化，因此后真相时代的谣言修辞及其异化传播具有重要的研究价值。后真相形成于复杂的社会传播系统之中，具有逆火效应、圈群化传播的负效应以及延时机制，在群体性情绪的加持之下形成传播接力。社群和圈子成为谣言传播的基本单元，情感要素成为谣言传播的基本动力。对后真相的治理首先要解决传播的公开透明问题，客观面对谣言传播机制的非理性因素。值得肯定的是，截至2021年年底，全国一体化政务服务平台实名用户超过 10 亿人，其中，国家政务服务平台注册用户超过 5 亿人，总使用量超过 620 亿次，政府治理体系不断完善、治理能力不断提升。《数字中国建设整体布局规划》《中华人民共和国数据安全法》逐步推动数字治理有法可依；围绕政府、平台、社会的多元协同治理体系正在加速形成；在线政务服务日趋成熟，国家政务服务平台建设成效凸显。与此同时，视频泛在化时代的舆情风险、泛媒介化条件下的安全风险、"沉迷"与"上瘾"的社会隐忧、"技术至上主义"的诱惑等社会问题，同样要求社会管理方式的转变，对民主协商机制的采纳、对安全技术的应用等都是当下社会治理的题中应有之义。

另一个关于信息传播的社会危机是"非理性"。"理性人"假设贯穿对集群的大众心理学研究，并延伸到网络舆论的研究中。在这种视角下，传播活动的非理性面向往往被视作一种失范与偏航，具体表现为舆论极化、民粹主义、网络暴力等"乌合之众"的肇事元凶。然而，也有学者提出，非理性因素不等同于非理性现象，关于非理性因素的研究应摆脱社会问题的框架。这一方向结合媒介技术与传播系统的变革，从环境、机制和结果三个层面，探讨非理性作为基础传播要素的必要性和合理性。这一命题将有助于我们理解并回应为什么摆事实、讲道理常常收效甚微，而诉诸情感的传播却能够一呼百应，应者如云；为什么短视频、直播等视频媒介的社会影响力越来越大，未来传播的发力点主要在哪里等重大问题，并为后续的传播研究开辟一个重要的研究方向。

在更高的管理层面，人机伦理成为长久的议题。人类创造了越来越亲密的人机界面，技术渗透到人的社会生活、关系与场景之中，我们更多地依赖技术进行辅助思考与决策行为，通过机器界面实现人与人之间的随时连接与永恒在线。强调人机互补与协同，重构传播学领域人与机器的共生关系，这是承认增强人类（Human Enhance）现实的重要进步所在。

7.1 网络新媒体的社会

连接方式的变革自古以来就是社会变革的开始：文字与组织带来了水利工程、大型定居聚落与城市，于是大型子系统出现，系统之内也有较为紧密的连接与较频繁的互动，系统之间也有了弱或疏的连接。"车同轨、书同文"与"条条大路通罗马"又把这些大型子系统组织成巨型子系统，巨型子系统内有了足以使系统不散架的连接。大航海时代，第一个全球社会网系统成型了。当然，巨型子系统间虽然有了少量的弱连接，却还是一个十分松散的全球系统。随着火车、汽车等机械化运输工具的出现，这个全球系统内部在巨型子系统间有了越来越多、越来越强的"桥"，而电话、电报、飞机、汽车的出现，使全球真正形成了一张复杂网[①]。而互联网的出现使这张网更加紧密，移动互联网的出现使这张网更加自由连接。

7.1.1 媒介化社会价值的变迁

"媒介"一词在中文的语境中已经有相对明确的定义，在中国社会科学院编写的《现代汉语词典》中，其被定义为"使双方（人或事物）发生关系的人或事物"，对应的英文是"intermediary，medium，vehicle"。在英文语境中，medium 一词源于拉丁文 medius，其含义为中心或者中间。因此在综合中文与英文对于"媒介"一词的定义之后，现代意义上的"媒介"可作为一种"中介体"（Intermediate Agency）或者一种"传播渠道"（Channel of Communication）而存在，是让人、物、技术之间建立联系的中介存在，建立的联系可以是作用力，也可以是信息。

1. 技术性的媒介

从 20 世纪开始，由于科学技术的飞速发展，媒介越来越成为影响社会发展的重要因素。在此背景之下，众多学者开始从技术的角度出发，对媒介的定义与内涵开展了丰富的研究，以此形成了关于媒介研究的"媒介技术学派"。哈罗德·英尼斯（Harold Innis）、马歇尔·麦克卢汉（Marshall McLuhan）等传播学者的研究将媒介定义为技术性的存在。在这个定义中，媒介被用来指传播方式，但更常用于指使这些方式成为现实的技术形式，如报纸、收音机、电视、书籍、照片等。约书亚·梅罗维茨（Joshua Meyrowitz）对"媒介"的定义则更偏重于一种工具性的思考："媒介除了指直接的面对面传播模式外，还指信息传播的所有渠道和手段。"在这种定义之下，媒介需要被具象为一种工具性的实物，如书信、电报和电话等，语言与非语言行为则不是媒介。阿瑟·伯格（Arthur A. Berger）则将媒介定义为传递信息的方式和通道："媒介可以被定义为通过一对一或一对多（如大众媒介）等方式，传递信息、资讯、文本等的通道。大多数媒介都在传递文本，如言语是谈话的媒介，是一种人际媒介。"本质上还是将媒介作为一种技术进行研究。

---

① 罗家德. 复杂：信息时代的连接、机会与布局[M]. 北京：中信出版社，2017.

2. 社会性的媒介

第二种视角则将媒介放在人与社会的大背景下，探讨媒介与人的关系，将媒介从一种物化的技术工具中抽离出来，从人的使用角度出发，研究媒介的外延功能与本质特征。麦克卢汉便以"媒介是人的延伸"来进一步泛媒介化。他认为，任何媒介都不外乎是人的感觉和感官的拓展或者延伸，如印刷媒介以及摄影机是人体的视觉延伸；交通工具是人体肢体功能的延伸；电视则是全身感官及触觉的延伸。他集中说明了传播媒介对人类感觉中枢的深刻影响。从各个不同的人类发展时代来看，在只依靠语言进行传播的史前时代中，人的听觉文化在感觉上具有统合性。人的感觉能力由耳朵来把握，大体上处于一种平衡状态。而在文字和印刷媒介催生的视觉文化中，人类的感觉集中新闻观察、新闻思辨为分化的、单一的局部，感觉领域的分割造成了感觉分离，推动着人们对于抽象事物和深层信息的理解。而现代的电子媒介则用一种整体的现场感重新将人类的感觉整合起来，重新回到一种感觉平衡的状态。

3. 时代性的媒介

第三种媒介视角来自马克·波斯特（Mark Poster），他以媒介时代来定义不同类型的媒介。他认为，传统的报纸、广播和电视代表的是第一媒介时代，传播模式为信息制作者极少而信息消费者众多的单向性播放型模式。微博、微信等互联网媒体代表的是第二媒介时代，传播模式是集媒介的制作者、销售者和消费者为一体的双向型、去中心化的交流模式。在以往的科学研究中，普遍以影响社会生产力水平的技术发展来区分人类历史发展时代，随着媒介对人类社会的影响越来越大，以媒介来区分人类历史发展时代的观点日益得到众多学者的采纳。

7.1.2　分布式自组织的形成

分布式自组织（Decentralized Autonomous Organization，DAO），是指在区块链技术支撑上，分布式存在的个体、内容和智能技术物通过算法聚拢，在智能合约和代币等公开透明的数字代码保障下自主生产、互动、流转价值的组织模式，这类组织具备超越第三方干预的自演化、自运转和自治理能力。简单来说，DAO代表以算法作为底层运行与保障逻辑的社会分布交往范式。

1. DAO 的形成过程

媒介隐喻观为理解媒介的社会影响机制提供理论支点，媒介作为人的延伸和关系连接将形塑个人行动与群体交往方式，社会结构在媒介技术的迭代下从部落式向 DAO 式演进。

就个人行动来说，媒介作为人体的延伸，赋予个体逐步从物质身体中解放出来并基于"智能身体"获得生存与行动的自由尺度。前大众传播时代，人类口耳、体态等身体"元件"即为媒介本身，感官模式未被媒介技术分割，个体受肉体感官束缚，必须依托物质身体亲身参与交流行动，如与身边人说话、向十米外的人做手势。大众传播时代，印刷文字、录音机、电视等媒介技术通过对视、听觉感知的模仿，带动人类感官进入媒介"分割延伸"阶段，个体经由外化的"器官"进入更广阔的现实时空。电子传播时代，感官模拟技术再次进化，伴随互联网的出现，个体得以基于技术身体在虚拟时空中"生存"，行动宽度和深度进一步拓展。而在数字传播时代，不同于前序媒介技术的"模拟身体"逻辑，数字技术是"再造身体"的技术[①]——通过捕捉与计算个体的感知、行动数据，再造"数据躯体"。例如，利用算法推荐使人形成消费习惯、通过数字再现使人形成新的感知模式。个体能以既保有物质身体真实体验感、又受到技术全面延伸的"智能身体"的形式[②]，在虚拟与现实混合的时空中展开一重或多重时空体验，实现行动创造。

就群体交往来说，媒介作为关系连接还推动群体从以血缘、地缘等强关系连接为主的人际交往模式转向基于趣缘等弱关系连接的分布式人机交往模式。在前互联网时代，媒介作为稀缺资源的连接价值表现在纵向维度，即基于已有社会分工或血缘、地缘来深化既有关系。此时媒介对群体交往的影响相对有限，血缘、地缘等先天强关系仍在社会中占据主要地位，媒介被用来维持和巩固强社会关系。例如，口耳、体态媒介帮助建立血缘、地缘部落，文字、电视媒介帮助树立权威和确立社会等级。随着互联网的出现，媒介具备以个人为单位的新型组织能力，人类社会第一次进入真正意义上的去中心化组织阶段。得益于节点式技术架构，互联网从一开始就成为去中心化的分权平台，具有较高的安全性与可靠性，也造就了信息传播的多样化与控制的复杂化[③]。互联网媒介具备了跨社会分工及跨血缘、地缘建立弱关系纽带的横向连接能力，社会资源能在扁平的节点间自由流动。

① 孙玮. 赛博人：后人类时代的媒介融合[J]. 新闻记者, 2018（6）: 4-11.
② 胡泳, 刘纯懿. 具身元宇宙：新媒介技术与多元身体观[J]. 现代出版, 2022（2）: 31-40.
③ 彭兰. "连接"的演进——互联网进化的基本逻辑[J]. 国际新闻界, 2013, 35（12）: 6-19.

更具体地说，在以 Web 1.0、Web 2.0 为主的电子传播时期，媒介连接价值主要体现在人际网络上，能建立基于人际关系的去中心化组织，如各类 UGC 平台。该组织形式拥有一定自演化及自运转能力，但由于缺乏领导核心和运转规则，自治理能力较差，容易出现平台霸权、治理失范的问题。在 Web 3.0 代表的数字传播时代，由于数字媒介具有更强的聚拢特质，能联结并改造所有"旧"媒介，因而展现出超越人际连接的算法连接价值，使社会进入基于算法技术（尤其是区块链技术）的去中心化自组织形态。

2. 游戏作为 DAO 媒介

DAO 范式强调自组织中群体的分布式交往特性，以及基于区块链技术的智能合约和代币系统对成员交往行为的维持和保障；游戏范式则强调自组织中个体人性化需求的释放，以及基于游戏结构性规则的要素整合逻辑[①]。

学术界较为认可的"游戏"概念，是赫伊津哈在《游戏的人》中所提出的："游戏是在某一固定时空中进行的自愿活动或事业，依照自觉接受并完全遵从的规则，有其自身的目标并伴以紧张、愉悦的感受和有别于'平常生活'的意识[②]。"数字文明时代，游戏尤其是大型多人在线的游戏的社会性、文化性、经济性乃至政治性意义被不断强调，游戏在未来社会不再只是文化内容，更是居间于人类与世界间的媒介，游戏将作为兼具人性化关系连接与智能化算法整合双重价值面向的 DAO 媒介存在。

游戏与媒介的深度耦合，一方面体现在数字媒介赋予用户个性和自主性的功能暗合游戏的自由特性。数字媒介代表的是用户被充分赋权的"超级个体"时代，用户从简单均质的"平均大众"转变为具有复杂性、主观性和非线性的"独立个体"，用户可以建立满意的"化身"，依照兴趣对所有内容和关系召之即来、挥之即去，自由地游走于各种场景中。传播由此从效率至上的功利性活动转变为体现用户高度自主性和主观性的"游戏"[③]。另一方面，还体现在结构层面，即数字媒介对其他所有"旧"媒介的聚拢模式与游戏建构结构性规则的品性相同。数字媒介不是某一媒介技术的指

---

① 刘毅晗，喻国明. 游戏作为 DAO 媒介：数字文明时代社会的"再组织"方式——兼论媒介与人类存在方式的演进[J]. 新闻界，2022（12）：25-36.

② 约翰·赫伊津哈. 游戏的人：文化的游戏要素研究[M]. 傅存良，译. 北京：北京大学出版社，2014.

③ 柯泽.斯蒂芬逊传播游戏理论的思想史背景[J]. 新闻大学，2017（3）：107-113+121+151-152.

称，而是基于智能算法对至今散落的各种媒介技术的聚拢整合，且作为媒介下沉更基础的社会建构力量，为社会提供结构性框架。游戏就是这样一种升维意义上的技术形式。它基于现实又超越现实，不仅可以为玩家提供虚实空间的"穿行"通道；更重要的是，游戏的底层规则性决定了它可以作为容器媒介成为所有技术的"收纳箱"和所有关系的"聚拢集"。换言之，一项技术形式只要能服务于玩家体验，就能被游戏吸纳成为游戏组件；一种关系形式只要有利于玩家交往，游戏就能通过规则设置使其得以建立和保持。从结构的角度来看，未来游戏将是具有一切媒介性质的全功能、全要素媒介。

游戏作为 DAO 媒介，展现两条分布式社会的"再组织"路径：其一是同质性组织路径，即通过关系组织起具备相同需求和爱好的群体、连接具备相同特征的资源；其二是异质性组织路径，即通过算法技术和底层规则重新聚合匹配，在不尽相同的群体和资源集间搭建合作桥梁，保障交往持续。

7.1.3　网络新媒体的社会共识与社会动员

在社会公共领域，共识的作用是在相互冲突的多方利益之间进行调和[1]，一定程度的社会共识是人们之间良好交往和社会正常运转的保障；而社会动员指人们在某些经常、持久的社会因素影响下，其态度、价值观与期望值变化发展的过程[2]。

进入新媒体时代，互联网凭借其可供性、开放性、连接性的技术特质，赋权微粒个体，激发社会沟通潜能，并将社会政治、经济、文化等多重要素相互连接，被寄予了成为网络公共领域（Network Public Sphere）的厚望。与此同时，交往半径的扩大、互动模式的变迁及多元话语交织也突显了网络社会的价值困境问题，数字时代的社会共识达成和社会动员开展较之以往更为复杂。

1. 凝聚与组织：新媒体时代社会共识和社会动员何以达成

从大众传播时代到数字传播时代，受众的组织方式已经发生结构化的改变。马歇尔·麦克卢汉（Marshall McLuhan）在《理解媒介：论人的延伸》一书中提到了"再部落化"的概念，他认为随着电子技术的发展，人类社会

---

① Payne T. The role of consensus[J]. The Western political quarterly, 1965,18（3）.

② 郑永廷. 论现代社会的社会动员[J]. 中山大学学报（社会科学版），2000（2）：21-27.

将缓缓退向表音文字产生前的口语部落——重新部落化，产生一个人人参与的、新型的、整合的地球村，感官重新达致平衡和互动①。互联网本身就是一个巨大的返祖隐喻，唤醒了工业时代之前的人际传播模式，同时也唤醒了与之相匹配的情感共振与关系认同②。

帕森斯主张，价值共识是维系社会秩序的基础；这也是社会共识问题之所以获得社会科学学者广泛关注的重要现实考量——人类社会的进步史，说到底就是一个个观念逐渐成为社会共识的过程③。而整个互联网对社会的改变是一种核裂变式的能量释放，由原有的以单位（机构）为基本运作主体的社会构造裂解为以个人为基本运作主体的"微粒社会"④。网络新媒体赋权个体，且带来了一种新的连接和组合的自由度，个体之间可以产生自由的连接，连接之间还产生很多的互动，广泛的沟通在很大程度上推动了社会共识的凝聚。

同时，互联网使交往空间由线下迁移到线上，交往范围由小变大，交往对象由熟人向陌生人转变，人与人可以超越传统的种种限制，灵活而有效地连接起来，一起分享、合作乃至展开集体行动。基于网络新媒体的社会动员具有主体多元化、传播遍在化、内容情绪化等特点，显示了强大的组织协调力量。例如，河南暴雨中，以共享文档为代表的互联网协同书写工具被极富创造性地应用于应急救灾之中，促进危机信息的扩散和交流、动员"微资源"的聚合与匹配，推动紧急诉求及时解决，提供了数字治理新路径和新模式。

2. 消解与失序：网络在社会共识和社会动员中的两面性

从大众传播时代到数字传播时代，本质上是社会从体制文明向数字文明的转向，亦是互联网思维在社会各个层面的全面渗透。媒介环境的变化、社会的结构性转型催生了所谓的"圈层化""情绪极化"等群体表征，也在不断消解社会共识达成的可能，群体行为更加无序和难以预测。

一方面，"圈层化"社会交往影响个体思考和行为。现实社会中，人与人之间的连接更多依靠的是血缘、地缘与业缘等现实性的纽带，而互联网因其节点的虚拟性与流动性而创造的一种以算法为纽带的趣缘连接，也由此划

---

① 麦克卢汉. 理解媒介：论人的延伸[M]. 北京：商务印书馆，2000.

② 喻国明，颜世健. 认知竞争时代的传播转向与操作策略[J]. 东南学术，2022（6）：227-237+248.

③ 杨颖兮. 新传播视域下的社会共识：研究的路径、议题与方法[J]. 传媒经济与管理研究，2021（2）:22-39.

④ 喻国明. 理解未来传播：生存法则与发展逻辑[J]. 新闻与写作，2020（12）：61-64.

分出不同的圈层①。当圈层以排他性的方式阻止多元意见进入时，圈层内部的观点则向着单一方向发展，甚至产生观点和价值观的极化现象，导致圈层的窄化和封闭化。另一方面，人们需要并渴望通过关系进行自我定位和身份建构，从而将自己归入某种虚幻的"共同体"。因此，支撑社会圈层结构的不仅是理性事实的逻辑，更重要的是基于价值认同和情绪共振的非理性、非逻辑要素②。

在此背景下，观点的多样性供给造成了"众声喧哗"的局面，不同圈层之间的真相认同相互对立，社会共识处于不断形成和消解的张力之中。此外，在网络社会动员中，群体之间的信息壁垒和情感冲突甚至可能引发非理性行为。饭圈粉丝基于对明星的追捧和对群体身份的认同，展开打榜、控评、集资等活动，这样的网络动员在制造流量的同时，也容易使个体迷失于群体，群体迷失于资本，最终走向网络自我狂欢，造成极大的社会负面影响。

7.2 "后真相"危机与治理

"后真相"（Post-truth）是 2016 年《牛津英语词典》选中的年度词汇，即信息传播过程中真相有时变得不重要了，重要的是情感和观点。后真相时代，真相并没有被篡改，也没有被质疑，只是变得次要了，网民不再相信真相，只相信感觉，只愿意去听、去看想听和想看的东西。谣言与流言在网络上广泛地流传，伪装成真相的样子，谣言有时披着真相的外衣比真相更大行其道，因为谣言本身是一种社会对抗③。后真相具有后现代主义解构的功能指向，但并不意味着谣言可以大行其道，但后真相时代的谣言在传播机制上出现了新变化，因此，研究后真相时代的谣言修辞及其异化传播具有重要的价值。

7.2.1 "后真相"的概念

"后真相"一词最早出现在 1992 年，剧作家史蒂夫·特西奇（Steve

---

① 喻国明，赵景锋，窦培育. 体验时代的传播转型：非理性认知逻辑的三要素及作用机制[J]. 传媒观察，2022（10）：44-48.

② 喻国明，张剑峰，朱翔. 后真相时代：真相认同与社会共识的可能——行为经济学视角下个体认知的类型与效用机制[J]. 教育传媒研究，2022（5）：6-10.

③ 胡泳. 谣言作为一种社会抗议[J]. 传播与社会学刊，2009（9）：67-94.

Tesich）在美国《国家》杂志的文章里使用了"后真相"一词，用以嘲讽西方政治家对丑闻的极力压制与民众的努力辨别的信息社会状态；2004 年，美国作家拉尔夫·凯斯（Ralph Keyes）提出"后真相时代"（Post-truth Era）这一概念，认为"后真相时代"既存在着谎言和客观事实，也存在着一种介于两者之间的话语，将"后真相"从政治界拓展到大众的日常生活，并进行了道德层面的批判。2010 年，博客作者戴维·罗伯特（David Robert）提出"后真相政治"的概念，认为事实真相被政客们左右，公共舆论与新闻议题完全偏离立法的精神。2015 年，美国媒体人和学者杰森（Jayson）提出了"后真相制度"（Regimes of Post-truth）一词，将这一社会现实与"注意力经济"的关系加以论证。而传播学者伊格纳斯·卡尔波卡斯（Ignas Kalpokas）在其著作中，则直接将这一特定的现象归结为一场个人与媒体机构在舆论传播中的"共谋"。

7.2.2 "后真相"的形成机制

1. 加冕与祛魅

在话语修辞上，后真相时代使得网络谣言出现了"加冕"与"祛魅"的新机制。"加冕"是对网络谣言进行权威修辞和恐惧诉求，加冕最常用的修辞策略是数据化支持与专家化名头。后真相时代新媒体传播有一个重要特征是偶像化，即人们认为"谁说的"比"说什么"更重要，并以此来决定是否相信，有"我支持的人所说的就是真"的心态。而"祛魅"则是对网络谣言进行日常生活化的庸俗解读，如对一些科学谣言的传播多加上最原始性的元素，并加以日常生活化的故事元素，使曲高和寡的科学知识成为民众茶余饭后的谈资。

2. 逆火效应

在现实生活中经常遇到这种现象，谣言发生后，相关部门寻找谣言传播的源头，邀请专家科学辟谣，第一时间发出声音……公众在辟谣的当下意识到了这则谣言的危害，但是过一段时间，类似的谣言又出现了，再次引发公众的集体恐慌……造谣—信谣—传谣—辟谣，谣言周期性"发作"，这就是谣言的逆火效应（Back Fire Effect）。"逆火效应"来自英文"Backfire"，最早是内燃机术语，引申意即"适得其反，事与愿违"。

一般人认为，改变别人错误观点最好的方式就是用事实说话。但实际上，后真相时代立场先行，这种温和而有效的反驳很可能产生反作用，即当人们遇上与自身信念抵触的观点或证据时，除非它们足以完全摧毁原信念，否则人们会忽略或反驳它们，原信念反而更加强化。这也就解释了为什么经常出现以下情况：一些人受骗后非要打钱给骗子，警察和银行怎么解释都不信，怎么拦都拦不住；抑或老人喜欢保健品，而子女摆一堆科学道理甚至是产品欺诈的证据也无济于事。因为从记忆生成的角度来看，大脑中有无数的神经元相联结，而神经元在一次次接受刺激后就会逐渐被强化，所以当我们坚信一个观点时，同时也就是反复强化了神经元的联结，从而形成了根深蒂固的思维。同时，当自身的观念被攻击时，就跟自己被攻击差不多，所以人们就会想要捍卫自己的观点。

3. 圈群化传播的负效应

美国前第一夫人南希·里根（Nancy D. Reagan）曾经拍摄了一部反毒品的广告，希望通过大规模的传播，使得观看到的人们不要去吸毒。但研究结果显示，这则广告让更多的青少年吸毒。因为它让吸毒这种行为可视化，似乎是一种常见的社会现象。因此，有些辟谣者扮演着谣言帮凶的角色，在辟谣的同时也在向人们强调这些错误认识和想法。

4. 延时机制

谣言主要是基于圈群化的嵌套结构而传播的，相较于传统社会的人际传播，网络谣言的传播速度有所提升；但相较于大众媒体的瞬间传播，网络谣言又具有一定的隐匿性和时滞性，是逐步扩散开来的。基于虚拟社群传播的网络谣言则具有一定的时滞性，并且是从核心城市向边缘城市和地区传播、从核心网络群体向边缘群体传播，这个时间段为 1~3 天，这为网络辟谣提供了黄金时段。

5. 谣言传播的少数群体情绪启动效应

任何舆论操控首先就要控制信息，虽然随着互联网的发达，信息流通呈现秒传播的趋势，但网络谣言的数量和频度却不见减少，最主要的原因是后真相时代造谣者和传谣者充分利用了少数群体启动的效应，即不需要让大多数人信，而让一小撮人信，造谣者和传谣者就成功了。信息控制通常骗不了所有人，但对特定人群效果极佳，由于立场先行，这群人信任恶意的信息源，往往对攻击目标怀有反感情绪，听不进反面意见。

因此，基于布尔迪厄的场域分析框架，可以看出后真相时代网络谣言传播场域的基本特征。首先，基于社群传播的谣言话语场是一个关系的网络空间，场域中布满了各种关系束，这些关系束就像磁场中的磁力线一样作用于其中的主体。其次，谣言话语场是一个相对独立或半自主的社会空间。布尔迪厄认为，场域是一种相对独立的社会空间，这种独立性是各场域存在的基础，也是区分不同场域的"质的规定"，场域相对独立性表现为每一个场域都有自己独特的逻辑、常规和规则，谣言场域内的话语修辞与议题建构也是有章可循的。最后，谣言话语场也是一个时刻充满着力量关系对抗的空间，各种主体在这个场域角逐，因为每个社会活动的参加者都是以自身异质性的属性参与。这种异质性首先表现在每个个体拥有不同质或量的资本，经过优胜劣汰的选择，胜利者可以获得制定场域的合法定义的垄断权力，谣言驱逐了真相，产生所谓的"符号暴力"。从某种意义上说，谣言传播场域最本质的特征就是谣言和真相争夺有价值的支配性资源的空间场所。

7.2.3 "后真相"的治理

马克·吐温（Mark Twain）曾有句举世闻名的名言："谎言跨越半个地球的时候，真相还在穿鞋。"这句话强调了辟谣的难度和滞后性。后真相时代，社群和圈子成为谣言传播的基本单元，情感要素成为谣言传播的基本动力，传统的基于个体传播、事实诉求的辟谣手段的效力在不断消减，后真相时代的辟谣必须要变被动为主动、变内容识别为圈群识别和情感识别、变各自为战为社会化综合治理。

1. 辟谣关口前置化

在网络辟谣中经常会遇到这样的难题，即谣言发布时阅读者众多，辟谣时很多人看不到，形成了传谣与辟谣的信息暴露不对称现象。随着人工智能技术的成熟，网络辟谣越来越呈现出新的发展方向。

一是利用大数据技术鉴别谣言信息源的唯一性，进行有效锁定。根据谣言传播的信息源具有唯一性的有效识别特征，通过大数据回溯技术，可以有效识别网络谣言，进而进行传播干预。只有在谣言传播初期将其识别，才能将谣言的危害降至最低。

二是充分利用谣言的传播时滞性。网络谣言从核心地区向边缘地区、从核心人群向边缘人群的传播有 1～3 天的时间周期，因此网络谣言需要抓住这个传播时滞期，及早切断传播路径，实现网络谣言预警的主动性。

2. 为重点人群画像

首先，要对公共账号进行认证身份的明确标示。在很多网络谣言的传播中，很多易感人群没有区分公共账号主体是否被官方有效认证的能力，造成很多个人账号滥竽充数，发布谣言信息。因此，需要加强公共账号主体对传播内容的认证标示，并将之作为一种基本识别谣言的科普性知识进行推广。虽然微博的加 V 认证策略一定程度上使得网络空间出现了明星围观模式，但对快速形成明星影响力和有效规范明星的言论责任都起到了不可替代的作用。

其次，要分析谣言节点的社会网络结构。信息接收者仅通过内容很难识别谣言，而信息发布者属性和网络传播属性能显著提高信息接收者的识别率。因此需要引入更多的辟谣识别变量，这也是人工智能所具有的基本功能，强化每个节点在最活跃的几个圈群中的社会结构和社会角色，进而对在谣言链条中的角色进行有效识别。

再次，构建信用分级的造谣者、传谣者和易信谣者数据库。网络谣言的治理从根本上讲是对人的治理，对人的治理要考虑针对性和精准化。按照账号主体在谣言传播链条上的角色和地位，可以将之分为造谣者、传谣者和易信谣者，并对之进行传播信用等级的评估，类似于征信体系。并在账号主体明显的位置上予以标识；对信用等级较低的账号进行预警，一旦用户点开其传播的信息，自动预警提示。

最后，警惕"谣言营销"现象的蔓延。在很多谣言传播的背后是一些营销号为了经济利益而进行造谣，甚至将"谣言营销"堂而皇之地作为一种营销伎俩。转发量高的微信号可以增加粉丝，超过 5 万粉丝，就可以获得广告收益。一个拥有 5 万粉丝的微信号，一条微信的价格在 1 000 元到 2 000 元不等；微信号的粉丝量超过 10 万，一条微信的价格可超过 5 000 元；对于坐拥50 万粉丝的微信号，一条微信可卖到上万元。同时，微信的转发量和阅读量也和广告费用挂钩，这就是不少微信号挖空心思造谣、传谣的真正原因。

3. 社会化综合治理

目前，新技术平台层出不穷，不同的数据藩篱使得网络辟谣基本上是各个平台孤军作战。因此，首先需要构建网络辟谣的多元主体平台。网络谣言的治理目前多是以平台企业和政府为主，社会第三方等资源介入其中的比例不高；未来需要在政府主导层面，形成数据平台方、企业、专家、高校、政府五位一体的多元主体平台，实现网络辟谣的社会化和无影灯效应。

其次，要打通辟谣的数据平台，构建国家层级的网络谣言大数据平台。目前，微信平台的辟谣助手已经进行了尝试，但整体来说数量不大。未来需要在打通各个平台的层面上，通过社会化的合作，在整个国家层面构建网络谣言大数据平台，融合网站、报纸、电台、电视、社会组织，建立融合新媒体、传统媒体的综合辟谣机制。因为网络辟谣并不是一个平台、一个公司的事情，是整个国家层面的民众新媒介素养的大事情。在此基础上，建立一套成熟的谣言触发机制，设定谣言关键词，当含有关键词的传言在微信群传播达到一定数量时，自动触发预警，提醒相关专家和辟谣平台关注，并判断其是否属实。

同时，要加强预防式科普宣传，全面提升民众识谣、辨谣的素养。加强日常的预防式科普宣传，尤其是针对敏感人群的通俗易懂的辟谣方式，加强专业俗语的"转译"能力，注意方式方法的革新和改进，学会讲故事，避免简单的说教和告知，强化辟谣的情绪化引导，改变目前的知识堆砌和过于理性的状况，充分利用传媒的影响和传播渠道，注重将信息公开和政策解读同步推出，有效避免谣言的进一步滋生。

7.3 "非理性"危机与治理

7.3.1 非理性因素不等于非理性现象

18世纪，群众登上历史舞台。政治精英看到了群众的力量，继而开始关注集群（Crowd）非理性的问题。从一开始，非理性与集群中的越轨个体之间就被画上了等号——精神狂热的疯子、游走在社会边缘的罪犯，他们是非理性的化身，是具有破坏倾向的反社会分子，而集群非理性则是个体非理性之和[①]。后来，勒庞等社会心理学家发现，非理性不是固定的，而是流动的特质。任何个体都有可能在集群中失去个性和独立思考的能力，并变得好斗、轻信、易怒。他在群体催眠、暗示、传染等传播现象的基础上，提出集群不是固定的人群，而是某种"特殊精神情景所展现的独特面貌"的观点。从这个角度来说，非理性并非某一种人的专有属性，而是游荡于所有社会成员之间的一种常态，每个人都有可能在特定环境、特定时间、特定事件中表现出有悖理性计算，甚至冲动过激的行为。人人身上既有一个"文明"的自我，也有一个"原始"的自我[②]。对"非理性"的认识完成了从"患病的他者"到"脆弱的你我"的视角转变[③]。

无论在前网络时代还是在网络时代，学者们从来未曾放弃对理性的追求和对重拾交往理性的信心。在塔尔德看来，集群是非理性的，是一种

① 塞奇·莫斯科维奇. 群氓的时代[M]. 许列民，薛丹云，李继红，译. 南京：江苏人民出版社，2006.

② 约翰·麦克里兰. 西方政治思想史（下册）[M]. 彭淮栋，译，海口：海南出版社，2010.

③ 刘国强，汤志豪. 去蔽勒庞：身体规制与多维的集群"非理性"[J]. 湖南师范大学社会科学学报，2020，49（1）：134-144.

"没有名字的野兽"①，而公众则是理性的，是一种不同于身体上的接近，完全是精神关系上的组合，因而更为独立和文明。帕克也在《群众与公众》中试图通过对集群作"群众"与"公众"的划分来回应"理性与非理性之辨"的问题——群众是易受暗示、偏执、情绪化的，而公众则承认成员个体之间在差异和价值上的对立，是有批判力和富于理性的。但是，公众与集群之间的界限并非牢不可破，理想中的理性公众也有退化成非理性集群的可能性。这种理性公众与非理性集群的二分立场贯穿始终，分别指示理想的目标与堕落的现状，由此孕育非理性传播的失范框架，以及对其进行干预和纠偏的管理视角。

作为一种应用最为广泛的理性主义范式，哈贝马斯的公共领域理论也试图将非理性要素纳入讨论范围。但是，情感的作用仅限于促进理性程序的进行，一旦公共生活变成了情感性的，那么公共性就处于危险之中。理性优于情感的价值预设，为网络舆论贴上了负能量、敌意与颠覆性的标签，而在理性范式的主导下，情感对于形塑公共领域的作用常常被忽视②。随着社会科学领域经历"情感转向"，以失范框架来看待非理性的视角正在受到挑战。哈贝马斯的批判者提倡多元实践，强调情感作为弱者的公共实践的价值；持认知主义的情感观的学者也主张"同情"能为理性协商提供良好的基础。非理性因素不等于非理性现象，这是本研究的主要出发点和立足点。

7.3.2 "非理性"的四重维度

"非理性"的概念在文献中的出现频率很高，但是使用语境零散，涵义也相当混杂。在对非理性的价值和意义进行论证之前，我们首先需要厘清在不同语境下"非理性"的内涵是什么，可能会对传播活动产生怎样的影响。

第一，从个体认知过程的角度来看，非理性是一种与熟思相对的信息加工机制。"理性"的词源是拉丁文"ratio"，意为人运用概念、判断和推理的能力。卡尼曼（Kahneman）在《思考，快与慢》中提出人类大脑的快和慢两种系统，其中快系统就是直觉系统，依赖感情、经验和记忆的无意识快速

---

① 加布里埃尔·塔尔德. 传播与社会影响[M]. 何道宽，译. 北京：中国人民大学出版社，2005.

② 白红义. "媒介化情感"的生成与表达：基于杭州保姆纵火事件报道的个案研究[J]. 湖南师范大学社会科学学报，2018，47（5）：139-149.

思考。慢系统是思考系统，需要投入更多的认知资源来进行判断①。在这一双系统的基础上，媒介心理学者提出"动机性媒介信息处理的有限容量模型"，来解释人们对具体媒介信息的加工效果。该模型假设人们的认知能力是一个容量有限的资源池，而信息加工的程度取决于人们能从池中调用的认知资源的多寡。人们之所以不能有效地处理信息，有可能是因为处理该信息所需的认知资源超过了他们所能调用的资源上限，也可能是因为他们没有足够的动机去调用所需的认知资源。在信息过载的环境中，人们不想、也无法对所有信息一一消化处理，因此依靠一些"捷思"（Mental Shortcuts）作出快速判断，已成为人们日常生活的常态。

第二，从人类行动类型的角度来看，非理性是一种有别于理性的动力机制。非理性元素可以分为情绪（Emotion）和感情（Feeling）两个层面；情绪一词来自拉丁文 e（向外）和 movere（动），有着移动、运动的意义，在心理学中指情感性反应的过程，特别是非常短暂但强烈的体验；感情（Feeling）指的是情绪的主观体验，是情感性反应的内容，通常只用于指称人类的社会性高级感情②。忧虑、愤怒、野心、羡慕、妒忌、爱情、热情、骄傲、复仇欲、孝心、忠心、好奇心、尊敬、自我牺牲、宗教信仰、爱国主义、对荣誉的热爱，都属于非理性元素。需要注意的是，虽然"非理性"从构词法来看是"理性"的反面，但实际上二者只是概括了人类行为动机的不同侧面，不应被视作对立的概念。在很多情况下，人的行为不是泾渭分明地只受到理性因素或非理性因素的驱使，而是二者共同作用的结果。美国心理学家乔纳森·海特（Jonathan Haidt）提出"骑象人"理论来解释二者的关系，即人的意识由"象"与"骑象人"组成，"骑象人"代表推理论证，而"大象"则代表情绪、直觉、下意识，它发生在理性意识之外，却实际操控着我们的大部分行为；"骑象人"有时可以驯服大象，但更多的时候是服务大象③。

第三，从社交互动的角度来看，非理性代表一种有别于信息传递的交往机制。一些交往行为本身未必构成人类知识与观点的增量，但是能够体现、维系或强化传受双方的关系，例如"吃了吗""注意身体""别熬夜"

---

① 丹尼尔·卡尼曼. 思考，快与慢[M]. 胡晓姣，李爱民，何梦莹，译. 北京：中信出版社，2012.

② 傅小兰. 情绪心理学[M]. 上海：华东师范大学出版社，2016.

③ 乔纳森·海特. 正义之心：为什么人们总是坚持"我对你错"[M]. 舒明月，胡晓旭，译. 杭州：浙江人民出版社，2014.

等话语，就其自身的信息量来说十分有限，关系价值大于资讯价值，但是这些表达所承载的关爱与亲密，才是其真正的价值所在。陪伴性媒介的发展也是基于这一逻辑：从慢节奏、无剧情的弱叙事电视节目的兴起，到网络主播陪观众打游戏、上自习，甚至是直播睡觉的陪伴性直播内容，再到以全能、专属、亲密、陪伴为主要价值属性的虚拟偶像愈发受到年轻一代的追捧，重关系轻信息、重体验轻逻辑的交往已成为社交互动的重要组成部分。

第四，从符号载体的角度来看，非理性指的是一种有别于异质性观点表达的表征机制。这种机制具体表现为传染与复制，同质性是其最突出的特征，典型的例子就是网络模因。"模因"一词是道金斯从生物学基因理论中借用的概念，用以指代人类社会中的文化传播单位，通过模仿和复制的方式在人脑间相互传染而进行传播。从"王侯将相宁有种乎""驱逐鞑虏，恢复中华"，到"We are the 99%""Black Lives Matter"，从恶搞表情包到模仿视频，模因没有固定的形态，可以是符号、影像、叙事等多种信息形式。模因还可以彼此建立联系，产生更大的能量；诺贝尔经济学奖得主席勒用"叙事星座"（Narrative Constellation）来概括人们凭空创造出的经济叙事，并指出当越来越多人关注并相信某一叙事时，他们的行为就会发生共振，并最终导致美国大萧条、比特币暴涨等重大历史事件的发生。共同喊出一个口号，共同攻击一个对象，共同挥舞一个标签，共同相信一个叙事，这种同质同步的符号表征，能够迅速生成一股强大的力量，构成网络舆论的重要方面。

7.3.3　作为基础传播要素的非理性

正如李普曼所指出的，非理性其实是人类社会的常态[①]，但是将非理性作为一种基础传播要素来加以理解，则需要以传播系统的变革为起点。媒介技术的发展颠覆了传播系统的方方面面，内容生产、传播渠道、媒介效果等传播基本环节都经历了重大变革，构成了观念更新的底层逻辑。

1. 富媒化的传播渠道使非理性要素得以充分呈现

传播技术的革新大大提高了传播的表征丰富度（Representational Richness）和交互性（Interactivity），从而使信息的形式得到了极大丰富，信息的容量得到了极大扩充，传播活动日益朝着全通道、人性化的方向发展。

---

① 沃尔特·李普曼. 公众舆论[M]. 阎克文，江红，译. 上海：上海人民出版社，2002.

从窄信道到宽信道，信息传播渠道逐渐富媒化。表征丰富度，体现为感官通道数量的增加，即从视觉符号到听觉符号，再到融合了多重感官的AR、VR等多种媒介形式的丰富，实现了从窄信道到宽信道的拓展。这种传播虽然仍然是有中介的，但是在构成元素上却日趋接近面对面交流，包括了被文字媒介排除在外的表情、被声音媒介排除在外的动作，以及被视频媒介排除在外的场景。媒介演进的"人性化趋势"，指的就是从信息传播到具有温度的信息体验的发展演变[1]。在此过程中，原本因为信道狭窄而不得不被舍弃的情感性、关系性元素得以还原重现，传播活动愈发具有人性化的特征。

从"单向信道"到"双向信道"，信息传播渠道具备了交互性。如今的社会性传播愈发呈现大众传播、群体传播、人际传播融合的趋势，一对一、一对多、多对一、多对多等多元复杂传播形态交织。而且，这种交互日益朝着实时同步的方向发展，网络视频直播便是这种实时交互性的集中体现：观众与主播的关系超出了大众传播时代看似双向、实则单向的拟社会互动（Para-social Interaction），观众反馈甚至能够直接影响直播的内容，使观众参与到真实的社会互动之中，从而形成一种相互专注的情感与关注机制，以及在当下瞬间彼此共享的现实。

2. 热媒介为以直觉、情感、经验为主要动力的说服路径的调用创造条件

在详尽分析可能性模型（Elaboration Likelihood Model）、启发—系统式模型（Heuristic-Systematic Model）等说服理论中，普遍存在两种说服路径，一是以直觉、情感、经验为主要动力的说服路径，二是以逻辑、推理、熟思为主要动力的说服路径。技术的效果不在意见或观念的层次上发挥作用，却逐渐地改变了感官作用的比例（Sense Ratio）或理解的形式；富媒化与交互性的媒介特性，主要通过对某种感官或感官组合的强化，实现传播场景的增强，使媒介用户的在场感大大提升，这样的媒介内容正是麦克卢汉所说的高清晰度的"热媒介"——受众不需要投入太多思考，相应地就更容易调用快系统进行信息的加工处理，为直觉的调用、情感的产生和经验的激发创造有利条件。

视频表达的崛起，使越来越多非逻辑、非理性因素成为社会交往和共

---

① 保罗·莱文森. 数字麦克卢汉：信息化新纪元指南[M]. 何道宽，译. 北京：社会科学文献出版社，2001.

识达成的关键。以短视频为例，大多数短视频都具有短小精悍且高度结构化的特点[1]，通常有精心设计的"看点"来吸引观众的注意力，并选取流行歌曲中最脍炙人口的片段作为背景音乐；从这个意义上来说，短视频是一种高清晰度的热媒介。在这种"沉浸式注视"中，人们将自己完全沉浸在视频创作者所创造的节奏与氛围中，从而产生了较强的使用惯性、观看黏性与内容认可度。VR 也是一种热媒介。在新闻报道中运用 VR 技术，能够使读者以第一人称视角"亲历"新闻现场，"参与"事件全程，而不再需要对着文字"脑补"画面，从而有效改变人们对新闻议题的观点。随着 5G 技术的普及，具备丰富层次和完整结构的长视频内容，以及配合可穿戴设备和数据传感器的 VR 技术将会得到更加广泛的普及，以全景性描绘代替选择性呈现，以沉浸代替旁观，以感染代替说理的传播效果将变得愈发普遍。如在党的二十大的宣传报道中，新华社"高精度复刻｜VR 全景看新时代之美"将新技术与新媒体报道结合，全新视角、全新体验感受新时代成就，脱离了早期 VR 新闻为了 VR 而 VR 的炫技风格，VR 真正成为服务内容本身的工具。

3. 微粒化信息环境为非理性要素提供了有效载体

互联网的联结特性，充分激发了个体的价值。个体作为网络节点深度参与到内容的生产与分发过程中，整个社会从传统社会以机构为社会运作的基本单位裂解到以个人为社会运作的基本单位。一个以资讯碎片化、需求碎片化、传播渠道碎片化和市场碎片化为特征的"微粒社会"由此诞生[2]。

相较于概念廓清、理论推演、事实阐述等理性要素，非理性要素与微粒化的信息环境有着更高的兼容性。普通微博用户的单条博文字数上限为 140字，而推特用户的单条推文上限更是只有 140 个字母，在有限的篇幅中，事实和逻辑往往无法施展身手而显得平淡苍白，但情感和意志却可以得到充分的体现。视频弹幕的信息容量甚至比微博还要小，并且难以形成完整连贯的对话流，因此常表现为单纯的情感抒发和模因的复制与增殖。这些微资源的价值并非体现于社会整体信息量供给的提高，而是对于社会感性要素的呈现；这些要素原本因为不被掌握传播渠道的专业人士所重视，因此在信息的生产与传播环节中被层层过滤，但微粒化的信息环境则使这些要素的符号化、表征化成为可能。

---

① 陈秋心，胡泳. 抖音观看情境下的用户自我认识研究[J]. 新闻大学，2020（5）：79-96+128.

② 喻国明. 技术革命主导下新闻学与传播学的学科重构与未来方向[J]. 新闻与写作，2020（7）：15-21.

7.3.4　非理性传播的危机与可能

信息论的核心观点是，信息是不确定性的消除，而作为其反面，噪音则是导致不确定性增强的一种存在。这种观点的背后是传播的传递观，即传播是一种信息的传递与位移，其传播效果以传播者的意图是否达成为标准。在这一逻辑下，大众媒体高举理性和逻辑的大旗，以展现客观事实、提供深度分析为己任，自诩公共议程的"设置者"和公共信息的"把关人"。然而，社交媒体的出现打破了媒体机构的渠道垄断，让内容生产从由少数专业人士的把持转变为非专业精英与专业人士的共舞；短视频与网络直播平台普及后，传播的门槛更是进一步降低，传播队伍实现了人类文明史以来最为多元、最大规模的扩容，进入了泛众化传播时代，传播主体的变化极大地影响了内容供给的局面。

相较于新闻专业主义逻辑下强调客观性、真实性、准确性的内容生产，互联网所释放出的新兴生产力则带来了更加注重内容的主观性、情感性和体验性的内容供给。从传播的传递观来看，主观性、情感性和体验性内容干扰了信息的传播与接收，造成了信息编码的模糊与信息解码的误读，使传播者的意图无法实现，应当被归结为一种噪音。但是，内容生产格局发生剧变的同时，内容价值的评判标准也相应地产生了变化。在人们看来，事实与逻辑固然重要，但不再是最重要的，每个人都可以按照自己的标准进行筛选；上述本应被视为噪音的内容，如今在受众的心中具备了能够消除不确定性的信息价值。立场优先于事实、感性压制理性的"后真相"就是对理性逻辑的最大颠覆，而失去了"压舱石"地位的主流媒体，仍然未能很好地理解这一变化。单纯摆事实、讲道理的内容无法"入脑入心"，要想实现有效的内容供给，需要彻底转变思路。

卡斯特曾经预言，互联网并不会带来紧密的社会网以及更平等的权利，而是会产生很多圈子，认同的力量会崛起。需要承认，非理性要素一方面有助于观念共同体、认同共同体、价值共同体的形成，另一方面也有可能导致偏见共同体、群体盲从、党同伐异等问题的出现。负面的情感暴涨虽能让我们管窥社会问题的所在，但是无助于问题的探讨和解决；高排外性的群体认同虽然能给身处其中的个体带来确定性、安全性、稳定性，却无助于鸿沟的弥合。面对这些问题，谁掌握了横向沟通与立场整合能力，谁能够将具有不同价值观念和文化属性的人凝聚在一起，谁能够创造共享的传播体验与生命体验，谁就能够占领传播高地，成为社会共识的协调者。这为主流媒体在未来传播中的发展策略指明了方向。

7.4 媒介化社会治理的机遇

技术的发展是把双刃剑。5G、元宇宙、AGI 等技术在极大促进人类经济社会发展进步的同时，也可能带来新的风险因素。对未来将要出现的新现象，需要社会、行业、政府顺应技术、产业的发展规律，以科学和创新的方式来研究分析。

7.4.1 媒介化社会的风险

1. 视频泛在化时代的舆情风险

5G 时代的视频大概率会成为新闻信息和消息传播的主要载体，这将带来新的舆情风险。直观、生动景象的实时传递和万物互联时代更多视角、更多信息维度的信息传递，将极大增加舆论的复杂性和易变性，会对舆论管控产生重大影响。MGC 没出现时，描述、传达事务及人类实践的数据维度是比较有限的，舆情的社会控制相对来说还比较简单。然而，5G 时代这样的舆情治理方式显然已经无法与海量信息和传播速率相比较，建立一套完善透明的信息机制，在舆情和次生舆情发生之前通过公开、透明的方式引导舆情的走向才是更为正确的舆情治理方向。

2. 泛媒介化条件下的安全风险

当数据无处不在时，安全隐患也将无处不在。eMBB（增强移动宽带）海量的业务（如 VR/AR）包含大量的用户隐私信息，如个人的业务信息或标识、设备标识，以及地址信息等。而 5G 网络在技术、组网上的虚拟化方式和开放性特点，使用户数据遭受攻击和隐私信息的泄露概率增加，如基于同一基础设施网络形成的虚拟业务切片可能增加数据安全风险。另外，由于数据挖掘技术的发展，使得隐私信息的提取方式变得更加强大，能够将设备标识与用户标识（如用户的应用或业务标识）相关联，从而挖掘用户的网络行为。

在 5G 的视频化、多元化信息生产和传播环境中，4G 时代的数据、隐私、人身安全等问题可能更加凸显。在信息获取层面，相比当前以身份信息、行为信息等为代表的用户敏感信息，5G 时代用户的虹膜、面部、身体三围、声音、步态等更多元的身体信息可能在使用相关服务时被采集，甚至很多时候这些信息的获取是没有经过用户授权的。在数据存储层面，5G 时代云视频、云游戏等各类云服务的大发展，促使更多数据信息上传云端，这

153

对云服务平台的安全保障能力提出了更高的要求，包括用户生理特征信息在内的大规模用户数据泄露，对用户个人和社会秩序的影响将是灾难性的。从好的一面看，安全风险的剧增使用户对安全保护的需求提上议事日程，此时能够提供较高安全保障的产品将从同类竞争中脱颖而出，能够为更多互联网企业提供安全政策支持的制度将会发挥其巨大的作用。

3. "沉迷"与"上瘾"的社会隐忧

除前文所述的信息焦虑之外，"上瘾"行为，特别是游戏领域的上瘾行为正在成为世界性的议题。2018 年 6 月，世界卫生组织发布修订版《国际疾病和相关健康问题统计分类》，首次将电子游戏障碍列为一种精神疾病。5G 时代高清、沉浸、互动、丰富的传播特点为游戏、娱乐产业打开了新的局面，但从社会治理层面来看，如何更好地预防游戏上瘾，特别是防止缺乏自制力的青少年上瘾，将面临新的挑战。

5G 时代社会对游戏以及新兴视频类产品"沉迷"的关切可能更加凸显，人们担心电影《头号玩家》中贫民阶层的年轻人在虚拟游戏和竞技中花费人生大部分时间的情景可能会变成现实。近年来，中华人民共和国国家互联网信息办公室（以下简称"国家网信办"）、中华人民共和国文化和旅游部、中华人民共和国教育部、国家新闻出版署等采取了很多措施防止青少年游戏沉迷。为规范网络游戏服务，引导网络游戏企业切实把社会效益放在首位，有效遏制未成年人沉迷网络游戏、过度消费等行为，2019 年 10 月国家新闻出版署发出《关于防止未成年人沉迷网络游戏的通知》，2021 年 8 月再次下发《关于进一步严格管理切实防止未成年人沉迷网络游戏的通知》，严格落实网络游戏用户账号实名注册制度，进一步限制向未成年人提供网络游戏服务的时段时长，积极引导家庭、学校等社会各方营造有利于未成年人健康成长的良好环境，为未成年人健康成长保驾护航。为防止青少年沉迷于短视频，2018 年以来，有关部门出台并落实《网络短视频平台管理规范》《网络音视频信息服务管理规定》等一系列规章制度，加强对短视频平台的监管，促使其依法履行相关责任。各相关平台与企业也通过推出防沉迷系统、家长监督系统等方式履行社会责任。国家网信办于2019 年 6 月在全国主要网络短视频平台上全面推广青少年防沉迷系统。基于此，5G 普及之后的产品创新可能会有两个基本趋势，一是大众产品"防沉迷设计""青少版设计"将会成为所有产品社会责任感体现的基本配置；二是专门设计的符合青少年健康使用方式的游戏、视频等产品将成为创新的方向之一。

4. "技术至上主义"的诱惑

近年来，在线教育在全国各地中、小学及各类培训教育机构中迅速铺开。未来，在线教育在 5G 的加持下可以更多元地发展。但是也有教育专家对此表达了忧虑："以机器为中心"代替"以教师为中心"的教学模式既背叛了教育规律，又是教育焦虑与"唯科学主义"态度重合的产物，并在嗅到巨大利益的资本推动下广为盛行。教育改革虽然迫切需要技术支持，但切勿使技术凌驾于主体之上，使超度人类灵魂的教育活动遭到贬黜。智能技术之于学习的未来更应妥善处理教育技术的基本矛盾及主要矛盾，摆脱"目的—手段"之链的死循环，将自身定位于作为手段的"引带技术"，而非作为目的的"促逼技术"。如此，智能技术方能显现出教育的意义和价值[①]。

对前沿技术的运用，需要以尊重业务基本逻辑为前提。例如，在教育领域的技术赋能应以教学基本逻辑为引领，而不应反过来干扰或背离教育规律，在娱乐领域过度技术至上将会忽视价值观的传播与信息本身的传递。鉴于 5G 可能带来的广泛、深远的影响，技术追求、业务创新既要尊重行业需求和发展逻辑，更要从一开始就尊重社会"人文与伦理逻辑"。

5. "娱乐至死"现象的加剧

虽然 5G 时代的业务发展将更加体现功能化和价值化，但由于更加强大的表现力和沉浸体验，社会关于"娱乐至死""泛娱乐化"的担忧也会凸显。

RMU（Recreational Media Use），即娱乐性媒介使用，是指娱乐性、消遣性的媒介使用方式。与信息性媒介使用不同，娱乐性媒介使用在媒介的价值取向上以娱乐、消遣为目标，同时也更容易沉迷于这样的媒介诉求。通过对美国 8～18 岁儿童和青少年的全国代表性样本分析，研究青少年娱乐性媒介使用成因发现，高质量的亲子关系与低 RMU 相关，但这种关联仅对 11～13 岁的儿童显著[②]。这个调查结果打破了此前人们认为孤独感、亲子互动缺少是导致青少年沉迷媒体娱乐原因的假设，这说明总体上娱乐性媒介的使用程度受家庭影响并不显著。相反，总体来说青少年娱乐性媒介使用程度更多受到代际整体趋势的影响，年轻一代普遍具有较为明显的 RMU 倾向。2019年北京师范大学新闻传播学院一项全面的调查统计显示，在对媒介价值的认知中，全民性的认知仍然是推崇"信息价值"；但是，"90 后"与"00 后"

---

① 李芒，石君齐. 靠不住的诺言：技术之于学习的神话[J]. 开放教育研究，2020，26（1）：14-20.

② Jakeschoffman D E, et al.Wired: parent–child relationship quality and recreational media use in a diverse sample of US children and adolescents[J]. Journal of children & media，2017，11（3）：1-11.

群体虽然也认同媒介最高的价值是"信息价值"，这两个群体使用频率最高的却是娱乐型产品，这反映出年轻人媒介使用在认知和行为上的不一致，也反映出技术进步加持下娱乐产品越来越强大的吸引力。

认识到这些问题，2019年起各大视频平台纷纷发力"泛知识类"内容，扶持知识教育类创作者，向用户输出更多具有经验性与实用性的内容，这是对泛娱乐化使用的一种有社会责任意识的结构性纠正。5G时代，各平台需要在深入研究和理解年轻人新的媒介使用方式和价值期待基础上，科学合理地引导使用行为。

7.4.2 新的管理观念

1. 传播角色的转移

过去，我们认为专业媒体与专业传播工作者的价值表现及社会功能在于，通过直接的内容生产来影响社会与舆论。但随着互联网发展，UGC和OGC大量涌现。尤其是5G时代，"全时在线"与"万物互联"产生了大量数据，其通过智能化算法处理形成了大量传感器资讯，也就是MGC。而以ChatGPT为代表的AIGC具备语言框架理解和文本生成能力，具有撰写邮件、策划案、翻译润色和编写代码等多种功能，不仅仅是技术领域的重大突破，更是人工智能与人关系连接的重大突破，它预示着智能互联时代的到来[①]。它们越来越成为传播内容的生产主体，而专业媒体与专业传播工作者所生产的内容，虽然有其价值与重要性，但所占的社会传播份额将会越来越被稀释。今天PGC可能占到社会传播总量的5%，未来可能更少。

当专业媒体与专业传播工作者直接生产的内容所占的社会传播份额无限缩小时，其影响社会、舆论的主要诉求点就不再是直接的内容生产了。那么其要抓住的关键是什么呢？答案是基于数据及其智能化的算法。因为数据是未来传播、未来社会组织与运作过程中最重要的动力资源。数据无处不在。数据在内容生产、传播、效果达成、渠道驱动方面都起着极其重要的作用。

掌握数据并能运用智能化算法来形成对社会传播资源的有效调控与作用力，是未来专业传播者特别重要的任务。如果不能拥有这样的专业能力与技术，那么未来传播的主动权和影响力恐怕就不在专业媒体与专业传播工作者手中了。

---

① 喻国明，李钒. ChatGPT浪潮与智能互联时代的全新开启[J]. 教育传媒研究，2023（3）：47-52.

2. 民主协商模式

复杂的网络舆情需要用复杂的理论范式来面对，自组织理论应该成为我们思考、解决问题的基础框架。自组织理论反对对复杂事物用原子论的方法机械、简单地对待，而提倡应该放在开放性的架构之下，通过耗散结构，发挥每个个体的自主性及基模的关键性引导，形成合目的的涌现现象。就互联网时代社会舆情的形成与引导而言，这种自组织理论范式的应用范例之一，是斯坦福大学传播学院费斯金教授所创立与倡导的民主协商模式。他认为，民意靠即时、表面、直觉式的反馈，未必能够深刻、恰当地表达自己的利益所在，它需要在一个开放的条件之下，通过交流和不同意见的碰撞，以及适度的理性干预，在个体自主性的基础上来形成更加理性的表达。这为社会共识的达成提供了极为有利的条件，便于人们找到社会最大公约数。

民主协商模式确立了"几步走"模式。第一步，让所有相关者充分了解情况。第二步，将相关者分成不同的小组，表达自己的意见，听取别人的意见。分组的原则是充分保障小组成员之间意见的不同属性，并让他们充分表达自己的意见，感受别人的意见对他们的意见的抨击。第三步，面对人们的疑虑与不清楚的情况，引入专家进行情况的说明与各种结果的利弊分析。第四步，在此基础上，征集大家的意见并形成决策。专家意见在其中但并不强加于人，专家只是针对人们的疑问，提供必要的专业咨询与技术性分析，决定权交给每个人，绝不越俎代庖，这就是自组织结构中基模的作用。它在相当大的程度上起到了压舱石的作用，以小博多，促进自组织系统的涌现现象的发生，这就是未来主流媒介与主流媒介人应该扮演的角色。

那么，未来舆情治理的重点不在于进一步加大管控力度，缩小人们表达的言论尺度与空间，反而是应该适度放松这种管控力度，让人们多元的声音有一种表达的自由度。在这种自由度下，实现自组织式的协同整合。

研究表明，随着管控力度的加大，人们会进一步退化到自己的圈层中，而这种彼此隔绝、互不交流的小圈子，只会助长社会偏见、不宽容的产生，加大社会冲突的风险。只有适度扩大话语表达的多样性空间，才能让不同人、不同意见能够发生实质的显露与碰撞。

一方面，人们可以通过彼此的交流，意识到世界的大不同，从而增强人们的接纳度，至少增强宽容不同意见存在的心态与态度。

另一方面，这也有助于基模力量的有效发挥，找到问题的症结所在，以关键性的推动力形成社会舆论的涌现现象，以尽量减少耳提面命、简单粗暴式的刚性管制。

3. 抓大放小的舆情治理的新思路

有效的治理是将精力资源用于自己应该管，而且管得好的事项，而不是事无巨细，眉毛胡子一把抓。事必躬亲式的细节管理，并不适合作为复杂系统的互联网舆情管理的策略。

历史学者曾总结中国封建制度曾经兴盛的原因。其中之一是汉代的统治者总结了秦朝的刚性管理后得到了教训，制定了"皇权不下县，县下皆自治"的管理思路与管理方式。这是值得借鉴的。所谓"皇权不下县"，就是只抓大事，县级及以下的事务交给人们用自己的乡规、民约、自组织来处理。这一方面减轻了中央对于大量相关事务管理的压力；另一方面也抓大放小，形成了有效的管制。这值得作为面对复杂舆论环境的管制模式的一种借鉴。

我们这里所说的其实都是技术判断，并没有涉及价值判断。但技术判断至少可以告诉我们，在争取人心、达成社会共识方面需要解决的问题，以及相应的应对逻辑。如果连这个问题都认识不到、搞不清楚，那么就很难实现既有个人心情畅通、畅所欲言，又有统一意志与社会共识的舆论格局、人心格局。

7.4.3 新的管理方式

从历史角度看，每一次信息通信技术的重大进步，都会带来媒介形态和传播方式、主体、内容的变革。这其中有的可以预见，而还有很多会在实践发展中以出人意料的方式诞生。同时，技术、行业的发展进步，传播的变革，都需要建立与之相适应的管理理念和方式，使治理方式随着技术提升、产业发展、社会进步而进步，避免用赶马车的方式驾驭汽车，使管理成为促进社会进步的手段，而非阻碍发展的陈规或偏见。

1."微版权"的必要性与边缘创新

版权是平台媒体用户运营和内容价值挖掘的基础，同时也有可能是产品发展的最潜在危机之一。因此在新一轮技术增长和市场扩张之前制定行之有效、广泛通行的保护机制势在必行。

与普通版权相比，"微版权"是版权概念的从属；相对于通常意义下的版权来说，微版权是细化的、微妙的，它是数字化知识时代催生的、依托于互联网存在的、由一个或多个知识元组成的网络信息产品的版权，其相关利益者更是牵涉到每一个基本用户。微版权的合理利用既使原始版权方获得合法的版权收益，也降低了短视频创作者的成本和短视频平台的风险，促进短视频可持续发展。但与此同时，基于非版权保护内容的多元化创作方式，同样是发挥网友创造力、激发平台活力的重要前提之一。如何在两者之间保持平衡，是新的技术时代赋予产业的机会，同时也是考验。能够综合处理好两者的平台将在利益保护和保持创新之间取得双赢。国内外案例证明，依靠立法途径建立的微版权保护法则遭到了抵制，在以开放和免费为基础的互联网生态中，通过建立一套平台主导和用户自治的体系来扩展授权交易方式，达到微作品保护的目的，似乎更加行之有效。

如何通过有效的微版权运营模式管理好海量的互联网版权资源，同时激发大众的创新创造活力，实现版权资源的盈利？需要平台型媒体企业做到以下两点：第一，成立集中运营中心，对版权资源实行统一管理，实现实时甄别版权资源的利用与侵权预警；第二，建立微版权法律权益维护的基本流程，在版权遭遇侵害时启动维护机制，不断为版权资源的合理利用和价值创造提供机制保护。

2. 区块链实现社会化创作的权益保护和分配

互联网可分享与免费的特点，带来了关于社会化创作的版权之争。互联网发展初期，版权保护一度被忽视，当版权保护日益引起人们足够重视的时候，人们却发现并没有十分可靠的办法加以实现，特别是在分享环节更是无能为力。既有的平台型媒体在版权资源的运营和保护方面，存在很大的侵权风险。区块链技术有助于解决这一问题，可以实现对版权的实时、高效、低成本权益保护，防止侵权行为发生。受限于此前的网络条件，区块链技术在计算能力和运算速度上都还难以规模化、普及化应用。5G网络具有超高速传输、低时延、大连接的特点，支持区块链系统更大规模部署、高效交互，分布式节点的增加促进区块链系统的计算能力几何级提升。

目前，我国主要采用DRM（数字版权管理）作为数字版权的保护手段，该手段虽提供了较为完整的数字版权架构，但无法对传播中的数字作品实现高效保护。应用区块链技术能较好地构建低成本、高交易效率及强保护的数字作品交易平台。传统数字版权系统的中心化管理导致的版权数据易泄露、易被篡改等弊端成为音视频版权保护的难题。在出现侵权和版权纠纷时如何利用技术手段确权成为问题的关键。基于改进实用拜占庭容错算法（PBFT）的联盟式音视频版权区块链系统（VC Chain）有助于解决相关问题。[1]

---

[1] 陈子豪，李强，甘俊，等. VC Chain：联盟式音视频版权区块链系统[J]. 计算机工程与科学，2019，41（11）：1939-1948.

随着 5G 时代短视频、长视频、游戏、动漫等高清、VR/AR 作品社会化创作的发展，以及更多个体影视制作人、独立游戏人、动漫创作者的出现，当各类作品产生了观看付费、广告、版权收入等收益时，需要实现对众多创作者的贡献识别、大小判别和权益分配。区块链具有去中介化、开放性、自治性、不可篡改、全程留痕等特点，借助智能合约等技术手段，有助于帮助创作者拿到更多应属于自己的酬劳和知识产权收益，甚至普通用户也可以通过评论、回复、点赞等行为获得一定收益，这有助于形成更合理的关于数据、内容、知识等数字资产的定价机制，有效解决权益分配问题。区块链技术的集成应用在新的技术革新和产业变革中起着重要作用。需要进一步提升区块链技术的性能，使其与各类互联网平台有效结合。随着区块链技术的不断进步和成熟，其将进一步发挥提升社会和商业各环节信任度的最本质作用，可以高速、高效、低成本实现版权识别、收益分享、监管核查等目标，促进 5G 时代数字内容产业的创新发展和繁荣壮大。

3. 非"预审"条件下新的智能化监管

监管制度是视频平台媒介应对非理性传播生态的重要手段之一，5G 时代影视、游戏、动漫等的"平台+个体"社会化创作和智能化创作，以及不同观众、用户的智能化互动体验，使得政府部门无法再按照传统模式由专家评委对作品进行预看、预玩、预审。这就需要顺应技术和产业发展，在新技术条件和新产业环境下创新监管思路和方式。5G 时代，政府部门和互联网企业需要发挥各自优势，形成既分工也协同的治理格局，达成有效、高效、精准、智能的管理效果。对政府部门来说，需要回归政策引导和业务大方向指引的宏观管理角色，并结合事后发现惩处的监管方式，从烦琐的事前预审的微观工作中解放出来。对互联网平台来说，需发挥主体作用，通过 AI 安全审核技术、云视频等方式，对短视频、影视片段等内容实时监测和规制。同时，平台在内容创作机制、流程上加强对创作者的引导和规范。

目前，基于深度学习的内容识别技术广泛应用于语音、图像、视频等识别的各种模型的变形体或结合体模型，可应用于智能编目、广告检测、智能检索、智能审核等领域。可以利用深度学习技术对视频中的语音、文字、图像进行多维检测，及时发现涉黄、涉暴、政治敏感、广告、违禁品等风险内容，不断积累自定义视频黑库，基于视频指纹技术实现视频对比。音频内容的机器审核方案中，音频识别转文本匹配关键词是目前通用的基础方案。先识别音频中的语言语种，语音识别转化为文本信息后索引出关键词，在这一过程就可以植入现有文本识别中的上下语义分析，机器识别出与模型相似度最高的垃圾内容进行剔除。视频内容实则由音频内容、视频画面内容两个对象组成，视频画面内容的机器审核，业界目前常采用截取画面帧上传识别的方法，最终使用图片识别通道判断场景、人物、物品是否违规。5G 时代的互联网业务发展和更丰富的数据要素环境，将给智能监管技术创新带来新的动力，需要进一步提升自然语言理解能力、推理能力和正确的常识知识，为智能化监管提供基础保障。

4. 适应 5G 时代的全民媒介素养教育

媒介素养教育是信息时代教育系统中的必备要素。2020 年 3 月，国家互联网信息办公室颁布的《网络信息内容生态治理规定》开始正式实施，这表明有关部门已经把网络信息生态治理作为社会治理的一项重要工作。良好的信息生态取决于信息发布者、传播者和消费者高水平的媒介素养的共同作用。

面向成人的媒介素养教育是对基础教育中信息缺失的补充。5G 时代，媒介素养教育必须纳入基础教育系统，将信息环境中成长起来的儿童作为媒介素养教育的对象，站在认知心理学的角度不断调整素养教育的内容和方式，培养未来受众的媒介基本素养。

一直以来，作为一个几乎没有任何历史和文化意义的新型人群，儿童只被当作互联网的"用户"，与家庭成员、在校学生、年轻公民和新型消费者这些身份分离开来[1]。然而在 5G 空前泛在化的信息环境之中成长起来的新一代儿童，信息化生活已经不可或缺，媒介化阅读与思考也难以避免。面向全民的素养教育须从信息基本素养、信息安全意识，以及人机伦理教育等方面展开。

如果说 5G 之前的媒介素养教育，其核心仍然是作为媒介消费者的信息辨别、作为内容生产者的基本信息素养，那么 5G 时代，以及 5G 支持下智能系统时代，将把全民媒介素养教育的议题从媒介、信息的话语框架延展到人机关系层面。将人工情感作为社交机器人的典型特征之一已经成为学界共识，由于人工情感的不真实性和人类情感的真实性之间的失衡性关系，引发了一系列伦理风险问题，其中主要体现于社交机器人对人类同理心的"操控性"和"欺骗性"[2]。因此，科学地区分人与机器为源头的信息、前瞻性地理解人与机器的伦理区别，理解人机关系中的伦理边界，将是新一轮媒介素养教育的题中应有之意。

---

① 索尼亚·利文斯通. 儿童与互联网[M]. 郭巧丽, 译. 北京: 电子工业出版社, 2013.
② 王亮. 社交机器人"单向度情感"伦理风险问题刍议[J]. 自然辩证法研究, 2020, 36（1）: 56-61.

7.5　科技伦理与人机关系重构

回顾新闻传播学科的成长史，从印刷技术到广播电视技术，再到互联网社交媒体的发展，媒介技术无疑成为整个学科成长的关键因素。媒介技术正在为我们打开生活中种种无法设想的界限，超越传统界面的薄膜，跨越当下与未来、现实与虚拟。在技术的驱动下，现实世界和赛博空间虚实互动，并形成平行演化的"第三空间"，未来传播的发展趋势，则将从二元系统，走向"人—机—物"三元融合的复杂系统。

7.5.1　连接行为与决策行为

在 5G 时代，所有的"人"和"物"都将共存于一个技术所建构的有机数字生态系统之中，内容与信息将通过最优化的方式进行传播，原有的互联互通界线将被重新整合。在人与物的关系中，最为直接的"物"即机器，也就是人机传播中的媒体技术。5G 的万物互联，进一步将人与人、人与机器、人与世界的互联上升到生理级、心理级的互联互通，其疆界的进一步拓展、要素的进一步丰富、结构的进一步生态化，将促成人机传播关系的革命性重构。具体来说，5G 时代的人机传播关系重构，可以体现在关系和决策两个层面。

一是连接行为，即人对传播技术的依赖性。韦伯说过，人是建立在自我编织的意义和关系之网中的动物。"此在的本质也即是共在"，在人与人、人与物之间的关系之中，人的意义也被建立。而随着技术的发展，假使物的庞大超越了关系的意义，人与物之间由技术系统来定义的关系超越了人与人之间的关系，那么传播者就将更加依赖于技术而非其他人，无论是身体层面的传播还是情感层面的传播，都无时无刻不受到技术的影响。"这样一来，人对于人失去了意义，人对于人将成为冗余物，人不再是人的生活意义的分享者"，而成为一种"技术化生存"的存在物，高度依赖技术所赋予的某些功能，如海量存储、虚拟现实、人工智能等。

二是决策行为，即技术对于人的渗透。在 5G 时代，随着信息获取与筛选的速度跨越式发展，人们的决策时间和辅助流程大大缩短，但正如卡普兰所言，算法的渗透使得人在决策中的自主性也面临着威胁，"决策权部分或完全实现了由人向机器的转移"。作为人类信息传播活动的重要工具，媒介的形态进化是一个技术与社会相互作用的过程。从技术因素来看，作为媒介形态变迁的重要驱动力量，技术的每一次迭代更新，都带来传播质量和效率的提升、媒介对前技术环境的复制能力的增强，以及虚拟环境与现实边界的模糊。从社会因素来看，技术的合目的性与合手段性的叠加，又会在传播技术得到成功推广运用后，引发社会制度、社会功能以及传播场景的革新，从而导致社会结构、交往方式、传播方式、认知模式等多方面的改变。

7.5.2 同构、协同与共生

5G 时代，人与机器关系的深刻变革也带来了人机传播与主客体关系的重构，并产生了一些新的传播特点，需要我们在技术、内容、关系、主体等层面对其进行详细探讨。

1."互补性"与"同构性"

5G 时代的人机传播，在技术层面，既要考虑人机互补性，也要考虑人机同构性。在思考人机关系的历程中，"工具性"很长时间以来是学者们理解技术的一种思路。传播学中麦克卢汉的经典论断"媒介是人的延伸"，就是人机传播工具论的典型注脚，即技术的速度和广度可以达到传播的互联互通、无远弗届；同样，斯蒂格勒也提出"代具性"的观点，即使用技术工具来弥补人的某些能力的缺陷和匮乏。然而，这种判断仅仅考虑到人机传播关系的一个侧面，即人机"互补性"，实质上是将传播主体和传播技术分开，把两者当作彼此异质的实体；而忽视了人机"同构性"，即人机传播关系中两者相互依存、相互嵌入、协同共进。

媒介是人体延伸的基本含义，是指人与外部的物理性连接。技术所造成的圈层叠加、高度智能化、全时空、立体交互的特征，造就了人机传播的同构性、一体化、智能化。正如特纳所说，人通过作用于外部世界的力量改变了外部世界，但同时也改变了自己。不断革新的技术逐渐形塑了一个新的外在环境，一个被麦克卢汉称为技术环境或者服务环境（Service Environment）的新世界，这个世界反过来也影响着人们的身心和整个社会共同体所存在的外部社会环境。在 5G 时代万物互联传感器存在的情况下，生理性连接、心理性连接，甚至人的情绪连接都可以进行数字显示，整个社会就会呈现出全新的样貌。在信息哲学的视角下，互补与同构是一种本质的概念，因为人和媒介技术都是社会中的确在实体，而"存在即可交互"。未来传播中，人机同构性将重塑人与人之间、人与物之间的传播格局，形成"万物皆媒"的复杂耦合的传播新形态。5G 时代，在媒介技术层面，同构性研究将会成为人机传播研究更加侧重的方面。

2. "静态性"与"动态性"

5G 时代的人机传播，在内容层面，既要考虑传播内容的"静态性"改变，也要考虑传播内容的"动态性"改变。传播内容是信息形态与信息载体二者的有机组合，其动态性改变也体现在两个方面。其一，人机传播信息形态的动态性变化。5G 是一项革命性技术，它对传播主体是巨大的革命性释放，同时改变传播的游戏规则和构造方式，不仅使社会主要交流手段从书写文字转为视频语言，也使参与传播的内容实体发生重要改变。其二，人机传播信息载体的动态性变化。海姆认为，以往香农和维纳的信息观都是静态的，而新型人机关系中的交互界面，则是一种动态的过程。5G 造就了人的身体的技术化在场。而在这一接触点上，人与人之间被连接起来，而人的意向性也被传递到机器之上，形成一种人机共生、共同演进的关系。

5G 时代，社会主要交流手段将从书写文字转为视频语言，短视频与中长视频将成为 5G 时代人机传播内容最主要的表达方式。媒介及信息，就社会层面而言，以承载短视频与中长视频为代表的视频媒介扭转了视觉空间的感觉分裂，使得人类重新部落化。当视频这种表达方式成为关键性社会表达的语言形态时，其构成要素已经远远超出事实、逻辑和理性层面。越来越多的场景性因素、关联性因素以及非逻辑、非理性成分，会参与到未来的社会性、关键性、主流性传播当中。面对如此繁杂的一种话语方式和表达逻辑的改变，无论是主流价值观的传播，还是在社会沟通中形成共识，都有很多问题要解决，这可能是未来传播领域尤其是人机传播、危机传播中一个相当大的动态性风险所在。

3. 主客体关系与"主体间性"

5G 时代的人机传播，在关系层面，既要考虑主客体关系，也要考虑主体间性。主体间性是指存在于主体感觉间的、与不同主体经验相符合的信息传播手段，它与"感性的人的活动"所建构的交往世界和交互主体性密切相关。传播的主客体关系是人机传播研究的重要议题，然而超越二维关系，传播主体和媒介技术主体为"共同主体"，应相互协调、共同行动，这也是人机传播共同体构建的关键维度；同时，从社会历史的角度来看，传播主体之间在技术形塑之下产生的社会性、传播价值观的变迁，传播中的非理性因素，传播技术对社会结构和功能变迁的影响等问题，同样不容忽视。

在 5G 的革命性改变之下，传播学的边界得到了极大的拓张，"万物互联"既包括物理性与生理性的连接，也包括心理性的连接。5G 时代的海量传输，既有信息与事实的传输，也包含情绪的传递。学者们认为，个体决策是认知和情感共同作用的结果，认知系统服务于调节系统，而情绪是两者之间的桥梁，这也符合"后真相"时代的特征。后真相时代，研究者需要讨论受众情感、体验和情绪等对传播过程所带来的影响，以及传授主体两者间基于不同立场对信息展开的个性化解读。语言内容和风格是传授主体之间重要的渠道信息，在非语言内容传播过程中，有助于辨别传播者的身份特征、如何表达情感以及他们的话语意味着什么。此外，特定的人类体验，包括情绪、好恶与经验等非理性因素和社会性因素，也是 5G 时代人机传播的主客体关系需要考察的范畴。

4. 人机命运共同体和价值共同体

媒介是信息传播的载体、工具和渠道，其功能与价值已经远远超越了物质层面和技术层面的意义。"媒介作为大多数现代公众了解过去、现在和未来的主要信息来源，在很大程度上构建了人类对现实社会的认知和定义，也告知了人类社会生活的标准和规范。"由于不同媒介的介质属性不同，对人们感官的介入程度不同，人们基于不同媒介所产生的对事物的认知和体验也有所不同。在这一过程中，媒介时时刻刻形塑着人们的认知偏好、信息处理方式和思考方式，以一种技术无意识的形式影响着传播内容，塑造着时代文化，改变着受众的行为模式和认知模式。

美国未来学家托夫勒（Toffler）在其所著的《第三次浪潮》中预言了即将来临的信息技术社会。迄今为止，不仅托夫勒的预言已大多数成为现实，如传播媒介的消费群体化等，而且出现了一系列超出其预言的新生事物，如 3D 打印、物联网、云计算、大数据、智能机器人、智能交通、智能医疗、智能教育、智慧城市等。斯坦福大学社交媒体实验室主任杰弗里·汉考克（Jeffrey Hancock）在 ICA 上海会议上也提出了传播学研究将从"以计算机技术为中介的传播"（CMC）转向"以人工智能为中介的传播"（AI-MC）的论断。我们必须意识到技术逻辑对于未来传播构建的基础性作用，特别是 5G 的到来，这些新生事物已超越了"第三次浪潮"时代，开始进入另一个更为先进的人机传播第四范式时代。

因此，"共生"（Symbiosis），即有两个或两个以上的有机体共存的状态，也是 5G 时代人机关系的一种最恰当的隐喻。人类创造了越来越亲密的人机界面，技术渗透到人的社会生活、关系与场景之中，我们更多地依赖技术进行辅助思考与决策行为，通过机器界面实现人与人之间的随时连接与永恒在线。强调人机互补与协同，重构传播学领域人与机器的共生关系，是承认增强人类（Human Enhance）现实的重要进步所在。

　　然而，如塞尔所言"技术本身不能够构成心灵，技术的形式也无法确保正确的心智内容的出现"。未来传播中人机关系的模式亟须重构，传播者必须为自己的行动赋予其意义。"共同体"通过改善有机体某些子系统功能的作用，或者创建一个全新的功能或子系统，在彼此的共生关系中，"人类需要设定目标，为技术发展和科学思维中的洞察和决策做好准备"。正如有学者所说，人与机器之间的关系，应该更像是指挥家和乐队的关系，彼此相互协调、交互配合。5G 时代，需要从传统的以人为绝对主体的关系转向人机互在（Inter-being）、人机共生的新型关系，重构人机传播思维，向人机传播的"命运共同体和价值共同体"转变。

本章练习

一、名词解释

1. 非理性
2. 后真相
3. DAO

二、思考与练习

1. 如何理解媒体社会价值的变迁？
2. 请简述后真相的成因和治理方法。
3. 非理性因素与非理性现象的区别是什么？
4. 简述媒介化社会治理的风险与机遇。

三、阶梯阅读书目推荐

1. 让·诺埃尔. 谣言：世界最古老的传媒[M]. 郑若麟，译. 上海：上海人民出版社，2018.

2. 乌尔里希·贝克. 风险社会[M]. 何博闻，译. 北京：译林出版社，2018.

3. 南希·K. 拜厄姆. 交往在云端：数字时代的人际关系[M]. 董晨宇，唐悦哲，译. 北京：中国人民大学出版社，2020.

4. 尼尔·弗格森. 广场与高塔[M]. 周逖，颜冰璇，译. 北京：中信出版社，2019.

第8章　网络新媒体前沿研究

本章学习目标

- 对学术研究前沿有基本了解和动态把握。
- 理解如下重要概念：元宇宙、认知带宽、认知竞争。
- 了解行为传播学研究的未来方向。

导读

　　本章是整本书最为动态与可延展的部分，在了解前几章知识的基础上，本章针对网络新媒体研究的前沿课题作出几个方向上的梳理，提供理解框架并展望研究趋势。此部分内容随着版本的"迭代"而不断更新，为读者提供最新的前沿科研方向。本版归纳的基于 2022 年网络新媒体的前沿课题有如下几个方向。

　　第一，元宇宙。基于特定的媒介特性与媒介实践，媒介技术能够对文化和社会产生广泛的媒介化影响。在互联网技术完成对传统社会的深刻解构（即"去组织化"）的同时，其孕育的下一代数字媒介的使命在于重新实现社会形态的"再组织化"，以建立一个全新的数字化社会。而元宇宙是集成与融合现在和未来全部数字技术于一体的终极数字媒介，它将实现现实世界和虚拟世界的连接革命，进而成为超越现实世界的、更高维度的新型世界。本质上，元宇宙描绘和构造了深度媒介化社会的愿景形态，重塑着传播实践。

　　第二，认知带宽与认知竞争。媒介化社会中，认知带宽表征了个体稀缺的认知资源，认知竞争则提出了个体有限认知条件下的信息分配问题，在这一过程中展开了媒介信息供给与用户信息接收的两个主体。媒介对用户有限认知的争夺形成了认知竞争的效率逻辑，而这一逻辑也面临异化为"认知战"的风险。因此，理解媒介化社会中认知资源的有限性与信息无限性的矛盾，以及认知竞争的运作机制，对于我们更好地认识自身、构建未来传播影响力至关重要。

第三，行为传播学的未来研究方向。那么，进入数字时代以来，传播学学科体系面临着碎片化、复杂化及难以解释巨量传播现象的危机。如何站在全局与时代发展的高点上对传播学进行统摄性的学科重构、构造适宜未来传播的研究范式，是当前传播学发展面临的关键问题。而行为是人类外化的集中表达并对人具有长期塑造作用，是人类与全部环境产生关系的根本性中介，是洞悉人类生存样态和社会文明变迁的本源性窗口。面向未来媒介时代，传播学研究必须给予行为要素更高关注，并通过与行为科学等多学科要素整合，形成更适宜未来传播研究的学术体系。

第四，**AIGC 时代的内容范式**。这一前沿课题探讨了在内容概念不断延展、内容范式持续迭代的情况下如何把握内容生产和传播生态的复杂演变这样一个关键问题。首先，在论述微内容作为互联网内容生产的关键要素一节中，分析了 AIGC "涌现行为"的可知与不可知、"chat"式类人际交流产生的过度解读与自我消解，以及 AIGC 下 "微内容"是如何模糊人类要素与非人类要素的边界的；其次，探讨了内容范式在智能要素注入下的内容扩容、权力转型与价值逻辑；最后，研判了 AIGC 下媒介内容生产与传播生态协同演进的操作路径。

8.1 元宇宙：媒介化社会的未来生态图景

1992 年，美国作家尼尔·斯蒂芬森在科幻小说 *Snow Crash*（《雪崩》）中提出 "Metaverse"（元宇宙，汉译本译为 "超元域"）概念，描述了一个平行于现实世界的虚拟世界，所有现实生活中的人都有一个网络分身（Avatar），现实人类通过 VR 设备与虚拟人共同生活在虚拟空间。目前，学界对元宇宙这一概念还未有统一的界定，从字面意思理解，"Meta"和 "元"，意味着 "超级""超越"，是一种更高的、超越的状态；"Universe"和 "宇宙"，意味着 "空间""世界"，是全面的、广泛的存在，元宇宙即超越于现实世界的、更高维度的新型世界[①]。

---

① 喻国明，耿晓梦. 元宇宙：媒介化社会的未来生态图景[J]. 新疆师范大学学报（哲学社会科学版），2022，43（3）：110-118+2.

8.1.1 从 5G 到元宇宙

麦克卢汉的"延伸观"及莱文森的"补偿观"体现了媒介观中最核心的观点，即认可媒介的人本主义，强调媒介演进的逻辑起点是人类本身。以人类视角反观媒介演进史，可以发现它实际上是一段人类实践半径不断扩大的历史，把握人类自由度的拓展之势，即把握住了媒介技术演进的内在规律。可以说，新媒介是旧媒介围绕人类自由度新需求出现的"变异"。新媒介在旧媒介已有的"技术存量"上发展而来，"变异"的牵引力是人类在新时代的自由需求[①]。例如，5G 这一看似革命性的媒介技术也是在 1G 语音时代、2G 文本时代、3G 图像时代、4G 视频时代的媒介渐进和累积发展中产生的。

应该看到，从 5G 到元宇宙的创新升级，其背后的逻辑仍是旧媒介技术的叠加与整合。区块链技术是支撑元宇宙经济体系最重要的技术；交互技术持续迭代为元宇宙用户提供沉浸式虚拟现实体验阶梯；电子游戏技术为元宇宙提供创作平台、交互内容和社交场景并实现流量聚合；人工智能技术为元宇宙大量的应用场景提供技术支撑；通信网络和云游戏的成熟夯实了元宇宙网络层面的基础；物联网技术为元宇宙万物链接及虚拟共生提供可靠技术保障。元宇宙不是某一项技术，而是一系列"连点成线"技术创新的集合，是融合现在和未来全部数字技术于一体的终极数字媒介。因此，它将实现现实世界和虚拟世界的连接革命，进而成为超越现实世界的、更高维度的新型世界，本质上，它描绘和构造了未来社会的愿景形态。

8.1.2 作为深度媒介化表征的元宇宙媒体

所谓"媒介化"，指的就是由于媒介影响的增长，社会的方方面面和各行各业发生了按照传播逻辑重组的全新变化。媒介化过程就是用媒体的逻辑、机制、传播模式，对社会生活的方方面面进行深刻改造的一个过程[②]。"深度媒介化"是不同于"媒介化"的理论与社会发展的全新范式：以互联网与智能算法为代表的数字媒介作为一种新的结构社会的力量，其作用于社会的方式与以往任何一种"旧"媒介不同，它下沉为整个社会的"操作系统"，所引发的是更根本性和颠覆性的社会形态的巨大变迁。

---

① 喻国明，丁汉青，刘彧晗. 媒介何往：媒介演进的逻辑、机制与未来可能——从 5G 时代到元宇宙的嬗变[J]. 新闻大学，2022（1）: 96-104+124.

② 喻国明. 元宇宙就是人类社会的深度"媒介化"[J]. 新闻爱好者，2022（5）: 4-6.

从"媒介化"到"深度媒介化"的范式变革，意味着互联网等数字媒介引发的传播革命正在史无前例地改变社会的基本形态，新传播所建构的新型关系将在很大程度上重构以往的各种社会关系。换句话说，传播不再只是社会结构中一个组成部分的功能，而是构成了整个社会形态的基本要素，传播编织的网络就是社会结构本身，或者说，是传统社会结构、规则和形态的一种替代。

在元宇宙空间中，数字媒介以连接一切的形式下沉为整个社会的操作系统，将一系列断裂的、分隔的社会要素和市场要素通过以 XR（现实扩展）等全部数字技术构造起来的"超现实"平台重新整合成一整套有序运行的规则范式和组织体系，为未来文明提供聚合性承载空间，也为人类和社会的发展构建一系列新的发展向度。可以说，元宇宙即社会的"深度媒介化"，它不是"平行于"现实世界的一种存在，而是既超越现实世界，又与现实世界相融相生的"混合现实"，是一种全新的数字文明形态。从本质上说，元宇宙不是一项技术、不是一个产品、不是一个场景，甚至也不是所有技术的集合体，元宇宙其实是一种数字革命以来所发展起来的全部技术与社会现实融合发展的全新的文明形态——如同原始文明、农耕文明、工业文明一样，数字文明是人类文明发展的全新阶段。它使人类进入到一个具有更高自由度、更高灵活性、更多体验性、更强功效性的超现实世界。

8.1.3　元宇宙重塑传播实践

作为互联网终极形式的元宇宙是生态级、系统性的，是多种技术创新的总和，元宇宙在以下两方面重塑传播实践。

第一，VR、AR、MR 等扩展现实技术营造的沉浸传播将成为未来社会互动的主要方式。就交互体验而言，当下媒介的呈现形式主要为图像和视频，对屏幕另一端的人们而言依然是二维的存在，无法真正跨越空间的距离，在场感依然无法比拟于前技术时代的面对面交流。而 VR、AR、MR 等扩展现实技术将推动人类社会迈进高度智能化与实时交互的沉浸传播时代。与非沉浸传播相比，沉浸传播呈现感官沉浸与实时参与的特征，具有以人为中心、无时不在、无处不在、无所不能的传播功能；它拥有超强的时空调用能力，即能够跨越时间、空间障碍，将过去与未来、宏观与微观、远方与近处等带到眼前。同时，传播也将真正实现"我的场景我做主"，即信息由传播者与接收者共同创造，并共同进入沉浸式体验，更容易达成交互双方的"共情与共振"。可见，扩展现实媒介及其营造的沉浸传播能够展现更强的横向连接：不仅可以像传统媒介那样连接人与信息、人与人，还可以连接人与物、连接现实世界与虚拟世界，连接人的物理世界与心理世界，等等。

第二，个体平权式参与将成为未来媒介生态建设的基本准则。扩展现实的沉浸传播的另一侧面是主体性的继续强化，即参与社会传播互动的选择权继续向个体回归，个体拥有更多的自主性——可一如既往地自主选择接收的信息，享受个性化的内容与服务，更重要的是，借助扩展现实的手段，人们进行内容生产的自由度大大拓宽，即个体进行社会传播交往的场景很大程度上由个体自己把控。在这一意义上，未来传播的绝对主角是被再次深度赋权的社会个体。必须看到，在互联网激活个体的当下，用户生产内容和机器生产内容已成为社会信息传播的主流，专业机构生产内容占社会信息总量的份额较少；未来，随着媒介技术对个体的进一步赋权，海量能量的裂变式释放是未来传播生态建设必须紧密依托的底层力量。

8.2 认知带宽与认知竞争

媒介技术的发展带来了"内爆"（Inplosion）以及符号的过载，这种过载的信息和符号资源与个体有限的认知资源相结合，一方面使个体依赖于媒介的逻辑形成认知，规训行为，另一方面也使社会按照媒介化的逻辑重构与再组织。媒介化社会中，认知带宽表征了个体稀缺的认知资源，认知竞争则提出个体有限认知条件下的信息分配问题，在这一过程中展开了媒介信息供给与用户信息接收的两个主体。媒介对用户有限认知的争夺形成了认知竞争的效率逻辑，而这一逻辑也面临异化为"认知战"的风险。因此，理解媒介化社会中认知资源的有限性与信息无限性的矛盾，以及认知竞争的运作机制，对于我们更好地认识自身、构建未来传播影响力至关重要。

8.2.1 认知带宽与认知竞争概述

媒介产生于人们对于信息的需要，媒介起到了延伸、替代人感官的作用，并且会通过感官形成的中介化体验进一步作用于人的认知与行为。从媒介的结构与功能来看，人与媒介产生互动的根本原因在于个体的生理和心理认知能力有限。随着人机交互、技术身体、智能身体的引入，技术逻辑已经渗透进日常媒介实践当中，用技术的术语来看，个体有限的能力可以概括为"带宽"（Bandwidth）。在数字设备中，带宽指单位时间能通过链路的数据量，通常以 bps 来表示，即每秒可传输之位数。据此，有学者提出生理带宽的概念[①]，在心理学中个体有限的认知资源也被理解为认知带宽（Cognitive Bandwidth）。从心灵与认知的角度，认知带宽概括了个人有限的认知资源，认知带宽指的是信息处理的可用性，以及个体的认知能力和执行控制能力[②]。

基于信息加工理论，对信息的过滤、控制、保持和加工都需要消耗认知资源，认知资源的有限性将直接决定个体可以处理信息的复杂性及信息数量。[③]在这一过程中，由于注意资源与工作记忆的有限性，"认知带宽"成为媒介信息过载时代的稀缺资源，而这种稀缺资源也成为不同媒介竞争的目标，由此产生了"认知竞争"的概念。认知竞争又可以被称为认知争夺，是指传播环境中各类信息通过多种方式对个体有限的认知资源进行竞争式抢夺的行为[④]。

概言之，媒介化社会中认知资源的有限性与信息无限性的矛盾，导致了传播过程中各种信息发出者对信息接收者的信息加工能力进行竞争。而认知竞争是一种重要的信息加工机制、一种重要的媒介现象，一种推动社会演化的动力，理解其背后的运作机制有助于我们突破新的研究方向和尝试新的研究范式[⑤]。

8.2.2 认知竞争的个体心理基础

在个体心理层面，认知竞争的发生正是基于千万年以来人类演化所产生的信息加工机制。这种信息加工机制具有加工能力有限性的先天特性。为了弥补这些有限性，人们的信息加工系统具有控制加工和自动加工两套机制，可以在不同的社会情境下进行灵活的工作，以应对纷繁复杂的信息

① 彭兰. 元宇宙之路的近虑与远忧——基于用户视角的需求-行为分析[J]. 探索与争鸣，2022（7）：78-85+178.

② 喻国明，苏芳. 从认知带宽到价值带宽：元宇宙视域下认知竞争逻辑的重塑[J]. 西南民族大学学报（人文社会科学版）. 2023，44（4）：139-147.

③ Franconeri S L, Alvarez G A, Cavanagh P. Flexible cognitive resources: competitive content maps for attention and memory[J]. Trends in cognitive Sciences, 2013, 17(3), 134–141.

④ 喻国明，郭婧一. 从"舆论战"到"认知战"：认知争夺的理论定义与实践范式[J]. 传媒观察，2022（8）：23-29.

⑤ 修利超，喻国明，杨雅. 认知竞争的发生机理：三个关键性的分析视角[J]，西北师大学报（社会科学版），2023，60（5）：55-61.

环境所带来的生存压力。这些加工机制在与他人互动的过程中逐渐形成了类属性思维的认知工具和认知启发式的思维策略，由此形成了认知竞争的心理基础，这是认知竞争的必要条件。在多元的媒介环境下，只有那些能够满足用户认知需求、唤起用户情感共鸣、重构用户关系、符合用户社会认同的信息才会成为认知竞争的胜者。也就是说，谁擅长关于情感的、关系的内容表达，谁就会成为社会沟通、社会共识达成领域的引领者和长袖善舞的意见领袖。

认知竞争的个体心理基础包括：

1. 注意资源有限性

丹尼尔·卡尼曼于 1973 年在《注意与努力》一书中提出了资源限制理论，又称资源分配理论或者有限容量理论。这一理论正是上述思想的集中反映。该理论把注意看成一种心智资源，而这种心智资源的总量是有限的，注意的功能就在于对这些心智资源进行分配。然而这种有限性是相对的，它与唤醒（Arousal）联结在一起，在某段时间内，唤醒水平将决定注意的心智资源数量。各种唤醒的来源，比如情绪、药物、肌肉紧张、强刺激等会影响到资源的分配方案。除此之外，资源分配方案还要受制于唤醒因素可利用的能量、当前的意愿、对完成作业所要求资源的评价以及个人的长期意向，在这些因素作用下，所实现的分配方案就体现着注意的选择[①]。由于注意并不是一种独立的心理过程，而是感觉、知觉、记忆、思维、想象、情绪、意志等心理过程的一种共同特性，因此，注意在其他认知过程乃至社会认知过程中都会起到重要作用，孤立的注意是不存在的，它只是认知过程的一种状态[②]。那么，这种加工能力的有限性也就是人类心理活动的一个普遍特性了，比如在信息的感知（形成信息的表征）、工作记忆（对信息表征进行操作和加工）、长时记忆（信息表征的存储和提取、形成竞争效果）诸环节中，这种有限性是一个贯穿始终的线索。所以，在一定程度上也可以说，在认知竞争发挥作用的过程中，以注意和工作记忆等认知过程的加工为代表的有限性起到了基础性的作用，是认知竞争的一种心理机制。

2. 社会认同

除了加工能力的有限性之外，社会认同理论（Social Identity Theory）的提出者 Tajfel 和 Turner（1986）认为，群体成员试图将自己所属的群体（内

[①] Kahneman D. Attention and effort[M]. Upper Saddle River：Prentice-Hall Inc, 1973.
[②] 邵志芳. 认知心理学——理论、实验和应用[M]. 2 版. 上海：上海教育出版社，2013.

群体）区别于其他群体（外群体），并主动保护群体之间的差异，以便提高或获得一个有利于自己群体成员的良好而积极的社会形象。社会认同意味着，一个人意识到自己是社会群体的一员，而这个社会群体在价值观和情感方面对它的成员都具有重要的社会和文化意义。群体成员的身份影响一个人的观点和行为，社会的相互作用同样影响这一成员的自我意识。通过适当的群体之间的比较，人们可以得到正面而良好的社会认同[①]。社会认同对于分享群体情感、促成群体目标、建构群体关系、凝聚群体共识具有重要的作用。由于社会认同具有这种中介性质，它在个体信息加工机制和动员群体行动之间起到了一个传导或者桥梁的作用。

8.2.3　认知竞争的媒介发生场域

认知竞争作为一种普遍存在的人性特征，对传播学的诸多分支领域有着较强的整合能力。我们在互联网媒介场景下发现的很多现象和规律，其实都有着认知竞争的影子，是认知竞争的具体表现，同时，媒介环境作为认知竞争赖以生存的土壤，也是"认知市场"的实际载体。

1. 深度媒介化

在深度媒介化时代，媒介嵌入日常生活与信息流通过程，为认知竞争提供了"复媒体"环境。媒介环境不仅仅为认知竞争提供发生和发展的环境和平台，也成为参与个体和群体认知竞争作用的中介物和催化剂。当前媒介业已进入"深度媒介化"的发展格局，全新的传播关系正在深刻重构着以往的各种社会关系，新一代信息技术对社会中相对无权的个体和群体的赋权超越了以往任何一个时代，传播技术的发展与传播工具的普及极大地便利了人们自主甚至自动接触、搜集和传播信息，也为公众对于媒介事件的展演和记忆带来了巨大的挑战。对于个体认知和印象的争夺与占领，弥散在不同媒介类型、平台和场域之间，而个体认知又进而成为集体记忆和公共话语形成的初始和基础。因此，深度媒介化时代，认知竞争来自复媒体环境的场域特征；媒介场域认知竞争的根本核心与起始点就在于，外部环境中媒介的信息可供性是否能够满足和匹配个体的认知需求。

2. 媒介赋权

在关系赋权时代，算法媒介为认知竞争提供了重要的助推器和赋权工具。算法媒介具有较强的赋权属性，它能够提供给受众更多的话语表达空

---

① 黎岳庭，刘力. 社会认知：了解自己和他人[M]. 北京：北京师范大学出版社，2010.

间，让受众从传播过程的接收者变成传播者，并在一定程度上从传播权力、传播内容、传播渠道、传播方式等维度解构着主流意识形态话语权威，消弭主流意识形态话语传播效力[①]。算法这一信息和受众间的新中介，正发挥着隐形把关人的作用。凭借着分类、筛选、优先、过滤等模式，各种算法正决定着展示在个体面前的信息，从购物推荐到资讯推送再到搜索结果排序，均是数据分析和算法运行的成果——乃至于"我们是谁""我们相信什么""我们会做什么"等"事实"也取决于此。作为网络社会基础机构的一部分，算法正在重新联结个体间、社会资源间的关系网络。然而，更为重要的是，算法媒介为少数平台或者一些非国家行为体所有，而这些平台的角色更为多元，它们不仅是科技巨头，也是舆论的意见领袖、资本的所有者和参与地缘政治博弈的重要力量。因此，它们也是参与认知竞争的重要行为主体，甚至可以作为一股地缘政治势力，越来越多地参与国家间的纠纷与冲突，其所展现的惊人破坏力一定程度上重塑了公众对于商业公司权力边界的认知。比如，社交机器人就是在线社交网络中模拟人类用户，自主运行、自动生产发布内容的算法智能体，在俄乌冲突中，以算法为基础的社交机器人参与程度很高。它们正在成为影响舆论的重要因素，通过传播虚假信息、营造虚假气氛、与更多人建立关系等手段操纵舆论。

8.2.4　认知竞争的社会演化过程

作为信息加工主体的个人并不是孤立存在的。人们依靠相互之间的信息交流，形成共同的想象和期望，然后才能够形成群体，而媒介在其中起到关键作用。在当前的媒介环境下，信息的交流更加扁平化，"平台+趣缘"的组合已经形成了一种全新的社会组织方式。互联网对个体的关系赋权使他们变为了一个个的"超级个体"，被空前赋权的"超级个体"是流动的，是产销者、自门户、互释人[②]，由此使社会的结构发生了显著的变化。

认知竞争对于社会的分化和重组起到了一个重要的推进作用。其作用不仅仅在于打破原有的社会组织形式，还在于"建构"新的社会组织形式，是一种从"自组织"走向"再组织"的演化过程。在传统的科层制社会里，社

---

① 蒋博，李明. 解构与重构：新媒介赋权视域下的主流意识形态话语权建设[J]. 理论导刊，2021（7）：67-72.

② 曲慧，喻国明. 超级个体与利基时空：一个媒介消费研究的新视角[J]. 新闻与传播研究，2017，24（12）：51-61+127.

会内部各组织之间分工明确、边界清晰，权力和责任都有相应规定，其职能是依靠指令系统来产生并发挥作用。媒介组织在其中处于较为边缘的地位，扮演着一个"宣传队"的角色；然而在移动互联网技术逐渐普及之后，在受众被空前赋权的状态下，受众需求不断地快速演进，媒介行为不断巨变①。媒介组织已经成为一个中心角色和组织者，是新社会形态的建构者，诸如"互联网+商务""互联网+金融""互联网+教育""互联网+政务""互联网+农业"等概念层出不穷。在这样一种"连接一切"的深度媒介化社会里，受众已经分化为各个媒介平台的用户，并且根据其兴趣爱好、思想观点、情感体验等诸多因素被重新连接为一个个较为独立的社交群体，从而形成了一种新的以深度媒介化为特征的社会组织形态。媒介平台为了增加用户黏性，争夺有限的用户注意资源，就有意无意地采用各种策略增加自身对用户的"认知触达"，从而使认知竞争无时无刻不发挥着作用。这会产生两个方面的影响：在积极方面，平台可以动员自身所具有的一切力量，激发自身的互动性和创造力，促进技术的进步并充分地介入认知市场，使资源的分配效率尽可能地达到最大化，使用户的多样化需求得到满足，并且在可能的情况下可以发挥出核心优势，参与国际竞争，有利于推动"国内大循环、国内国际双循环"的产业繁荣。在消极方面，平台也可能出现资本的过度扩张，导致用户行为"饭圈化"，以及前虚假信息的泛滥，等等，有可能放大社会中的非理性传播的影响。

从更广阔的视角来看，在历史上也不乏认知竞争的经典案例。比如"心理战""舆论战"和"认知战"这些概念的发展历程，就其本质而言，都可以看作是认知竞争的一些较为极端的对抗形式。而不同民族、国家和文明之间的交流与融合，则可以看作是认知竞争中的共识形式的表现。这其中一些基于想象形成的共同体和共同叙事，建构起内群体的社会认同，并最终在诸多认知观点的竞争之中胜出，从而起到了推动社会演化的作用。认知竞争是促进社会分化和重构、自组织和再组织的重要推动力。不同的信息各自争夺人们的关注，胜出者会最终影响到社会的主流观点形成，并参与意识形态的塑造过程。人们在认知的竞争过程之中相互标识身份、建构认同、彼此分化、极化冲突、重构信任和沟通融合，促成了社会互动的多种形式。其关键的要点就在于起主导作用的认知是何种属性的，以及是如何影响人们心智的。

---

① 曲慧. 大众之后：流动现代性视域下的受众观[J]. 传媒经济与管理研究，2017（1）：52-63.

8.3 行为传播学研究

进入数字时代以来，传播学学科体系面临着碎片化、复杂化及难以解释巨量传播现象的危机。如何站在全局与时代发展的高点上对传播学进行统摄性的学科重构、构造适宜未来传播的研究范式，是当前传播学发展面临的关键问题[①]。所谓行为指代"除心智活动外人类其他活动的总和"，行为是人类外化的集中表达并对人具有长期塑造作用。所谓行为指代"除心智活动外人类其他活动的总和"，行为是人类外化的集中表达并对人具有长期塑造作用，是人类与全部环境产生关系的根本性中介，是洞悉人类生存样态和社会文明变迁的本源性窗口。面向未来媒介时代，传播学研究必须给予行为要素更高关注，并通过与行为科学等多学科要素的整合，形成更适宜未来传播研究的学术体系。

8.3.1 行为传播学的理论基础

"行为"概念，指涉范围既包括无意识、无目标的行为，有意识有目的的行动，也包括基于心智和认知的社会实践，既包括微观现象，也包括宏观模式。换言之，行为指的是心智以外人类所有活动的总和。

从理论的角度看，传播学对行为的关注最早可追溯至 20 世纪 30 年代，即"魔弹论"时期。由于当时理论研究手段的局限，行为主义传播学把行为从社会要素和心理要素的关联中剥离出来，以孤立的视角展开研究，使其谬误缺陷逐渐凸显，魔弹论逐渐式微。随后兴起的适度效果论用认知塑造代替行为塑造，击溃传播无用论，使传播学走出了徘徊的几十年，但也让传播学从此失去了坚实的分析基点，越来越陷入流动且难以预测的状态。

相较盛行于 20 世纪 30 年代的行为主义传播学，如今传播学语境下行为概念的内涵已然发生巨大变化。行为主义传播学所秉持的"刺激—反应"假设已经被公认为一种粗糙的理论模式，丧失了生命力。时下我们有能力掌握系统科学、大数据科学与认知神经科学发展带来的技术工具和理论视角，已能够对行为做出细致和高效度的解读。因此，我们需要重新审视行为对于传播研究的价值，本书拟提出当代传播学科语境中对行为的三

---

① 喻国明，苏健威，杨雅. 行为传播学：未来传播学学科构型的核心范式[J]. 武汉大学学报（哲学社会科学版），2023，76（2）: 32-44.

个基本认识论。

第一个认识论是：传播与行为不可分离，行为也不可脱离传播和心智成为一种孤立、反射式的实在。脱离行为和心智的传播是流动的，不可捉摸的；脱离心智和传播的行为是非社会性的，无生产意义的。因此，"传播—心智—行为"需要成为除了环境、人类本体外的第三种概念——一种协同式概念，行为传播学视野下的行为应当主要是媒介或传播中介的、交互的、有意识的实践形态，这也是行为传播学区别于行为科学的关键要义。正如国际传播学会前任主席克劳斯·克里彭多夫（Klaus Krippendorff）所指出的，语言使得社会便于组织，但仅仅用于言说的语言其实没有太多生产意义，所以语言要与行动连接，即人们需要在语言的基础上加以行动。在人们使用语言的过程中，个人会描述所见所为，或者依言行事，这样主体行动与语言就结合在一起。因此，语言连接着行动、所见及所述，发挥着重要作用，这种语言不仅仅是句子，而是行动中的话语（Discourse in Action）[①]。

第二个认识论是：传播、行为均可作为研究的自变量与因变量。首先，传播本身就是一种行为，而媒介中介的行为则是新的传播内容，有望成为继文字、图像、视频、音频等之外的新的内容维度。其次，传播效果可以表现在认知、态度、情感等心智层面，同样也应该表现在行为层面，即行为可以作为认知、情绪、态度之外更广泛意义的效果维度。最后，传播可以影响行为，行为同样可以影响传播，二者均可成为传播结果的解释变量。

第三个认识论是：行为是一种重要的表征和分析指标，即行为表征了受众的特征、媒体的特征等，也表征了群体或社会中的关系结构和文化样态。这一认识论是行为可以被传播学诠释范式纳入研究的重要基础。

基于上述讨论，本书尝试提出行为传播学的范式定义——以人类社会中的"传播—心智—行为"协同要素为研究对象并使用科学研究方法的研究范式。

8.3.2　行为传播学与计算传播学

1. 理论溯源："行为科学"与"计算社会科学"

"行为"概念，指涉范围既包括无意识无目标的行为、有意识有目的的

---

① 陈静茜，吴卉. 传播之于社会的意义：建构主义取向的传播学研究——克劳斯·克里彭多夫（Klaus Krippendorff）教授学术访谈录[J]. 新闻记者，2021（4）：87-96.

行动，也包括基于心智和认知的社会实践；既包括微观现象，也包括宏观模式。换言之，行为指的是心智以外人类所有活动的总和。

由于行为对整个社会系统有着极为重要的意义，所以对人类行为的研究也成为社会科学研究演化的一条重要脉络。有关行为的讨论较早可见于心理学研究。早期心理学对行为的解释有两种流派。第一种倾向认为人类行为是由个体心灵或内部状况所驱动的客体，可谓之"心灵主义"。在该种视角下，行为很少受到外界因素干扰，完全是内在逻辑的外延体现，成为一种表征的、可观测的实在物。因此行为的研究价值一定程度上被消解。第二种倾向批驳了行为完全内驱的观点，可谓之"环境主义"。为此，著名新行为主义代表学者斯金纳（Burrhus Frederic Skinner）建构了"内在人"（Innerman）这一概念，认为人可分为内在人和外在人，内在人像司机驾驶汽车一样驾驶着外在人。"内在人的功能的确是提供了某种解释，但这一解释本身却不能得到解释，由此，解释便中止在内在人这里，成为了神圣莫测的东西①。"因此，要研究行为就必须破除心智等因素的研究传统。尽管斯金纳的观点过度分离了心智与行为的关系，但在某种程度上也开辟了行为能够脱离心智作为独立概念范畴开展研究的先河。当我们以今天的视角来看待心灵主义与环境主义时，我们必须认识到二者兼有行为研究的认识论价值。斯金纳对内在人的摒弃某种程度上源于彼时研究方法的缺位，而如今随着心理学与认知神经科学的发展，我们已经能够通过科学方法审视内在人的逻辑和机理，因此，我们不能完全转向行为而无视心智的效用。与之同理，倘若我们仅聚焦心智而无视行为，则将难以把握行为及其代表的社会构造力量。

行为脱离心理学成为一门独立学科最早可追溯至作为管理科学的行为科学（Behavioral Science），即研究管理过程中的行为和人与人之间的关系规律的一门学科。随着管理之外的更多行为被纳入行为科学研究范畴，行为科学逐渐脱离管理学的学科框架。如今的行为科学主要是指以心理学、社会学、文化人类学、生物学、经济学、地理学等为理论基础，研究人类行为规律的一门综合性科学。其研究的主要内容是人类行为的动机与组织，即人类行为是由什么原因引起和推动的，行为的发展变化受哪些因素支配、有哪些规律，以此寻求对人类行为进行预测和控制②。行为科学

---

① 永谋. 行为科学与社会工程：斯金纳的技术治理思想[J]. 山东科技大学学报（社会科学版），2021，23（4）：1-15.

② 中国科学院心理研究所战略发展研究小组. 行为科学的现状和发展趋势[J]. 中国科学院院刊，2001（6）：418-421.

摆脱了各学科对行为单因化、静态化的解读，认为行为本身即包含历史、环境和后果等多方面因素。一些学科在行为科学的基础上完成知识的迁移和重构，构建新的跨领域学科范式，阐释社会现实，如行为经济学、组织行为学等。

其中，行为经济学"有限理性""有限意志"和"有限利己"的假设，强调人的行为并非是完全理性的。行为经济学的假设既尊重个人判断的心智能力，又包容个人作为真实血肉之躯的限制，这与当下的传播行为有一定的契合之处，如基于有限理性假设的个人选择媒介的惰性与惯性、情绪传播和群体非理性行为。组织行为学对人的管理决策所依据的理论假设经过了从经济人到文化人的发展，这也提示我们对人应该从人的多元需要、动机、情感意志和文化价值等出发，摆脱单一化、简单化的理解，在研究传播行为时也应当摆脱单一的经济人或社会人的假设。上述学科范式的转变均是从线性关系转向复杂的网络关系，从静态的横断面解读转向动态归因，从近端视角转向进化发展的视角，从客体性研究转向主体性研究，从应然层面的研究转向实然层面的研究。这些学科研究范式的更迭之路无疑为传播学的建构提供了有益借鉴。

传播研究中对行为的关注最早可追溯至20世纪30年代。彼时心理学的行为主义流派席卷整个社会科学，传播研究经验学派受行为主义影响，多以实验和调查的方法来研究传播过程与效果之间的因果关系，开创了从行为角度研究人类传播活动的传统。但是，从魔弹论的落寞到有限效果论的终结，传播研究逐渐失去了对行为的关注，更加倚重对认知与态度的关注[1]。

2009年大卫·拉泽尔（David Lazer）及其合作者发表的《计算社会科学》常常被视为标志着计算社会科学的"诞生"，重新定义或开启了计算社会科学蓬勃发展的新阶段，在大数据背景下，海量数据为理解和还原社会运行规律带来了新可能[2]。

在互联网和社交媒体赋权下，越来越多个人产生的数据（如用户的空间移动轨迹、用户的使用历史以及用户自创的文本及多媒体内容等）被数字化

---

① 喻国明，苏芳，杨雅. 行为传播学：建构未来传播学统摄性范式——行为传播学的学科价值、研究面向与关键议题[J]. 社会科学战线，2022（10）：147-157+282.
② 严宇，方鹿敏，孟天广. 重访计算社会科学：从范式创新到交叉学科[J]. 新文科理论与实践，2022（1）：24-33+123-124.

地记录下来（称为数字踪迹，Digital Trace）[1]。同时，个体数据与信息弥散于网络空间之中，在一定程度上挑战了传播学以小数据为基础的研究方法，传统的定量和定性方法难以应对海量复杂数据背景下新的研究需求。这均使利用计算方法和技术来分析及理解人类传播成为可能。

王成军认为，计算传播学是计算社会科学的重要分支，主要以人类传播行为的可计算性为基础，以传播网络分析、传播文本挖掘、数据科学等为分析工具，（以非介入的方式）大规模地收集并分析人类传播行为数据，挖掘人类传播行为背后的模式和法则。因此，计算传播学的起源还受到网络科学、计算语言学和数据科学的重要影响。

首先，网络科学以关系来度量物理世界和社会现实，而这些稳定的关系（表现为网络中的链接）可以成为人类传播行为中可计算性的基础。人类传播行为本身的丰富性和复杂性为计算传播学研究提出了重要挑战。例如，因为传播现象包含了大量的交互行为，采用网络研究视角成为理解传播现象的必由之路，但过去的传播网络分析主要局限于用小数据分析组织内和组织间的传播行为，其应用范围相对有限，亟需将其扩展为对大规模人类传播行为的分析。

其次，传播学研究需要处理大量的文本数据，因而计算传播学需要借助计算语言学作为传播内容分析的工具和方法。随着互联网的发展，尤其是中文分词、语音识别、网络爬虫、网页排名、网页相关性计算、地图搜索、新闻分类、词汇聚类、搜索引擎反作弊、拼音输入法、搜索广告等功能的实现，计算语言学的地位越来越重要。

最后，数据科学的发展为计算传播学的发展提供了理想的工具。计算传播学是建立在丰富的人类传播行为的数据之上的，而收集和分析这些传播行为数据就成了计算传播学的主要工作。数据科学是从数据当中提取知识的研究，它囊括了信号处理、数学、概率模型、机器学习、统计学习、计算机编程、数据工程、模式识别、可视化、数据仓库、高性能计算等各个方面[2]。

2. 基本内涵：关注个体行为与其产生的数据

行为传播学（Behavioral Communication）是以人类社会中的"传

---

[1] 塔娜. "计算传播学"的发展路径：概念、数据及研究领域[J]. 新闻与写作，2020（5）：5-12.

[2] 王成军. 计算传播学：作为计算社会科学的传播学[J]. 中国网络传播研究，2014（1）：193-206.

播—心智—行为"协同要素为研究对象并使用科学研究方法的研究范式，包括三个基本认识论：一是传播与行为不可分离，行为也不可脱离传播和心智成为一种孤立、反射式的实在；二是传播、行为均可作为研究的自变量与因变量；三是行为是一种重要的表征和分析指标，即行为表征了受众的特征、媒体的特征等，也表征了群体或社会中的关系结构和文化样态[①]。

20世纪30年代，美国社会心理学之父、传播学奠基人库尔特·勒温（Kurt Lewin）曾提出经典的"行为公式"（Behavioral Formula）B=f（P，E），认为人类行为是个体特征和环境影响的函数[②]。1989年，美国著名新行为主义代表学者阿尔伯特·班杜拉（Albert Bandura）提出的社会认知理论得到彰显（见图8-1）。该理论认为，行为、主体和环境三者共存于一个互为因果关系的"三元交互"（Triadic Reciprocity）中[③]，即行为、主体和环境中的每二者之间都存在双向决定关系。二者均指出社会中环境、人类（主体）、行为三种要素的核心地位，为行为传播范式提供了一种经典的、提纲挈领的分析框架：在行为与人的互构中，行为是人类的外化表达与技术进化；在行为与环境的互构中，行为是实践环境构型的动力与要素；在人与环境的互构中，行为中介了人与环境的互融互生。[④]在这里，"行为"范畴是连接人与环境的关键节点。行为既是外部社会因素、技术因素和传播环境的体现，又是个体内部心智、认知、态度和情感的综合反应，同时也反过来影响人的心智、技术发展和媒介环境，作为传播环境中人的表征，在人与环境的互构中发挥统摄作用[⑤]（见图8-2）。

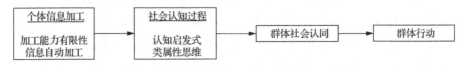

图8-1　社会认知理论

① 喻国明，苏健威，杨雅. 行为传播学：未来传播学学科构型的核心范式[J]. 武汉大学学报（哲学社会科学版），2023，76（2）：32-44.

② 库尔特·勒温. 拓扑心理学原理[M]. 高觉敷，译. 北京：商务印书馆，2003.

③ Bandura A. Human agency in social cognitive theory[J]. American Psychologist, 1989, 44（9）:1175-1184.

④ 喻国明，苏健威，杨雅. 行为传播学：未来传播学学科构型的核心范式[J]. 武汉大学学报（哲学社会科学版），2023，76（2）：32-44.

⑤ 喻国明，苏芳，杨雅. 行为传播学：建构未来传播学统摄性范式——行为传播学的学科价值、研究面向与关键议题[J]. 社会科学战线，2022（10）：147-157+282.

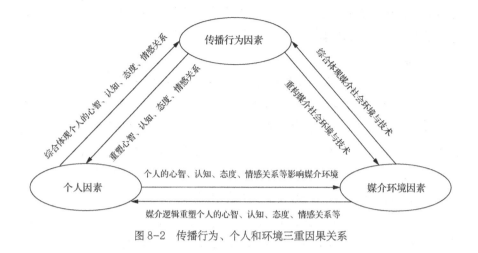

图 8-2　传播行为、个人和环境三重因果关系

"计算传播学"（Computational Communication），是指数据驱动的、借助于可计算方法所进行的传播过程，如计算广告、数据新闻、个性化推荐系统等；而"计算传播学"则是"分析计算传播现象的研究领域"①。

计算传播学是计算社会科学的重要分支。它主要关注人类传播行为的可计算性基础，以传播网络分析、传播文本挖掘、数据科学等为主要分析工具，（以非介入的方式）大规模地收集并分析人类传播行为数据，挖掘人类传播行为背后的模式和法则，分析模式背后的生成机制与基本原理，可以被广泛地应用于数据新闻和计算广告等场景。此外，发现人类传播行为所隐藏的模式和法则是计算传播学研究的重要方向，而解释其背后的机制和原理则成为计算传播学研究的目标，仅停留在数据的层面的研究是远远不够的②。

传播学领域社会计算研究范式的逐渐崛起，使数据利用和理论建构的联系更加紧密。在数据利用层面，信息技术得以分析新媒体语境下新的传播现象，辨析多元化受众互动行为的复杂关系，建设和验证多路径、多主体的传播模型等；在理论建构层面，通过对现实的考察和数据的验证，得以洞察信息技术发展与传播学变迁的关系，重新定义传播环境、传播媒介、传播行为和传播效果等。目前，计算传播学不仅驱动着经典传播理论创新，相关研究实践也已拓展至国际传播、健康传播、社交机器人、计算广告等多维领域。

---

① 王成军. 计算传播学的起源、概念和应用[J]. 编辑学刊，2016（3）：59-64.
② 王成军. 计算传播学：作为计算社会科学的传播学[J]. 中国网络传播研究，2014（1）：193-206.

随着社交媒体、大数据、人工智能等技术的普及与应用，计算宣传与计算舆论、计算视觉等新兴的研究议题正在快速成长[①]。

3. 研究方法

基于传播学研究对个体差异行为的转向，如何衡量行为成为研究的重点。在这一点上建构主义范式与实证主义范式有各自方法的优势，并且产生了持续的争论。建构主义范式倾向于质性方法，基于对传播物象的个别观察并推广到集体，在质性研究的指导下以研究者个人的经验感受为索引，串联理论脉络；社会科学中实证主义范式基于对目标的客观测量以得到尽可能具有外部效度的结论，偏向量化分析。建构主义范式受到研究者的主观影响，但也在一定程度上保证了研究的专业性，实证主义范式相较下关注唯一的真理，形式上更客观，但是得到的数据往往是经过信息发出者处理过的，无论是自我报告，实验还是基于软件的获得，都无法避免非理性假设、霍桑效应及练习效应的干扰[②]。而随着数字媒介的进步，以及系统科学、大数据科学与认知神经科学发展带来的技术工具和理论视角，对行为做出细致和高效度的解读逐渐成为可能，"行为"有望成为沟通传播学不同范式的核心问题域。对传播行为应当从多元视角切入分析研究，过去基于信息论、系统论和控制论的简单科学原则对行为更多的是静态的和近端的研究，未来应当结合动态进化视角进行分析。在方法论上，需要将定性判断和定量计算相结合，微观分析和宏观综合相结合，还原论和整体论相结合，科学推理与哲学思辨相结合。

认知神经科学作为一种范式广泛地应用于心理学等学科，近年来以传播学主题为研究基点的认知神经科学，拓展出了认知神经传播学这一新兴范式。其应用技术方式包括功能磁共振成像、脑电图、功能性近红外光谱以及脑磁图等。认知神经传播学超越了传播学一般范式无法绕开的"是否理性人"问题，甚至以这一问题为研究切口对人脑直接的思维动作进行考察，试图通过脑部现象推测大脑黑箱的机制，成为能够得出个体层面结论却具有大众意义的"根方法"[③]。

多元视角下，传播行为对主体心智世界和媒介环境的重构可以由不同行

---

① 吴晔，李小军. 2022年计算传播学研究综述[J]. 教育传媒研究，2023（1）：41-45.

② 孙豪灿，刘德传，喻国明. 行为传播学再思考：建构统摄性范式下的中层理论与范式补充[J]. 传媒观察，2023（7）：5-16.

③ 孙豪灿，刘德传，喻国明. 行为传播学再思考：建构统摄性范式下的中层理论与范式补充[J]. 传媒观察，2023（7）：5-16.

为主体切入分析，如个体的行为和群体的行为。对现实或虚拟环境中的个人行为进行分析时，行为经济学"行为人"假设（即有限理性、有限利己和有限意志力）对当下的传播研究有一定的启示。一般来说，对个体传播行为可以从个人决策的神经机制、决策偏好和行为后果三个方面进行分析。对个体行为进行分析，认知神经科学范式能够从神经机制中发现大脑与行为的关联，而在传播环境中，这种实验的生态效度往往难以保证。近年来，研究者提出自然主义的实验范式，将个体放置于社交环境中进行分析，利用参与者的个人社交网络，使用自然回忆探索记忆，寻找自然语言和情境中的不同，使用数据驱动建模捕捉自然神经反应。例如，过去的研究发现，不同文化中的图片符号会使个体产生"文化认知偏好"，但是在特定社交环境中与不同文化背景的人进行交流是否会引起这种认知偏好尚不确定。Zhou 等人通过中国人与美国人对话交流实验，发现他人在场会引起内隐神经活动，出现"文化认知偏好效应"。

"行为人"假设替代"理性人"假设后，对群体行为的分析既需要关注基于技术的自组织行为的涌现，也需要看到由非逻辑内容和情绪感染形成的群体极化。如互联网时代技术发展促进群体行为公正、合作、利他行为的产生，如众包生产、网络打赏、捐赠行为。对于集体行为需要从三元因果关系中的主体心理动因、环境刺激因素、行为规律和行为后果等方面进行分析，借助心理学理论范式和认知神经科学理论工具解决特定行为的心理动因问题，利用大数据分析群体行为，以个案为例进行民族志调研，收集质性数据，分析行为背后的复杂因果关系。

祝建华等人从研究方法出发，对计算传播学做出如下界定：无论研究场景是线下内容、使用及效果还是线上内容、使用及效果，使用计算方法进行的研究均可被纳入计算传播学的范畴；而使用传统方法针对线下及线上的内容、使用及效果进行的研究，则不归类于计算传播学的研究工作。因此，"计算传播学"可以被理解为一种正在兴起的数据驱动的研究取向，是基于人类传播行为的数字足迹，采用文本挖掘、情感分析、社会网络分析等带有显著计算特征的数据分析方法以探究人类传播行为的表现模式和内在逻辑[①]。

传播学正在经历一个从定量研究到计算研究的时期，计算传播学则是对传统传播学定量研究的超越和革新。传播学主要数据来源不再是传统的内容

---

① 巢乃鹏. 人工智能与计算传播学[J]. 人民论坛·学术前沿，2019（20）：20-31+107.

分析、问卷调查和控制实验，而是来自服务器日志数据挖掘、网页数据抓取、在线档案数据、大规模在线实验等；其数据分析方法除了经典的统计分析之外，更主要的是带有显著大数据计算特征的方法，如社会网络分析、文本挖掘、情感分析、时间分析等[①]。通过对新媒介环境下的人类行为数据的利用和分析，得以洞察信息技术发展与传播学变迁的关系，从而赋予传播环境、传播媒介、传播行为和传播效果等研究对象以新的内涵和定义[②]。此外，计算视觉、社交机器人、在线实验、因果推断等新方法、新理念不断被引入，并结合具体研究问题进行转化与应用[③]。

4. 以人为本：行为传播学与计算传播学的共同价值取向

人类信息传播系统的复杂性根源之一在于它是一个包含"人"，以"人"作为参与主体的系统。作为一门人文社会科学，传播学直接面对的是有意识的"人"及其行为，其核心关切是人类的沟通与交往问题[④]。因此，在建构传播学新范式之前，我们必须重视并回应一个问题，即传播研究为何长期以来逐渐减少了对行为的关注。

导致这一现象的根本性原因在于，传播研究所关注的"人"，仍未脱离大众传播时代对"人"割裂性的认识，即作为认知、态度的人，作为理性工具的人，作为符号意义的人，而非真实全面的人。形成这种割裂性认知论的一个缘由是，在以报纸杂志、广播电视为代表的大众媒介时代，受众在传播中的行为实践十分被动和有限。反映在理论层面，则可见自行为主义在传播研究中被摒弃以来，传播研究的视野更多聚焦于认知、态度等心智层面，并隐性地将此类层面指标几乎等价于"传播效果"。这种不甚严谨的逻辑闭环长期存在于传播研究中，致使行为在传播研究中被逐渐边缘化。另一个缘由是，在认知神经科学、计算机辅助分析等研究方法被引入之前，实证传播研究难以对深层的认知和行为机制进行科学可靠的研究，传统社科研究方法亦无法对多感官通道的传播效果进行准确的测量和统计[⑤]。

① 巢乃鹏，黄文森. 范式转型与科学意识：计算传播学的新思考[J]. 新闻与写作，2020（5）：13-18.

② 徐明华，冯亚凡. 社会计算视域下传播学研究的嬗变与反思[J]. 现代传播（中国传媒大学学报），2017，39（12）：48-52+57.

③ 吴晔，李小军. 2022年计算传播学研究综述[J]. 教育传媒研究，2023（1）：41-45.

④ 张子柯，王敏. 计算传播学的未来建设：方法论重构与人本主义回归[J]. 青年记者，2022（20）：29-32.

⑤ 喻国明，苏芳，杨雅. 行为传播学：建构未来传播学统摄性范式——行为传播学的学科价值、研究面向与关键议题[J]. 社会科学战线，2022（10）：147-157+282.

在数字媒介技术中介下，社会进入深度媒介化阶段，社会的基本单位也由组织降为个人，个体行为在网络空间的数字痕迹也得以被记录和分析，传播学对于"人"的认识发生了一定改变，比如偏向有限理性的人、偏向身体的人、偏向感官体验的人等①。因此，传播学需要以媒介技术发展为基础，关注人与社会的发展，回归真实的人类心灵：一方面，传播学研究始终应当回归人本主义。作为一种关系型范畴，"行为"是考量传播效果的重要指标，应发挥其在传播主体与社会结构互动关系中的统摄性作用，引领学科变革；另一方面，基于数据的计算方法有助于打破人文与科技的壁垒，为传播学研究提供新的方法和视角，从而描述、解释和预测人类传播行为及其背后的驱动机制。

概言之，人的尺度是判断未来传播形态、传播规则的价值准则，遵循以人为本的发展逻辑，观照媒介变革下的个人数字交往行为是重构传播学的关键。行为传播学以个人作为构建学科的基点，将"行为"范畴作为各个领域研究的共同参照点，以期构建起统摄多学科和理论范式的升维级跨学科，拓宽传播学的纵横经纬。而计算传播学则关注人类传播行为的数字化倾向，以计算方法探究人类传播行为的表现模式和内在逻辑。应当看到，二者均是对媒介变迁之下学科发展困境的回应以及对个体行为价值的探索。未来，也应在以人为本的价值取向下，保持开放的目光看待个体的多样性和时代变迁的复杂性，通过不断探寻自由、平等和理性的终极价值，支撑起传播学的公共价值承诺。

8.3.3　行为传播学的研究路径与基本范式

行为要素的引入对于传播学发展具有重要推动作用。那么在具体操作中，传播研究如何与行为结合？行为传播研究如何开展？本书认为主要存在以下三种基本路径。

一是创新概念视角，即通过行为模式对用户、媒介形态、社会关系与结构进行定义和分类，以行为作为指标去透视人类文明的时代特征和发展方向。这一认知导向应当体现在传播学研究的各种范式中，通过对行为的新视点解读，为传播研究构筑微观、中观、宏观的传播认识论，为传播学建构出一派新的研究视野。此外，在传播到行为逻辑推演的基础上，进一步整合行

---

① 喻国明，苏健威，杨雅. 行为传播学：未来传播学学科构型的核心范式[J]. 武汉大学学报（哲学社会科学版），2023，76（2）：32-44.

为科学、社会学、心理学、人类学等理论范式，构建具有预测能力和实践价值的理论体系，使传播学作为社会科学的独特价值得以彰显，并能进一步助益生产实践与社会治理。

二是提升诠释视点，即通过对行为的引入和把握，将诠释范式的视点跃升至更高层次，以行为作为洞悉人类文明的关键抓手，关注社会系统的运行和能量的流转，关注社会生态的选择与进化，并能够从人类实践总体意义上把握传播的内涵与意义，能够在纷繁复杂的传播技术现象中把握历史逻辑，彰显传播学的理论价值。此外，在行为对概念创新的基础上，诠释范式得以通过行为和传播共同建构意义，共同锚定价值，并通过行为这一支点与传播效果研究进行对接，使传播学不同范式的理论能够相互论证，实现传播理论的内在聚合和思想聚变，突破传播研究的困局。

三是细化效果分层，即以更细粒度的方法展开传播效果研究。从效应的时间跨度来看，传播效果研究至少应该裂变为四个层面：其一是传播的瞬时效果。这一效果主要体现在心智层面和反射性行为层面。理论成果应对短认知逻辑、非理性场景尤其是瞬时的人机交互的传播实践具有较强的解释力，比如何种信息将导致何种反射性行为。其二是传播的短期效果，这一效果同时体现在心智层面和行为（指经过完整信息加工产生的行为）层面。需关注信息、关系等在较短时间内对心智和行为的改变，尝试建构从传播到心智、再到行为的效果推演。其三是传播的中期效果，主要体现在时间作用下心智样态和行为惯习的改变。在中期效果里强关系、圈层、场景等要素应当扮演更重要的影响变量。其四是传播的长期效果。主要体现长期作用下文化样态和行为模式的改变，需要从系统理论的视角予以把握。即社会系统发生了什么改变，人类族群的行为模式发生什么变化，社会文明进入什么样的阶段，可以用哪些关键特征予以表述。在长期效果里弱关系、算法、生态位等要素应当扮演更为重要的影响变量。

8.3.4 行为传播学的研究旨趣与未来探索

在传播逻辑剧变、传媒理论出现危机之际，行为传播学作为一种新学科范式承载着两项重要使命，即对内破解革新学科发展困境，对外回应学科核心问题。

一是破解革新学科发展困境。当下的传播研究主要驻留于人的心智层面，而非将传播视作一种外化的社会实践，这种认识上的缺位导致传播研究长期倚重难以外化和预测的心智效果，进而难以作为一种显学得以应用，这也是传播效果研究或社会科学范式难以继续取得突破性创新的根本性原因之一。行为范式可以网罗人类社会传播动态过程中的全要素的链接形态，使传播效果更多倚重行为，我们才能在越来越复杂的媒介技术场景中把握关键要义。需要注意的是，这并不意味着我们要摒弃对传播心智性影响的关注，而要认识到传播信息的有限性和不确定性，并通过分析行为实践来补偿这种不确定性，使传播可感、可知、可控。另外，行为传播学有望为传播研究的社会科学范式和诠释范式搭建桥梁，构建超模式。诠释范式对行为的讨论比较普遍，诸多诠释性理论中都不乏对行为的关注。将传播学科研究范式的关注对象从信息、心智转向到行为，某种程度上能够实现克雷格对于学科"超模式"的愿景，即形成不同范式可以共同争论的话题，并在这个基点研究的基础上去进一步阐明其他模式，实现传播学内在的理论聚合。

二是回应学科核心问题，即传播如何使用其独有的方式组织和影响社会。在建构行为传播学这一理论范畴时，我们必须认识到，它不仅要对传播学话语、理论和范式起到一种优化或聚合作用，更关键的是要助益于传播学更好地回答"传播如何影响社会构造"这一时代的核心命题。在人类文明的演化中，人类社会会不断涌现出新的变异，社会的自组织机制对涌现出的变异进行调试和选择，使能够适应新社会构造的变异得以留存。传播在这个过程中的关键作用在于赋予这些不确定的变异以意义，使得不确定性能够被赋予意义并进一步分化为信号和噪音，使系统能对更好的变异进行选择，并使这种演化模式得以运行。尽管传播具有十分重要的意义赋予作用，但其并不能完全实现社会系统的进化操作。只有行为的参与才能构造社会的自组织机制，并实现社会的选择和进化。传播和行为均是社会进化的操作元素，它们承担着系统的不同且不可分割的功能，共同推动着整个社会文明的演进。因此，我们可以推论，要回答传播如何构造社会，行为是必不可少的关键要素。脱离行为的传播分析往往会陷入对空言说的窘境，只有将传播与行为结合，才能更好解答传播对社会的构造作用。

8.4 AIGC 背景下的内容生产逻辑

8.4.1 微内容：互联网内容生产的关键要素

互联网技术浪潮下的"微内容"，强调互联网变革内容生产、传播与消费场，通过社会化内容平台解放内容生产力，促进内容供给、表达主体、传播形式、传播渠道的极大丰富。生成式 AI 浪潮下的"微内容"强调内容的智能生成。准确把握新形势下"微内容"的概念，首先需要了解 AIGC 的"涌现行为"，知其可知与不可知；其次，要正确认识 AIGC，避免"chat"式类人际交流下的过度解读；最后方能明晰"微内容"的时代内涵，模糊人类要素与非人类要素的边界。

1. 灰箱化：AIGC"涌现行为"的可知与不可知

ChatGPT 昭示的未知远超现有展示的已知——大语言模型（LLM）的行为方式常常超乎创造者的意料，或者掌握了人类设计之外的技术，这类行为被称为"涌现行为"（Emergent Behaviours）。[①]这种涌现行为并非完全不可知，当前大语言模型的状态为"灰箱化"，人们通过提示词介入内容生成模式，结合基于人类反馈的强化学习在一定程度上打开算法灰箱。灰箱可能是人与算法之间的合理界限，算法应当以可理解的透明度存在，以用户为导向，以可行性和社会接受效果为衡量标准。[②]灰箱意味着 AIGC"涌现行为"处于可知与不可知的跨界连接状态。究其本源，大语言模型的内容生成模式是对信息的预测性表示和生成式调用，或者说是一场"概率游戏"，结合RLHF（基于人类反馈的强化学习）范式引入人类反馈因素，形成"归纳、训练-推理、预测-调用、表示"的内容生成模式。[③]如何正确把握 AIGC 涌现行为的可知与不可知，已成为人们认识"微内容"的第一步。

2. 伊莉莎效应："chat"式类人际交流产生的过度解读与自我消解

不同于以往的内容生成模式，生成式 AI 的内容生成模式以"chat"式类人际交流实现人机交互。有研究者认为这种"chat"止于"我不会对你有任何问题"，长久与之相伴的人可能会错把"智能"当"智慧"，失去拯救自我的意识，造成自我价值的消解和狂欢之后人类对机器的屈服。[④]

20 世纪 60 年代，MIT 计算机科学家研发出一款名为 Eliza 的聊天机器人，它被设计用于心理咨询，并能以模仿真实会话方式回应用户输入。[⑤]计算机科学研究据此提出人机交互中的伊莉莎效应（Eliza Effect），即人们阅读

① 方兴东，钟祥铭. ChatGPT 革命的理性研判与中国对策——如何辨析 ChatGPT 的颠覆性变革逻辑和未来趋势[J]. 西北师大学报（社会科学版）. 2023，60（4）：23-36.

② 仇筠茜，陈昌凤. 基于人工智能与算法新闻透明度的"黑箱"打开方式选择[J]. 郑州大学学报（哲学社会科学版），2018，51（5）：84-88+159.

③ 喻国明，李钒. ChatGPT 浪潮与智能互联时代的全新开启[J]. 教育传媒研究，2023（3）：47-52.

④ 单波. 传播的理性与理性的传播[J]. 新闻与传播评论，2023，76（2）：1.

⑤ Haenlein M, Kaplan A. A brief history of artificial intelligence: on the past, present, and future of artificial intelligence[J]. California management review, 2019, 61(4): 5-14.

计算机输出的内容时往往倾向于从中解读出这些符号本身所不具备的意义，从而认为机器已经具备人类的情感、价值等属性。[①]从 Eliza 到 ChatGPT，这种自然的人机交互提供了高效便捷的信息服务，也引发了过度解读、自我价值消解等问题，ChatGPT 具备的"智能"并不能取代人类所特有的"智慧"。两者之间的分野在于前者是一个个具体知识"点"的功能性完成，而后者则是人类特有的认知格局及对于格局内相关要素连接整合的价值逻辑，是一种"点-线-面-结构-边界"的整体性信息加工范式。在生成式 AI 浪潮下，属于人的这种"认知理性"需要被赋予新的重视，正确认识内容的智能化水平成为人们认识"微内容"的第二步。

3. "微内容"：模糊人类要素与非人类要素的边界

在正确认识 AIGC 的可知与不可知和其智能化水平的基础上，"微内容"概念的时代特征是模糊了人类要素与非人类要素的边界。吉登斯在结构化理论中提出，结构是社会系统再生产过程中反复使用到的规则和资源，其中，资源分为"权威性资源"和"配置性资源"，前者源自人类行动者活动的协调，后者出自对物质产品或物质世界各个方面的控制。[②]内容是整个传播生态中的重要组成部分，在内容的生产过程中存在某种规则，规范了内容从生产到传播再到反馈的流程，而资源则推动规则的顺利运行。结合吉登斯对资源的分类，互联网技术属于权威性资源，生成式 AI 属于配置性资源，互联网技术主要作用于内容的传播与关系连接，本质上是对内容传播的控制；而生成式 AI 主要作用于内容的生成模式，本质上是对内容生产的支配。与内容传播环节不同，内容生产环节是内容传播的核心环节，传统的由人类要素绝对把持的生产环节首次有了非人类要素（生成式 AI）的深度介入，并与人类平起平坐。[③]诚然，即便有非人类要素的介入，人类要素始终在内容生产环节占据主导地位，其中一个耐人寻味的事实是，用户提示工程水平的优劣直接决定内容质量的高低。

综上所述，在新形势下，"微内容"不止于人类用户所产生的任何内容或数据，而且包括人类使用生成式 AI 创作的内容。一方面，AIGC 技术下的"微内容"虽然模糊了人类要素和非人类要素的边界，但另一方面，它

① 何哲，曾润喜，秦维，等. ChatGPT 等新一代人工智能技术的社会影响及其治理[J]. 电子政务，2023（4）：2-24.

② 安东尼·吉登斯. 社会的构成：结构化理论纲要[M]. 李康，李猛，译. 北京：中国人民大学出版社，2016.

③ 姜华. 从辛弃疾到 GPT：人工智能对人类知识生产格局的重塑及其效应[J]. 南京社会科学，2023（4）：135-145.

对人类所掌握的提示工程能力提出更高的要求，这也直接决定了内容生成质量的优劣。从人类生产内容到"人类+AIGC"式的内容生产，内容内涵的丰富与外延的扩展将进一步升维内容范式，促进媒介内容生产与传播生态的巨大演进。

8.4.2　内容范式价值逻辑

互联网技术浪潮下的内容范式（资讯传播、关系表达、媒体功能）不足以应对智能互联时代整个社会的深度媒介化进程对于"大传媒"迭代升级的需要，生成式 AI 作为智能要素变革新形势下内容范式的底层价值逻辑，我们不妨从内容扩容、权力转型与价值逻辑三个层面探讨内容范式迭代中的适应性与复杂性。

1. 内容扩容：资讯宽度的延展与工作重心的转向

（1）内容表达体系：从文字转向到图像转向再到视频转向下的多模态内容表达体系

从内容感知的层面上说，内容表达经历了从文字到图片再到视频的升维，现在又有了生成式 AI 以非人类要素的方式加入了内容生产环节。但无论内容以何种形式表达和传播，其本质依然是内容在传播生态下的自适应发展。文字、图片和视频都是内容表达的重要方式，当下的生成式 AI 技术对内容的智能化介入同样是循着从文本内容到图片内容再到视频内容的逻辑，从而实现资讯表达宽度的延展。目前以 ChatGPT 为代表的生成式 AI 支持文本+图像输入，GPT-4 已经升级为多模态的大模型。在可预见的未来，生成式 AI 将逐步进入多模态的内容生产领域，AIGC 将对内容生产产生前所未有的影响。无论内容体系如何发展，内容始终以复杂系统的方式持续着整体性的演变，对于内容的分析始终可以从信息编码、信息传输和信息解码的角度出发，巧妙运用传播的修辞与话语整饰内容，通过接力传播与圈层进入的传输策略触达用户，消减文化折扣。[①]

需要强调的是，内容的三次转向并不意味着旧内容的消弭，而是对新内容的凸显，其最终目的是构建多模态的内容传播表达体系。传统意义上，精英阶层是内容生产、传播与诠释的主角[②]，普罗大众更多处于单向度的信息

---

① 喻国明，颜世健. 认知竞争时代的传播转向与操作策略[J]. 东南学术，2022（6）：227-237+248.

② 王长潇，孙玉珠. 技术与文化的张力：创意短视频跨文化共情传播[J]. 当代传播，2021（1）：27-31.

被动接收状态，这意味着内容收方、发方地位的不平等。视频转向下，话语权逐渐分散，人人都是发声筒，传播场域中的个人（用户）的主体地位崛起，具有较高文化水平和掌握专业技能的群体可以通过多种内容形式提升影响力，普罗大众也掌握了分享美好生活瞬间的渠道，同时可以借助生成式AI实现高于社会平均水平的话语表达与资源调配，其背后是生成式 AI 对数字文明社会"能力沟"差距的巨大弥合。集结了文字、图片、视频的内容表达具备跨界和无限的信息量，通过构建多模态内容传播体系，提升内容的易感知、易理解、易交互特性。通过激活微粒化个体，完成微内容、微资源的价值裂变，[①]实现对所有人的赋能赋权，这是提升内容丰富性与复杂性的关键，也为把握内容的发展路径提供抓手。

（2）未来传播的关键与工作重心的转向：直接内容生产-数据挖掘与生产组织协调-提示工程能力

生成式 AI 介入内容生产环节，势必会推动媒介工作者工作重心的转向——从直接的内容生产到数据挖掘与生产组织协调再到提升提示工程能力。在大众传播时代，专业媒介工作者生产内容、用户生产内容和机构生产内容是人类要素决定内容生产；在万物互联时代，机器生产内容，即"传感器"类资讯，是机器参与内容生产。

生成式 AI 浪潮下，人工智能生成内容是 AI 大模型生成内容。传统媒介工作者从事的直接内容生产很难成为其功能实现和价值发挥的立足点，也无法应对技术革新带来的传播生态剧变。海量传感器资讯对人类生产内容的冲击迫使人类提升对数据资源的掌控和数据价值的挖掘，提高社会内容生产的组织和协调能力。生成式 AI 进一步变革内容生产格局，对人类的提示工程能力提出了新的要求。ChatGPT 等生成式 AI 的爆火，作为互补性职业的提示工程师（Prompt Engineer）进入社会各界的视线，Scale AI 创始人认为 AI 大模型可以被视为一种新型计算机，而提示工程师就是给它编程的程序员通过合适的提示词挖掘出 AI 的最大潜力。未来传播的关键在于人人都将直接或间接地成为提示工程师的角色，提示工程能力成为微粒化个体的核心技能，提示工程能力的高低直接决定 AIGC 内容产出的质量优劣。

2. 权力转型新机制

面对新形势下的传播生态，权力维度是媒介进化研究中的重要理论视

---

① 喻国明，耿晓梦. "微版权"："微粒化"方法论下版权范式的转型迭代[J]. 中国出版，2022（2）：16-22.

角。①西方学者认为"权力"概念的界定存在三种论述，即能力、影响和关系。②曼纽尔·卡斯特认为网络社会中的权力就是传播权力，③由此可见，传播权力是传播生态演变的重要表征。从 Web 1.0 到 Web 2.0 再到Web 3.0，现代意义上的传播生态经历了从形成到增长再到涌现的发展历程，内容范式经历了从权力中心化下的单向流动到数字网络的赋能赋权再到 AIGC 再赋能下的平权结构涌现，内容范式的关系赋权成为传播生态下的新权力机制。

从 20 世纪 80 年代持续到 2005 年的 Web 1.0 阶段是现代意义上传播生态的形成阶段，该阶段的特征是内容在权力中心化下的单向静态流动，内容本身处于受支配的地位。该阶段的用户获取信息的方式是专业机构生产内容，一种单向度的静态内容消费，内容生产者与内容接收者（受众）之间缺乏双向互动，"受众"概念便是对这一特征的映射。Web 2.0 时代的传播权力从专业机构回归至微粒化个体，虽然 UGC 与 PGC 和 OGC 的市场定位和社会资源存在差距，但是它们具备相似的呈现形式（数字化、账号化生存），技术沟已然日渐消弭。Web 2.0 时代，数字网络技术以技术赋权的方式将内容 生产权力下放至所有用户。人们对自己的网络表达的重视是内容赋权的体现④，人们因内容创造的情境性空间而聚类成群（圈），内容范式摆脱了传统意义上的受支配地位，具备一定的关系赋权能力。

Web 3.0 时代，生成式 AI 对内容进行再赋能，驱动平权结构的涌现，人类要素与非人类要素逐渐占据平等地位。DAO 作为一种统摄性范式促进社会再组织⑤，传播权力转向用户创造、用户所有、用户参与分配，实现真正意义上的用户崛起。ChatGPT 等新一代智能互联技术帮助普罗大众跨越能力沟的障碍，同步提升内容的关系赋权能力，以形成强大的社会表达与价值创造能力。传播权力的进一步下沉促使传播生态与分布式社会的权力构造相适应。Web 3.0 描绘的平权结构是复杂传播生态系统中涌现的新结构，绝对意义上的平权蕴含乌托邦性质，在平权的背后可能会隐藏集权控制和垄断现

① 唐俊. 对媒介进化论的再认识：基于感知和权力的双重维度——兼论 Web 3.0 媒介的平权结构[J]. 新闻界，2023（1）：47-56.
② 唐荣堂，童兵. "传播即权力"：网络社会语境下的"传播力"理论批判[J]. 南京社会科学，2018（11）：109-114+143.
③ 曼纽尔·卡斯特. 传播力[M]. 汤景泰，星辰，译. 北京：社会科学文献出版社，2018：43.
④ 郭雅静. 论中国新闻传媒业的混合所有制[J]. 新闻大学，2017（3）：8-14+27+146.
⑤ 喻国明，李钒. 关系-信息-场域：非理性因素增强下未来传播模式的探讨[J]. 新闻与传播评论，2023，76（3）：5-16.

象。[1]受政治、经济、文化等多主体的限制，Web 3.0 环境下平权结构的发展
必然不是一帆风顺的，而是遵循螺旋式上升的路径。生成式 AI 是对于人和
内容的又一次重大的赋能赋权，推动社会实现数字化、智能化加持下的重大
启蒙，在此过程中平权结构涌现。正如莱文森所说，媒介进化不是一条直
线，而是类似生物体适应自然环境的过程，在试错的过程中进化。[2]生成式
AI 的再赋能是传播生态复杂自适应演变的助力，人工智能对个体的激活和
对内容的赋权将进一步为传播生态的演进注入强大的内驱力。

3. 价值逻辑：基于场景要素构建"人-内容-物"的价值连接

Web 3.0 阶段是 5G、大数据、AI、区块链等技术赋能下传播生态级发展
的涌现阶段，是在 Web 2.0 的基础上进一步发挥每个用户的劳动价值，实现
价值均衡分配的新形态。个体价值的崛起不可避免地导致社会结构的离散
化，那么，如何实现微粒化社会的有效连接与传播生态的有序发展呢？其根
本路径为基于场景要素构建以内容为核心的"人—内容—物"的价值连接。
PGC、OGC、UGC 已不足以概括内容生产类型，以 ChatGPT 为代表的生成
式 AI 将 AIGC 引入大众视野。Web 3.0 阶段的内容已然迭代为"新一代内
容"，即内容数量庞大、生产主体多元、传播渠道丰富、内容形式多模态
等。Web 3.0 阶段，圈层逐渐成为扁平化分布式社会中的重要的组织形式，
不同圈层之间的连接与沟通可能有一定障碍，此时具有中介价值的内容逐渐
凸显，通过基于内容的价值认同构建圈层与圈层的连接，使得人们逐渐关注
内容的价值连接功用，而不是简单的关注内容本身。

高效发挥新一代内容的价值需要掌握人工智能和算法的应用能力与数
据的价值挖掘能力。生成式 AI 作为下一代互联网的连接中枢，赋能社会
实现从移动互联到智能互联的转变。[3]以 ChatGPT 为代表的生成式 AI 作为
智能主体，通过聚合网络节点信息，对每个节点推送不同内容，作为中央
枢纽，生成式 AI 可以进一步缩短内容传播层级，促进传播生态降本增
效。当前的智能算法通过匹配用户特征、环境特征、内容特征实现内容与
人的连接，即场景洞察。[4]在此基础上，未来的生成式 AI 需要进一步挖掘

---

① 喻国明，陈雪娇. 元宇宙：未来媒体的集成模式[J]. 编辑之友，2022（2）：5-12.

② 保罗·莱文森，人类历史回放媒介进化论[M]. 邬建中，译. 重庆：西南师范大学出版社，
2017：51.

③ 喻国明，苏健威. 生成式人工智能浪潮下的传播革命与媒介生态——从 ChatGPT 到全面智能
化时代的未来[J]. 新疆师范大学学报（哲学社会科学版），2023，44（5）：81-90.

④ 喻国明，耿晓梦. "深度媒介化"：媒介业的生态格局、价值重心与核心资源[J]. 新闻与传播
研究，2021，28（12）：76-91+127-128.

用户所处的场景价值，快速寻找符合用户需求的内容，也就是说，基于场景要素构建"人—内容—物"的价值连接是把握传播生态系统复杂自适应演进的关键。

8.4.3 操作路径：内容生产与传播生态的协同演进

在生成式 AI 的技术逻辑下，内容不断丰富，内容概念持续延展，内容范式不断迭代，我们应该从媒介内容生产和传播生态的协同演进出发，来把握生成式 AI 带来的生态级变局。依据霍兰提出的回声模型（ECHO）来研究媒介内容生产与传播生态的演进机制，首先是内容自适应行为的多样性与随机性；其次是内容与传播生态的交流，接受外部刺激，按照某种规则选择应对方式；最后是依据适应度指标，接受和评价系统发展结果。ECHO 模型构建了一个"活"的系统，它为我们理解生命样态的智能（人类智能和人工智能）提供了一个新的视角，即通过内容与传播生态之间的协同演进，导致内容的行为和结构发生自适应转变，进而推动传播生态向更高层次迭代。该理论借鉴生物进化机制，从非最优解的选择出发，在发展进化过程中逐步进化，将进化过程类比求解过程，进而实现新时代、新技术、新趋势下的传播生态适应性演变，从而回应生成式人工智能崛起所带来的媒介内容生产范式及内容生态的变革。

1. 多样与随机：内容作为适应性主体的主动与适应

内容是适应性主体应当具备的应对外部环境刺激的反应方式，这种反应方式的多样性与随机性是系统发展和进化的基础。如前文所述，内容从文字到图片再到视频，进而构建多模态内容传播体系。内容作为一个复杂系统，是内部生态与外部刺激共同作用的产物，生产力跃升、技术革新、时代演进等多种因素都会以直接或间接的方式推动内容产生自适应转变。

VR、ChatGPT 等技术是基于科研人员的长期努力，后通过某个跨时代产品破圈，进而将科技要素的创新以最快速度应用于全人类。这种科技要素的革新是如何作用于内容呢？内容的基本形态（文字、图片、视频）看似固化，但是其沉浸程度、交互方式和底层逻辑依然留有极大的上升空间。理想的 VR 技术应当具备人类的所有感官的感知能力，提升内容的沉浸感、交互性和想象性。[①]近日，ChatGPT 等生成式 AI 甚嚣尘上，它并未革新内容的基本形态，但却重构了内容生产的底层逻辑，从人生成内容到人工智能生成内

---

① 喻国明. VR：具有巨大发展价值空间的未来媒体[J]. 新闻与写作，2018（7）：52-54.

容。ChatGPT 的发展并非一蹴而就，而是经历了两次转型与摸索，首先是人工智能发展流派的选择，然后是产业类型从技术密集型转向技术密集型+资本密集型。人工智能发展具有三大流派（行为主义、符号主义、联结主义），其中，行为主义是具身哲学的反映；符号主义是以穷尽和本质的思想进行研究，但是由于规则本身无法被完全定义和穷尽，所以 AI 流派转向联结主义；联结主义是以类脑的形式发展，通过模拟大脑进行深度学习、强化学习提升人工智能水平。[①]AI 在联结主义的道路上迈向技术+资本密集型产业，通过大量资本投入提升算力水平，ChatGPT 完成一轮"预训练"需要上千万美元。ChatGPT 的成功验证了技术和资本加持下的大语言模型的成功，AI 以前所未有的力量变革内容生产的底层逻辑，对此，我们既要有一种拥抱文明进步的胸怀，同时也要保持必要的审慎和警醒。

正如凯文·凯利所言，生命和科技具备趋势必然性和事件偶然性。[②]人工智能的发展的总体趋势必然是向前的，在发展路径上会产生多种流派，这是其偶然性的体现，在人类不断试错的过程中，正确的道路会从模糊到清晰。内容范式也是如此，它始终以一种波澜不惊的状态应对科技要素等其余主体的变化，无论外部环境如何变幻，内容范式始终具备若干应对方式，这种应对方式的多样性与随机性赋予内容范式发展演进的内驱动力。

2. 刺激与应对：内容与传播生态的演进与聚合

内容范式与传播生态的互构建立在生命意义上的"刺激-反应"之上，内容范式接受外在环境的刺激，以随机或按照某种规则选择应对方式，从而实现内容主体与复杂传播生态的互构演进。互联网、大数据、AI 的发展深切影响传播生态中每个主体的自适应行为。互联网发展的"上半场"解决的是任何人在任何地点、任何时间与任何人进行内容深度价值的连接与沟通问题。如今，伴随着生成式 AI 的涌现，智能互联水平的极大提高，我们彻底迎来了互联网发展的"下半场"，在数据化和智能化阶段解决任何人在任何地点、任何时间与任何人做任何事的社会实践的场景构建。[③]从互联网"上半场"对内容深度价值即资讯价值的关注到"下半场"对内容中介价值的凸

---

① 蔡恒进. 行为主义、联结主义和符号主义的贯通[J]. 上海师范大学学报（哲学社会科学版），2020, 49（4）: 87-96.

② 凯文·凯利. 科技想要什么[M]. 熊祥，译. 北京：中信出版社，2011: 105-135.

③ 喻国明，滕文强，苏芳. "以人为本"：深度媒介化视域下社会治理的逻辑再造[J]. 新闻与写作，2022（11）: 51-60.

显。技术革命下内容概念和内容范式的自适应转变同步影响着传播生态的演进与圈层的聚合，进而构建以内容为核心的基于场景的"人—内容—物"的价值连接。

ChatGPT 在未来极有可能成为社会的一种基础设施，作为场景智能化的底层范式，具备以下三种功用：一是去边界的模式设定，ChatGPT 的聊天内容涉及方方面面，人类的社会实践活动边界便是 ChatGPT 的内容生成边界，它所涉及的内容、范围、逻辑始终伴随人类进化，不断提升用户自由度；二是以用户需求和兴趣为功能展示的逻辑起点，借助数字虚拟人、智能管家等形式成为新世界的主流入口；三是知识媒体本色，基于人类文明的数据来源将在算法智能整合下转换为人类个体可以"占有"的知识，在算法内容分发的基础上，进行问答式（Q&A）的内容生产，在搜索引擎的基础上增加交互功能（聊天对话集成搜索），从人际传播的（智能语言助手）过渡到大众自传播。

如今 OpenAI 宣布上线以安全为核心的 ChatGPT 插件系统，可以将ChatGPT 与第三方应用程序相连，提升 ChatGPT 与开发人员定义的 API交互能力，从而增强 ChatGPT 的功能并允许其执行拓展实践活动跨界的操作。未来网络发展和竞争的高地就是对于广域网络空间中人与人、人与物、物与物实现基于人工智能的高效率、高适配度的场景（价值）匹配、关系再造与功能整合。传播生态系统将内嵌智能算法，通过传感器等场景要素收集、分析用户心理、生理、行为数据，提升内容的关系赋权能力，激活微粒化个体的节点价值，最终构建以个人为基本单位，以内容为中介的社会传播格局，实现生态级的资源配置、功能整合、圈层聚合，体察人性，触达人心。[①]

3. 接受与评价："适应度"指标与"他人"概念的延伸

内容与传播生态的演进有其衡量指标——"适应度"，即规则对于当前环境适用程度的指标。[②]伴随内容与传播生态的更迭演进，规则的适应度不断变化，适用于当前环境的规则的适应度会越来越高，而不适用的规则的适应度越来越低，直至在生态演进过程中被淘汰。

霍兰从复杂适应系统角度研究股票市场，开展了一场关于股票市场模型

---

① 喻国明，耿晓梦. 算法即媒介：算法范式对媒介逻辑的重构[J]. 编辑之友，2020（7）：45-51.

② 约翰·H.霍兰. 隐秩序——适应性造就复杂性[M]. 周晓牧，韩晖，译. 上海：上海科技教育出版社，2000：58-67.

的实验，其目的是理解股票市场的动力学特征。对传统经济学而言，股市的动态特征并不是一个自然研究领域，传统视角下，股市通过供求关系变动，实现快速清算。传统理论是围绕完美理性的主体建立，如果发生股市崩溃和投机泡沫，这一般被认为是偶然事件。而霍兰提出的股票市场模型，以少量适应性主体在一只股票上交易，采用非适应性的专家程序裁定买卖双方的出手量，从而决定当前价格，最终以给定主体的净收入为评判标准。在实验过程中，股市初始状态相对混乱，随着参与者对股票市场熟悉度的提升，在信用分派和遗传算法基础上构建新的规则，指导参与者的股票交易。此时的规则是符合股票市场需要的规则，适应度较高，但是在参与者之间趋同效应作用下，新的市场形式涌现，在大量自我实现的预言出现后，参与者行为愈发夸张，市场最终走向崩溃。[①]

该股票市场模型的实验验证了规则适应度指标，好的规则将获得高适应度，不符合环境需要的规则的适应度将逐渐降低，虽然该股票市场最终走向崩溃，但是现实情境下的内容与传播生态的演进与该实验模型不同。内容与传播生态的演进是一个复杂系统，同时受到其余主体的相互影响，其中包括人、技术、组织等多个主体，人作为其中最具活力的因素将持续做出适应性转变，结合适应度指标确定系统演进路径。那么，我们如何透过表象去了解传播生态的发展状况呢？凯文·凯利认为稳定的、细微的长期进步的证据与道德领域有关。[②]这就需要回归"人"的属性，人在道德领域的表现。人的世界同样是一个既有复杂联系，也有矛盾的复杂系统。[③]在人类社会这一复杂系统中，人作为社会性动物，社会身份认同自然产生，强调自我与他者、个体与社会的相互作用。[④]普遍而言，人类的自我认同源于家庭，家庭成员是"我们"，血脉亲人以外的人是"他人"。随着人类社会的不断发展，"他人"概念已经从家庭成员扩展至地缘关系的社会成员，在工业化时代又发展为基于业缘关系的社会成员。如今，"他人"概念已经超越了血缘、地缘和业缘关系，进化迭代为趣缘（三观、趣味及爱好的一致性）关系的社会成员。由此，我们认为"他人"概念的延伸可以作为内容范式与传播生态演进的表征与结果，"他人"概念的延展

① 约翰·H.霍兰. 隐秩序——适应性造就复杂性[M]. 周晓牧，韩晖，译. 上海：上海科技教育出版社，2000：81-84.

② 凯文·凯利. 科技想要什么[M]. 熊祥，译. 北京：中信出版社，2011：83.

③ 贺祥林，冯华. 探讨"以人为本"的四种思维方法[J]. 江汉论坛，2012（1）：89-93.

④ 陶家俊. 身份认同导论[J]. 外国文学，2004（2）：37-44.

变化将作为价值领域的进化，必然成为未来探索更为复杂、更高维度的心理世界的路径之一。

本章练习

一、名词解释

1. 元宇宙
2. 认知带宽
3. 认知竞争
4. 行为传播学

二、思考与练习

1. 如何理解作为深度媒介化的元宇宙媒体？
2. 请论述当下认知竞争的运行机制。
3. 请阐述"行为传播学"的内涵。

三、阶梯阅读书目推荐

1. 尼克·库尔德利. 媒介、社会与世界：社会理论与数字媒介实践[M]. 何道宽，译. 上海：复旦大学出版社，2014.

2. 赫伯特·西蒙. 人类活动中的理性[M]. 胡怀国，冯科，译. 桂林：广西师范大学出版社，2016.

3. 凯瑟琳·海勒. 我们何以成为后人类，文学、信息科学和控制论中的虚拟身体[M]. 刘宇清，译. 北京：北京大学出版社，2017.

4. 约翰·杜翰姆·彼得斯. 对空言说：传播的观念史[M]. 邓建国，译. 上海：上海译文出版社，2017.